La tumba de Antígona
*y otros textos
sobre el personaje trágico*

Letras Hispánicas

María Zambrano

La tumba de Antígona
y otros textos sobre el personaje trágico

Edición de Virginia Trueba Mira

DÉCIMA EDICIÓN

CÁTEDRA
LETRAS HISPÁNICAS

1.ª edición, 2012
10.ª edición, 2025

Ilustración de cubierta: Marie Spartali Stillman (1844-1927),
Antígona de «Antígona» de Sófocles

Reservados todos los derechos. El contenido de esta obra está protegido
por la Ley, que establece penas de prisión y/o multas, además de las
correspondientes indemnizaciones por daños y perjuicios, para
quienes reprodujeren, plagiaren, distribuyeren o comunicaren
públicamente, en todo o en parte, una obra literaria, artística
o científica, o su transformación, interpretación o ejecución
artística fijada en cualquier tipo de soporte o comunicada
a través de cualquier medio, sin la preceptiva autorización.

© María Zambrano, 1967
© Ediciones Cátedra (Grupo Anaya, S. A.), 2012, 2025
Valentín Beato, 21. 28037 Madrid
Depósito legal: M. 23.397-2012
ISBN: 978-84-376-3038-0
Printed in Spain

Índice

Introducción	9
De la antigua Grecia a la Europa de Zambrano	12
La tumba de Antígona	35
El lenguaje del delirio	35
El pensamiento como escucha	45
La orquestación de las voces	54
El tejido de imágenes	69
Contra la palabra del poder	84
El carácter dramático del texto	98
La datación del texto	113
Conclusiones	117
Esta edición	123
Bibliografía	129
La tumba de Antígona	139
Índice	141
Prólogo	145
Antígona	175
La noche	178
Sueño de la hermana	182
Edipo	187
Ana, la nodriza	192
La sombra de la madre	197

La harpía	202
Los hermanos	207
Llega Hemón	217
Creón	220
Antígona	224
Los desconocidos	232

OTROS TEXTOS SOBRE EL PERSONAJE TRÁGICO 237

«Delirio de Antígona»	239
«El personaje autor: Antígona»	253
«Antígona o de la guerra civil»	263
«Cuaderno de Antígona» (M-404)	267
«Cuadernos de Antígona» (M-264)	279

Introducción

El tema del drama es la historia de un ser humano que, completamente solo, sin ningún apoyo, entra en oposición con su propio país, con las leyes de su país, con el jefe del Estado y que por supuesto es condenado a muerte en seguida.

Simone Weil, «Antígona» (1936)

Otra joven e intrépida figura acaba de entregarme el mismo secreto: una muchacha que había sido encerrada en una dura prisión, por haber manifestado la simpatía de Antígona, contrariamente a un decreto que rechazaba el sacrosanto derecho de asilo; el Creonte del momento le había escogido una celda lindante con las de los condenados a muerte al alba; ella les oía partir hacia la guillotina esforzándose en cantar. Y al no comprenderlos, con su voz mantenía su canto al unísono con el de ellos, para *darles la alegría de haber sido «escuchados»*. Para gran escándalo de los carceleros.

Louis Massignon, «Vocales semíticas
y semántica músical» (1958)

Estaba allí en lenta agonía, rodeado de moscas, respirando el olor de su propia sangre, estaba allí medio muerto y esperando todavía que alguien lo rescatase. Pasaron dos hombres y acortaron el paso: ¿Por qué yo?, dijo el justiciero, y se alejó rápidamente. ¿Por qué yo no?, dijo el piadoso, cuando ya lo había cargado sobre sus hombros.

María Zambrano, «Cuaderno de Antígona»
(M-404) (1948)

Recordemos la historia de Antígona, cuyo origen se encuentra en el final de la tragedia de Edipo, quien ha matado a Layo, rey de Tebas, desconociendo que es su propio padre. La ciudad se ve entonces asolada por la peste, pero Edipo logra salvarla tras adivinar el enigma de la Esfinge. Proclamado nuevo rey, desposa a la mujer de Layo, Yocasta, sin saber tampoco que es su madre. Con Yocasta tiene dos hijas, Antígona e Ismene, y dos hijos, Polinices y Etéocles. Cuando Edipo sepa la verdad se arrancará los ojos y Yocasta se quitará la vida. El pueblo de Tebas aceptará a Etéocles y Polinices como gobernantes. Alternativamente, cada uno de ellos gobernará un año la ciudad. Acabado el primer plazo para Etéocles, éste decide romper el acuerdo: quiere gobernar solo. Polinices es expulsado de la ciudad pero se rebela. Se desencadena una guerra civil que termina con la muerte de los dos hermanos ante una de las puertas de Tebas. Ahora gobierna Creonte, hermano de Yocasta, que trae el orden y restablece la firmeza. A partir de este momento, Antígona se convierte en protagonista de la historia. El coro quiere olvidar lo pasado («pongamos en olvido los pasados combates y encaminémonos a los templos todos de los dioses en danzas nocturnales», v. 150), pero la orden de Creonte de congregar la asamblea de ancianos hace temer al corifeo. En efecto, será su decreto en relación a los cuerpos fallecidos de Etéocles y Polinices el detonante de la tragedia de Antígona: Creonte ha ordenado que Etéocles sea depositado en un sepulcro y sea objeto de los ritos expiatorios, mientras que el cadáver de Polinices quede «insepulto, pasto a la voracidad de las aves y de los perros, espanto para quien lo vea» (vv. 205-207), y ha decretado la pena de muerte para todo aquel que desobedezca. El hedor, la putrefacción, la sangre coagulada impregnarán toda la tragedia, que se inicia en el momento en que Antígona, haciendo caso omiso de la orden de Creonte, decide enterrar a su hermano: «Creonte no es nadie para separarme a mí de los míos» sostiene al inicio de la obra ante su hermana Ismene (vv. 47-48). Antígona conoce el castigo que le espera: ser enterrada viva. Siente, sin embargo, a los dioses de su lado, y al mismo pueblo de Tebas, cuya lengua permanece atada por temor. Su célebre declaración legitima su acción: «Mi carácter no es para compartir odios, sino para compartir amor» (v. 524). Una vez presa, es dirigida a la tumba, cavidad de la tierra, mansión de los muertos, en cumplimiento del decreto. Tras una conversación con Tiresias, Creonte cambia de opinión: entierra a Polinices y va en busca de Antígona. Es tarde. Antígona se ha colgado dentro de la tumba, y a su lado yace su novio Hemón, hijo de Creonte, que se ha clavado una espada. Finalmente, Eurídice, la mujer de Creonte, ante tanta desdicha, se quita asimismo la vida.

De la antigua Grecia a la Europa de Zambrano

Ésta es, resumida, la historia de la tragedia griega tal como aparece en el siglo v a.C. en el texto de Sófocles. No obstante, resulta ya casi imposible leer esta obra prescindiendo de las múltiples versiones e interpretaciones de que ha sido objeto a lo largo de los siglos. Tantas han sido que George Steiner, uno de sus mejores conocedores, ha escrito que «nunca se ha elaborado ni podrá elaborarse un catálogo completo del tema de Antígona, explícito e implícito, desde sus orígenes "preépicos" hasta el presente. El campo es demasiado vasto» (Steiner, 1987, 149). Podría sostenerse lo mismo de otras obras pertenecientes a la tragedia griega, la cual tiene para María Zambrano «la virtud de ser algo así como el eje cristalino, en torno al cual los occidentales seguimos haciendo girar nuestros últimos conflictos», como ella misma escribe en un artículo sobre el drama *Electra Garrigó* de Virgilio Piñera, aparecido en la revista cubana *Prometeo* en 1948 (Zambrano, 1996a, 115). No es sólo la tragedia, Grecia es uno de los «lugares» a los que Zambrano siempre volvió.

A la historia de Antígona pertenecen los numerosos textos que dedicó al personaje, aunque ninguno de ellos es ni siquiera mencionado en la extensa nómina de versiones de la obra de Sófocles que ofrece Steiner en su estudio[1]. Zambrano habla del personaje en diversos escritos (algunos publicados, otros inéditos) y, lo que resulta excepcional, le concede voz propia en «Delirio de Antígona» (1948) y, en especial, en *La tumba de Antígona* (1967) —uno de los pocos libros concebidos de modo íntegro por la pensadora, ya que la mayoría de sus obras son, en realidad, una reordenación o recopilación de materiales anteriores dispersos—. El interés de Zambrano por la figura griega no es, por otro lado, fruto de un momento; Antígona acompaña a Zambrano a lo largo de su trayectoria como escritora, aunque lo hace en especial en el período que transcurre desde fines de los años cuarenta, y toda la década de los cincuenta, hasta los primeros años sesenta. Es ésta una época marcada por la guerra civil española y la Segunda Guerra Mundial, conflictos que han padecido Zambrano y su hermana Araceli, esas «errantes gemelas sacrificales» como las ha denominado Jesús Moreno Sanz (2008, I, 134), tan cercanas las dos al propio personaje de Antígona, como aquí se verá.

---

[1] Lo ha hecho notar también Amalia Iglesias, subrayando la extrañeza de esta omisión a la luz de las concomitancias entre ambos pensadores (Iglesias, 2005, 26), las cuales han sido, a su vez, destacadas por María Luisa Maillard en relación al maridaje que se da en ambos entre literatura y trascendencia (Maillard, 1997, 81).

Los motivos del interés de Zambrano por el personaje de Sófocles son diversos, y propia su interpretación de Antígona. No obstante, su lectura mantiene también una estrecha relación con la predominante en la época contemporánea. El temblor de esa época pertenece, entre otros, a Sören Kierkegaard, tan cercano a Zambrano, quien se refiere al filósofo en el prólogo a *La tumba de Antígona* con las siguientes palabras: «él era a su modo de la especie "Antígona" por su destino de hijo, [...] por su apetencia de fraternidad [...], por su soledad insalvable». Ambos pensadores han proyectado en sus respectivas Antígonas buena parte de sus biografías y de su sentir más íntimo[2].

La dimensión existencialista del personaje converge con la dimensión política en buena parte de las obras dedicadas a Antígona en el siglo XX. El terrible escenario en que se desarrolla la historia europea contemporánea es, en esencia, el de Antígona, una tierra llena de muertos anónimos y cadáveres insepultos. Un hedor impregna el aire, es la materia viva convertida en residuo de la pudrición, producto de la corrupción ideológica. Nadie puede devolver a esos

---

[2] Véase la visión de Kierkegaard del mito antiguo en «Repercusión de la tragedia antigua en la moderna. Un ensayo de esfuerzos fragmentarios» (1998, 9-46), donde Kierkegaard diferencia su propia época de la época griega, considerándola melancólica y desesperada debido al valor que ha adquirido en ella la subjetividad autorreflexiva. Entiende, así, Kierkegaard que el escenario de la Antígona griega sea exterior frente al interior (espiritual) de la Antígona moderna. En la Antígona griega no es, por otro lado, «un individuo el que sucumbe, sino todo un pequeño mundo el que se viene abajo». De ahí que al sentimiento de la «pena» de la tragedia griega corresponda el «dolor» y la «angustia» de la moderna, entendida la angustia como una «reflexión sobre la temporalidad» y «el sentido por el cual el sujeto se apropia la pena y la asimila». Su Antígona aunará ambas, la «pena» («esposa de la pena», la denominará Kierkegaard) y el «dolor» y la «angustia» («Antígona es grande en el dolor», escribirá también). Es en 1942 cuando, según Moreno Sanz, Zambrano lee la Antígona de Kierkegaard en versión de Gil Albert para la editorial Séneca de México (2008, I, 83).

María y Araceli. Madrid, 1936. A principios de 1939 emprenden camino del exilio desde Barcelona por la frontera con Francia.

cuerpos la dignidad, ya no de los vivos, sino de los muertos. Es el nazismo. También el estalinismo. Y antes la Gran Guerra, y después Hiroshima y la amenaza nuclear, y los procesos de descolonización. Y otros muchos conflictos. En el caso de Zambrano, muy en especial, la guerra civil española. Una sucesión de infiernos en el devenir de la historia. La identidad contemporánea pasa en buena medida por la referencia a Antígona, de ahí su presencia a lo largo del siglo[3], muchas veces en obras directamente políticas[4]. Lo que ve María Zambrano en la figura trágica es también la encarnación de toda una época: la suya propia, reprimida por la guerra civil y el consiguiente exilio. Eduardo Haro Tecglen, en el prólogo de 1997 a la edición de la versión realizada por Alfredo Castellón de *La tumba de Antígona* que se representó en el Teatro Romano de Mérida en el verano de 1992, reconocía leer en la obra de Zambrano una verdadera angustia, que era tanto personal como de época: «y es que veo en ella —advertía— muchas confesiones personales, muchas de las balas trazadoras que han ido persiguiendo su vida: el exilio, las guerras, las repúblicas, las tiranías, los idiomas» (Haro Tecglen, 1997, 8).

Las Antígonas de Zambrano no están alejadas, pues, de otras Antígonas contemporáneas, muchas de las cuales representan la rebeldía ante el poder institucionalizado y totalitario que ya en la obra clásica encarna el personaje de Creonte, el cual se ha quedado, la mayoría de veces, éticamente solo[5]. Tampoco en el ámbito hispánico Zambrano

---

[3] Lo que no impide a George Steiner admitir el período 1790-1905 como el más productivo en cuanto al interés por el personaje. A partir de entonces es Edipo el que ocupa un primer plano en ese interés por la influencia determinante de las teorías freudianas (Steiner, 1987, 15).

[4] Véase la tesis doctoral de M.ª Carmen Bosch de 1974, donde estudia algunas de estas obras políticas tanto en el ámbito europeo (B. Brecht o R. Hochhuth) como en el hispánico (J. M. Muñoz o J. Martín Elizondo).

[5] Además de los extensos trabajos de Steiner (1987) y Hertmans (2009), véase para un rápido resumen de las diversas interpretaciones de

está sola en la recuperación del mito clásico[6]. El existencialismo de la obra la aproxima, en especial, a *La sangre de Antígona* de José Bergamín, muy cercana también a la de Kierkegaard y, como la de Zambrano, nacida en el exilio y casi por las mismas fechas, 1955-1958, los años del exilio parisino de Bergamín[7].

A partir de 1939 Zambrano pasa a ser, como tantos españoles, una exiliada. El 23 de diciembre de 1938 permanece refugiada con su familia en Barcelona. Su padre acaba de morir el 29 de octubre de ese mismo año. Al entrar el ejército nacional en Cataluña, Zambrano inicia los planes para salir por la frontera junto a su madre, su hermana Araceli y el compañero de ésta, Manuel Muñoz. Lo consiguen el 25 de enero de 1939. En poco tiempo están en

---

ambos personajes en el siglo XX la introducción de Manuel Fernández-Galiano a su edición española de la obra de Sófocles, donde se hace mención de las asociaciones entre los personajes trágicos y diversas personalidades del mundo político en algunas versiones contemporáneas (entre ellas, la de Walter Hasenclever, Jean Anouilh, Bertolt Brecht o, por lo que respecta al ámbito hispanohablante, la de José María Pemán, Salvador Espriu, la misma Zambrano, Leopoldo Marechal o Gabriel García Márquez) (Sófocles, Fernández-Galiano, 1985, 387-399).

[6] Véase M.ª José Ragué (1992) para el análisis de diversas obras centradas en la figura de Antígona desarrolladas desde una ideología progresista pero también conservadora y católica. Véanse también los trabajos de Pilar Nieva de la Paz en 1997 y 1999, sobre el acercamiento de las escritoras al mito, incluida Zambrano. Un estudio de la presencia del personaje en las letras latinoamericanas se encuentra en Carmen Bosch (1999), que estudia el mito en Leopoldo Marechal, Gabriel García Márquez, Jorge de Andrade, José Fuentes Mares, Griselda Gambaro o Luis Rafael Sánchez, cuya *La pasión según Antígona Pérez* recuerda, a juicio de la autora, a *La tumba de Antígona* de Zambrano.

[7] Véase el trabajo de M.ª Francisca Vilches (2006), donde compara las Antígonas de Bergamín y Zambrano a la luz de sus respectivas reflexiones sobre la guerra fraticida, el exilio español y la memoria histórica. Veáse también la tesis doctoral de M.ª Teresa Santa María Fernández sobre el teatro de José Bergamín, de donde tomo el dato de las fechas de composición de *La sangre de Antígona*.

París. Con su marido, Alfonso Rodríguez Aldave, María Zambrano viaja a México, Cuba, Puerto Rico. Vuelve a Europa al fallecer su madre en 1946, y hasta 1948 vive en París con su hermana, que ha padecido el horror de las torturas de los nazis, al igual que su compañero, deportado por las SS a España y asesinado. En los años sucesivos las Zambrano viajan juntas por diversos sitios. En 1953 se instalan en Roma. En 1964 están viviendo en La Pièce, pequeña localidad del Jura francés, limítrofe con Suiza. En 1972 muere Araceli. En 1979 María está en Ginebra. En 1984 regresa, tras complicados preparativos, a España. Éste es el mapa por el que transcurre el exilio de María Zambrano[8]. Se entiende que los textos de Zambrano sobre Antígona sean en muchos casos militantes, nacidos de la necesidad de hallar una razón para tanta barbarie y, sobre todo, de la necesidad de desmentir la falsa versión de los vencedores, para evitar *hacer morir aún más los muertos,* en versos de José Ángel Valente, tan cercano a Zambrano. Antígona vuelve a ser imagen arquetípica de la resistencia, del testimonio frente al silencio ominoso[9].

Ahora bien, la Antígona de Zambrano presenta también unas señas de identidad propias. En el prólogo a *La tumba...* se encuentra una declaración significativa al respecto. Explica Zambrano que esta tragedia de Sófocles «es entre todas las que de este autor y de todos los demás conocemos la más cercana a la filosofía». Es éste un motivo clave para

---

[8] Para los principales momentos de la vida de María Zambrano, véase Jesús Moreno Sanz (2003).

[9] Así han sido también muchas Antígonas contemporáneas, entre ellas la de otra apasionada del mundo griego, Simone Weil, a la que Zambrano admiraría siempre. Carmen Revilla ha llamado la atención sobre las «coincidencias significativas» que, pese a su apariencia, tienen las Antígonas de Zambrano y la pensadora francesa: rechazo a la sobreinterpretación y la erudición, una lectura vinculada a la experiencia, la vivificación de la figura femenina, la unión de vida y pensamiento (Revilla, 2004, 510).

Araceli y su madre. París, hacia 1945. Época muy dolorosa para Araceli, que ha sufrido torturas y el asesinato de su marido. En 1946 fallece la madre.

entender el interés de Zambrano en esta tragedia en concreto: poesía, sí, pero no ajena al conocimiento. Buena parte de su pensamiento se ha encaminado desde fecha temprana a buscar aquella vieja concertación que se dio en parte del mundo griego entre los dos modos de acercamiento a la realidad que suponen la filosofía y la poesía. A ello responde la postulación de su «razón poética» como camino hacia el (re)conocimiento de aquella parte de lo real enterrada bajo el peso de los «conceptos» con que ha operado la filosofía desde Platón: y de ahí también la defensa, por contraposición, de la «imagen» (metáfora o símbolo) como la única capaz de desplegar esta razón nueva.

Ha sido Jesús Moreno Sanz quien ha ofrecido unas de las mejores síntesis de la génesis de la «razón poética» de Zambrano en el prólogo de 1999 a *El hombre y lo divino* (en edición del texto corregida por el propio Moreno Sanz). Se apunta ahí cómo la intuición de la «razón poética» se encuentra ya en textos tempranos como «Ciudad ausente» (1928), se enuncia como tal en la reseña a *La guerra* de Antonio Machado (1937) y se da ya como escritura, aunque de modo excepcional, en «San Juan de la Cruz (de la "noche oscura" a la más clara mística)» (1939). Hay que esperar a *El hombre y lo divino*, en especial a su capítulo IV, aparecido en segunda edición de 1973 —capítulo contemporáneo de la concepción de *Claros del bosque* (1978)—, para encontrar el punto álgido de la razón poética. Es también por entonces, 1972, cuando se perfilan los temas esenciales de *De la Aurora* (1986): «La razón poética da ya de sí lo mejor», concluye Moreno Sanz (1999, 115). Luego llegará la escritura de la metodología de la razón poética en *Notas de un método* (1989).

Por su vínculo estrecho con la figura de Antígona, vale la pena recordar ahora dos decisivas características de esta «razón poética»: su condición de apertura a un pensar alternativo y su relación con el lenguaje.

La obra de Zambrano se presenta, en primer término, como una revisión de la tradición del racionalismo (la que arranca con Platón, pero, sobre todo, la que encuentra un punto de inflexión en la filosofía de Hegel). Zambrano responsabiliza a esa tradición del nihilismo de su propia época, y de la angustia y desamparo del *hombre* contemporáneo (Zambrano utiliza el género masculino para referirse también a las mujeres). En este aspecto, y ya en 1945 en *La agonía de Europa,* considera que «se ha ido más lejos de lo que el más pesimista presintiera» (Zambrano, 2000, 41). Acompaña en esta revisión a Zambrano buena parte de la filosofía del siglo XX —con Nietzsche al fondo y su denuncia de la *apolinización* de la cultura—, para la que el racionalismo ha traído el progreso técnico y científico, pero también ha empobrecido en múltiples aspectos, como denunciara Walter Benjamin, la experiencia humana. «Es preciso volver la vista atrás si se quiere seguir adelante» escribe Zambrano en *Pensamiento y poesía en la vida española* (Zambrano, 2004b, 113), como si se hiciera eco en concreto del sentir del ángel benjaminiano de la conocida tesis X de la filosofía de la historia —la *utopía* no estará delante para Zambrano, sino detrás, no es tanto un futuro que se construye como un pasado que se rescata—. Lo que ocupa a la filosofía contemporánea es, pues, un ejercicio de revisión de un concepto de «razón» entronizado desde la Ilustración, que progresivamente ha ido mostrando su otra cara: ya no la liberadora de las luces sino la condenatoria de las sombras, y en el siglo XX, la de la oscuridad completa. En 1962, Louis Massignon, importante maestro de Zambrano, preguntaba: «y ya que nuestro pensamiento ha sido capaz de pulverizar el átomo, ¿no podría también transfigurar el Universo?» (Massignon, 2005, 395). Es el reclamo de un progreso humano como complemento necesario del progreso científico.

Al intento de esa transfiguración del universo se entrega, en efecto, buena parte del pensamiento contemporáneo, que empieza, entre otras cosas, por legitimar otras fuentes de *verdad* más allá de la filosofía y la ciencia. Éste es el motivo de que Zambrano haga filosofía, pero desde una epistemología, sin embargo, poética. Su denuncia es la de la lógica binaria con que ha operado la filosofía desde antiguo, basada en un sistema de jerarquía de contrarios totalizadores: ser/no-ser, idea/sensibilidad, universal/particular, objetivo/subjetivo, significante/significado, etc. Sobre esos pares de contrarios, entiende Zambrano, coincidiendo aquí en buena medida con los futuros análisis de Michel Foucault, se edifican las polis y se legislan los pueblos, instrumentalizándose como la herramienta por excelencia del poder: «¿Y no se habrá querido para eso el todo: para poder ser poseído, abarcado, dominado?», se pregunta en 1939 en el texto *Filosofía y poesía* (Zambrano, 1987a, 24). El empeño de Zambrano será entonces abrir ventanas en ese *todo*.

La crítica de Zambrano no pierde nunca de vista el nihilismo en el que permanece sumido, a su juicio, el hombre de su tiempo. La suya es, en este sentido, una denuncia de la creencia en la muerte de Dios en la época contemporánea. Así lo ha entendido Pedro Cerezo Galán, quien escribe estas precisas palabras acerca de la propuesta zambraniana para la superación de aquella muerte:

> [...] ningún pensador, salvo Heidegger, ha sabido apurar, como María Zambrano, la experiencia del nihilismo. Y ninguno otro la afronta con semejante resolución. La intención que orienta su pensamiento es, como la de Nietzsche, atravesar el nihilismo, abriéndolo a un nuevo horizonte, aun cuando en la dirección de la marcha discrepe Zambrano de Nietzsche. No es el superhombre, sino el intrahombre, renacido, lo que busca ella (Cerezo Galán, 2004, 334)[10].

---

[10] La relación del pensamiento de Zambrano con el de Nietzsche es tema fundamental. Se trata de una relación de proximidad pero también de distancia, que se hace más compleja a la luz de la propia lectura zambraniana de los textos y la propia figura de Nietzsche. A ello se refiere

Cerezo Galán apunta la idea que recorre buena parte de los textos zambranianos: la necesidad de desenterrar lo condenado a «no-ser», de despertar a lo que todavía puede decir algo y permitir superar la angustia. Agustín Andreu, por su parte, explica en una carta a Zambrano del 4 de febrero de 1975 lo que supone ese renacimiento:

> Lo que el Logos quería decir y no se le dejó decir, o no llegó a decir, o no pudo decir, o dijo mal, o dijo cuando pudo y a deshora... va y resulta que sí que está dicho pero como no dicho: aparece en el espíritu, está allí, está, es, eh? Ya está. La palabra vuelve a Sigê, al Silencio del Abismo. Hay la posibilidad de un nuevo comienzo verdadero. Hay la posibilidad de que de nuevo proceda el Logos. El Espíritu le devuelve al Logos su posibilidad. El Logos se extravía y pierde de muchas formas, o mejor, según muchas deformaciones que tengo catalogadas. A las formas del Verbo corresponden deformas del Verbo. Que, según Isaías, llega a no tener aspecto de hombre (Zambrano, 2002b, 331-332).

Aquello que el Logos no pudo decir, o dijo mal, permanece oculto en muchos sitios, pero, en relación a la tradición occidental, para Zambrano ha quedado resguardado en una parte del mundo griego y, sobre todo, en el cristianismo y luego el catolicismo. Las siguientes palabras de Andreu afirman con precisión la estirpe intelectual de Zambrano: «La liturgia zambraniana era una intensificación de la catolicísima, entendida desde su metafísica-experimental y su

---

Cerezo Galán en el trabajo citado, mencionando la metafísica experiencial, gnóstica/religiosa, cercana a la mística, que separaría a Zambrano de Nietzsche. Es desde esa metafísica que Zambrano reprochará a Nietzsche que no se abismara más en lo oscuro para poder descubrir de ese modo, tras la noche, el re-nacimiento, la aurora. Para Jesús Moreno Sanz, la obra entera de Zambrano puede ser leída, de hecho, como un diálogo permanente con Nietzsche.

hermandad con la religión griega. María, la gnóstica» (Zambrano, 2002b, 362)[11]. Pues bien, sobre esta estirpe intelectual funda Zambrano la «razón poética», con la que pretende alcanzar la verdad oculta del mundo. «Razón poética que es, al par, metafísica y religiosa», escribe en *El sueño creador* (Zambrano, 1986c, 77). Es *verdad* pero anda por los interiores, por las entrañas[12].

En realidad, lo que se trae entre manos el pensamiento contemporáneo es el propio concepto de *verdad*, problemático más que nunca. No es en propiedad el caso de Zambrano, que sí cree en la *verdad*, aunque la suya sea

---

[11] Importa subrayar la convergencia del mundo griego en la obra de Zambrano con la creencia cristiana-católica que define su pensamiento. Como subraya Agustín Andreu, María aceptaba más revelaciones divinas que las propias de la Biblia. En un conocido texto de 1948, «La Cuba secreta», hacía Zambrano la siguiente declaración: «La existencia de los dioses no contradice a la existencia de Dios, pues los Dioses de Grecia, modelo permanente, son las poéticas esencias fijadas en imágenes, revelaciones directas de la "fysis", instantáneas del paraíso y también del infierno» (Zambrano, 1996a, 108). Y en conversación con Antonio Colinas reconoce también que «lo que más se ha opuesto a la iniciación es la religión oficial y la razón oficial» (Zambrano, 1986a, 8). La creencia cristiano-católica en Zambrano dista, por tanto, de la representada por sus contemporáneos como Guardini, María Laach, Chesterton o Belloch, porque el suyo, como subraya Andreu, es un «orbe religioso completamente distinto del sociológico del catolicismo de la Asociación Nacional de Propagandistas y de las formas de catolicismo culto vigentes en la Europa de los años 20 y 30 [...] Colocaba ella el acontecer de la vida [...] en el marco de esas dos historias: la de Grecia y la del Patriarca (Padre principal) Abrahán, que abarca para ella a Israel y al Islam [...] Ese su orbe, el orbe de la "realidad metafísica" o "metafísica real" (que decían Leibniz y Abel Martín, el maestro secreto de María) era el orbe de las experiencias de lo divino o eterno en cada individuo y de las difíciles comunidades basadas en las afinidades consiguientes, las "syzyguías", como gnósticamente escribía ella» (Zambrano, 2002b, 341-342).

[12] Podría denominarse a este *logos* el del «pathos micrológico» en el sentido de Walter Benjamin en sus *Tesis de la filosofía de la historia*. Véase esta reflexión sobre Benjamin en Vattimo (2006).

una verdad de *múltiples* formas[13]. De ahí la «ontología comprensiva» de la que ha hablado Chantal Maillard para referirse a ese pensamiento (Maillard, 1992, 58). Esta ontología es, en propiedad, la de la poesía sanjuanista, por la que Zambrano siempre sintió verdadera admiración[14], y es la que le conduce con el tiempo a una escritura —*Claros del bosque* o *De la Aurora*— que *casi* reclama ser leída como poesía: escritura con vocación de revelar un conocimiento oculto, aquel situado en un origen al que se regresa: el del *logos (Logos)* primero que late en el lenguaje. No se trata de la inmanencia mallarmeana —de la que arranca el nihilismo lingüístico contemporáneo— sino, todavía, del mito de la trascendencia que pervive, actualizado, en el pensamiento zambraniano; de ahí el deslizamiento de sentidos y la trasposición simbólica de la escritura de Zambrano, para intentar dar expresión a un Referente que habita más allá de todo referente.

Precisamente por devenir un pensar alternativo, la «razón poética» supone al mismo tiempo un lenguaje distinto, un modo distinto de decir/escribir. De tal modo esto es así que a aquel «intrahombre» del que hablaba Cerezo Galán corresponde, podría decirse, una *intrapalabra,* aquella que permanece oculta, sobre todo entre las solemnes palabras de la filosofía y las instrumentalizadas palabras del poder. La denuncia de Zambrano en este terreno

---

[13] Véase al respecto, entre otros, *Persona y democracia* (Zambrano, 1992, 160), *«Los intelectuales en el drama de España» y otros escritos de la guerra civil* (Zambrano, 1998a, 138) y *España, sueño y verdad* (Zambrano, 2002a, 254).

[14] Poesía del *logos* esencial pero *desplegado* en las imágenes abiertas que recorren el *Cántico* y quedan integradas en la célebre estrofa en la que los ojos de la Amada reflejados en la fuente devienen, en verdad, los ojos del Amado que ella lleva dibujados en sus propias entrañas. La otredad convertida en mismidad. La salida de sí en la entrada en sí. Realización plena de la *coincidentia oppositorum*.

es otra vez firme y rotunda. Así en *Persona y democracia,* libro aparecido en Puerto Rico en 1958, aunque acabado de escribir en 1956, donde refiere el «uso inmoderado» que algunas palabras han sufrido, quedándose gastadas y desacreditadas (Zambrano, 1992, 134); o en un artículo de 1966, donde escribe acerca de la desgracia de esas «palabras que no pueden pasar a otro sujeto, condenadas a seguir allí donde han aparecido, cerradas al diálogo» (Zambrano, 1995b, 25); o en *De la Aurora,* publicado en 1986, texto donde habla de las «palabras muchedumbre sin resquicio alguno de silencio, sin posible aurora» (Zambrano, 2004c, 29).

Denuncia, pues, de la cautividad, desgaste, inflación de la palabra en un mundo que la ha condenado a la pura servidumbre en manos de los poderosos, o al mero canje de la comunicación ordinaria. En este terreno el pensamiento de Zambrano coincide, entre otros, con el de Walter Benjamin como ya señalaba José Ángel Valente en 1978, apuntando al fundamento teológico de ambos en relación a la teoría del lenguaje (Valente, 2004, 11). Ésta es también una idea que recorre los textos de Louis Massignon, quien confiesa en un trabajo de 1951 haber descubierto en los textos místicos árabes «la clave no tanto de los orígenes cuanto de los fines últimos del lenguaje, que no es un simple instrumento comercial, o un juguete estético, o un molino de ideas, sino que puede hacer acceder a lo Real» (Massignon, 1999, 78). La obra de Zambrano cree también en la posibilidad de que, a través de un determinado uso del lenguaje, pueda darse voz a lo Real. Será constante en ella la expresión de este anhelo: «sacar del fondo de los tiempos —reclama en 1965—, no a los ídolos, sino a las almas, a las creencias, a los saberes sepultados por la prisa y la vanidad del hombre occidental» (Zambrano, 2007, 76), saberes pertenecientes para Zambrano al mundo de lo sagrado y que, pese a la secularización moderna, permanecen vivos, a su juicio, en el terreno artístico y, en relación a la palabra en concreto, en el ámbito de la poesía[15].

A lo sepultado o ignorado a lo largo del tiempo pertenecen las figuras del pobre, el loco, la mujer, el niño, todos ellos encarnados en la figura zambraniana por excelencia: el exiliado. El «otro» por definición[16]. La misma Zambrano, una exiliada para siempre a partir de 1939. La «razón poética» será precisamente la que se haga cargo de esas figuras, por ello es también razón de «amor» —de «hospitalidad» hablará Louis Massignon—. En *Horizonte del liberalismo* (1930),

---

[15] Véase el trabajo de Alois M. Haas sobre la pervivencia de lo místico en la cultura secularizada (2006). Haas ha recordado en este aspecto la pervivencia de cierto léxico en autores modernos y contemporáneos: «ahora» (Montaigne, Hölderlin, Kierkegaard, Heidegger, Musil), «epifanía» (Joyce), «instante» (Goethe, Nietzsche, Proust), «moments of being» (Virginia Wolf), «belleza convulsiva» y «acontecimiento» (Breton, Heidegger) (Haas, 2006, 77). Véase en el mismo sitio también el trabajo de Carlo Ossola (2006).

[16] Éstas son las figuras que dominan precisamente el discurso místico, que se da siempre en el terreno de los límites. Son figuras de la excentricidad, como ha recordado el especial alumno de Massignon que fue Michel de Certeau, «la del loco, la del niño, la del iletrado; como si hoy los héroes epónimos del conocimiento fueran los desheredados de nuestra sociedad, los viejos, los emigrantes, o "el idiota del pueblo" del que Simone Weil decía que es aquel "que ama realmente la verdad" porque en lugar de los "talentos" favorecidos por la educación tiene el "genio", que "no es otra cosa que la virtud sobrenatural de humildad en el dominio del pensamiento"» (Certeau, 2006, 33-34).
Véase «Carta sobre el exilio» (1961) donde Zambrano menciona a los dos bufones de Velázquez, el Niño de Vallecas y el Bobo de Coria, afirmando reconocerse en ellos. También menciona ahí a Ginés, el actor, refiriéndose al personaje que hace de «actor» en la obra de Lope de Vega, *Lo fingido verdadero* (1608). Se trata de una comedia a lo divino que gira en torno a la idea del gran teatro del mundo. Lope se sirvió en esta ocasión de la vida de san Ginés, quien parece que fue un actor de verdad hacia el siglo IV. Se cuenta que, mientras representaba de modo burlesco a un cristiano a punto de morir sin bautizar, recibió la gracia divina y siguió actuando pero ahora representando un papel «verdadero». Se le condenó a morir decapitado. Se convirtió a partir de ese momento en el santo patrón de actores y músicos.

escribe Zambrano: «este problema de tolerancia en religión y en política es, en realidad, sólo de amor; es saber que existe "lo otro"» (Zambrano, 1996b, 209). Amor o piedad, espacios donde morará la Antígona zambraniana —otra exiliada—, ocupada en dar voz, desde la oquedad que ocupa, a lo que ha quedado excluido, proscrito. «La razón de Antígona se articula no sólo como *logos* —escribe Zambrano en torno a los años sesenta en M-517[17]—, sino que es al mismo tiempo conjuro, advertencia, llamada, invocación, es decir: piedad, piedad que trasciende la razón histórica y antihistórica, justicia e injusticia, que conduce todo esto a un lugar donde se purifica, se rescata».

La Antígona de Zambrano no puede, pues, entenderse al margen de la «razón poética»: su palabra discurre precisamente por esa razón, es *palabra dada* parafraseando el título de la obra de Massignon, en especial en *La tumba de Antígona*, obra en la que todo el protagonismo recae precisamente sobre la palabra del personaje[18]. Hasta aquí, en resumen, los dos rasgos de la «razón poética» desde los cuales puede comprenderse el sentido de la figura de Antígona en el universo zambraniano: Antígona es la portadora de un lenguaje, es decir, de un pensar/un decir alternativos,

---

[17] Esta referencia corresponde a la de los manuscritos (tanto de textos editados como inéditos) conservados en la «Fundación Zambrano» de la localidad de Vélez-Málaga.

[18] Los estudiosos de la obra de Zambrano han definido esta obra de diversos modos desde el punto de vista del género literario al que pertenece. Ana Bundgard habla de «relato dialogado, en prosa» (2000, 298), y más adelante se refiere a la obra como «drama de ideas con predominio de la discursividad sobre la acción» (2000, 300). Por su parte, M.ª Fernanda Santiago habla de «extenso poema en prosa» (2005, 227). Hay que señalar que para Zambrano los géneros literarios no son meras formas retóricas preparadas de antemano para llenarse de contenido, sino auténticas formas de conocimiento, verdaderas categorías del pensamiento humano que están asimismo relacionadas con el pensamiento mítico. Véase una reflexión al respecto en María Luisa Maillard, quien relaciona el pensamiento de Zambrano con el de Northrop Frye (1997, 102-106).

con los que recuperar una dimensión de lo real que despotismos o inercias diversas han ocultado a lo largo del tiempo, en especial en la época contemporánea. Antes de pasar a detenerme en concreto en *La tumba de Antígona*, me parece necesario mencionar dos elementos determinantes de la revisión que Zambrano realiza de la heroína sofocleana en los diversos textos que le dedica.

El primero de ellos afecta al tiempo, el que Zambrano concede al personaje antes de su muerte en la tumba. El segundo, a la condición de tránsito que supone ese tiempo. Ambos elementos nos sitúan ante el principal cambio operado por Zambrano respecto de la obra de Sófocles.

A Zambrano le ha interesado retratar a una Antígona cuya condición de víctima inocente se vea «trascendida» gracias a la conciencia (M-517). Por eso ha modificado el final de la tragedia de Sófocles. En el ensayo de 1965 sobre Antígona, escribe: «Mas para llegar a cumplir el sentido total que la simbólica figura contiene, Antígona tuvo que llegar a la palabra. Tuvo que hablar, hacerse conciencia, pensamiento». Pues bien, si en la obra clásica Antígona se suicida en la profundidad de la tumba, Zambrano le ofrece tiempo para morir de otro modo: consciente de su sacrificio, el cual adquiere, así, otra dimensión más allá de la propiamente trágica[19]. Como se comentará más adelante, lo que Zambrano entrega a su lector es, en este sentido, una tragedia *cristiana,* y también una Antígona definida como

---

[19] El tiempo que Zambrano ofrece a su personaje tiene también una lectura autobiográfica: al escribir sobre Antígona, Zambrano está pensando en su hermana Araceli quien, tras sufrir tortura por parte de los nazis y padecer el asesinato de su marido, pasará a integrar la larga nómina de muertos en vida de la Europa de postguerra. De la asociación entre Araceli y Antígona se hace eco José-Miguel Ullán al recordar aquellos años tan dolorosos para Araceli: «La Antígona de María Zambrano, a prudente distancia de la de Sófocles, no puede darse la muerte. Araceli, aunque errante, se entierra entonces viva. Al lado de su hermana» (Ullán, 2010, 31).

criatura expulsada, arrojada al mundo, «larva» sorprendida por el conflicto trágico, imagen de la misma condición humana. Zambrano concibe al hombre como un ser nacido a medias, cuyo destino es, por tanto, el de un necesario y completo, ahora sí, re-nacimiento[20], el cual se alcanza caminando hacia atrás, hacia un supuesto y pleno origen:

> [...] pues vivir [escribe Zambrano en un fragmento conservado en M-386], vivir de verdad, ir naciendo, es sostenerse en la muerte, alimentarse de ella, flotar y aún respirar dentro de ella. Pues que la Muerte no es «lo

---

[20] El poeta Ángel Crespo ha explicado cómo el concepto del hombre que se encuentra en la *Comedia* de Dante responde también, entre otras cosas, a la de un ser necesitado de metamorfosis para poder adquirir en la otra vida una forma eterna. Y cita los siguientes versos del *Purgatorio* (X, 121-126), en los que Virgilio se dirige a Dante: «¿no veis que somos larvas solamente / hechas para formar la mariposa / angélica, que a Dios mira de frente?». Así, la deseable transformación humana se compara a la de los insectos: larva en este mundo, crisálida en el Purgatorio y ser completo en la inmortalidad del otro mundo. La fuente de la idea de transmutación, subraya Ángel Crespo, es agustiniana y, antes que en san Agustín, se encuentra en san Pablo (Crespo, 1999, 130-133). Toda esta tradición, por supuesto, es también la de Zambrano, quien en 1942 identificaba el camino de san Juan de la Cruz con el de «una crisálida que devora su capullo, su envoltura; hambre de existir, sed de vida: Voracidad que traspuesta a lo humano es amor, hambre irresistible de existir, de tener "presencia y figura"» (Zambrano, 1996a, 48). La imagen de la larva y la mariposa está asimismo en René Guénon, en *Le Roi du Monde* (1958), en cuyo capítulo VII se asocia a la resurrección en un fragmento que debió interesar a Zambrano a juzgar por la edición que se conserva en la Fundación, en la que dicho fragmento está subrayado (se trata de la primera edición en francés). Esta obra de Guénon no pudo serle indiferente a Zambrano. Se trata en ella del centro único y supremo, del centro subterráneo, de la geografía sagrada, de la mediación reguladora, del retorno al origen, el simbolismo del vaso, el corazón, la serpiente, el cordero, la luz, el color blanco y azul, la isla, la visión de la «inviolabilidad», etc. Agradezco a Jesús Moreno Sanz que me hiciera fijarme en este libro.

María Zambrano, José Ángel Valente (a la izquierda) y José-Miguel Ullán (a derecha). La Pièce, Francia, hacia 1970.

otro» de la Vida, ni enemiga, por tanto. Es lo anterior, el lecho maternal, donde hay que regresar un día, ya nacido cuanto es posible aquí —en el espacio-tiempo sucesivo—.

Zambrano salva, así, a Antígona de la muerte ciega a que Sófocles la condena. En el texto sobre Antígona de *El sueño creador* (1965) cita Zambrano a uno de los padres del personalismo, Emmanuel Mounier: «el tiempo es la paciencia de Dios». No en vano, en *La tumba de Antígona* Polinices denominará a Antígona «hija del Tiempo». Y tiempo es precisamente lo que ella reclamará para sus hermanos, porque sin tiempo no puede haber salvación, ni en esta vida ni en la otra: «si queríais de verdad vivir, había que dejarle un instante, aunque fuera uno sólo, a la verdad, a la verdad de la vida», les dice a Etéocles y Polinices.

La temática del tiempo queda asociada, pues, en los textos sobre Antígona a la del tránsito. En *La tumba de Antígona* son frecuentes las expresiones como «mientras tanto», «mientras muero», «aún», «todavía». El tránsito es la forma que adquiere el tiempo que Zambrano ha concedido al personaje, igual que la tumba es espacio provisional y la propia Antígona figura de mediación[21]. Mundo intermedio el de Antígona, puente hacia ese Referente que se sitúa

---

[21] También la «Antígona» de Marguerite Yourcenar es figura de mediación, por ello la autora francesa insiste en asimilarla a la figura de Jesús. «Se dirige a Tebas, como San Pedro a Roma, para dejarse crucificar», «anda sobre los muertos como Jesús sobre el mar», «lleva a su crucificado como quien lleva una cruz», «aquella muchacha que baja la frente parece soportar el peso de Dios» (Yourcenar, 2000, 52-53-54). Y como figura de mediación, también esta Antígona está relacionada con el tiempo. Al final de su texto, Yourcenar escribe estas palabras que bien pueden recordar a Zambrano: «el tiempo reanuda su curso al compás del reloj de Dios. El péndulo del mundo es el corazón de Antígona» (Yourcenar, 2000, 56).

ya fuera de las páginas del libro, pero al que ha apuntado toda la obra y, en especial, sus últimas líneas. La condición de mediadora del personaje requiere, por su parte, de una virginidad que Zambrano subraya en todo momento, como en el prólogo a *La tumba...* donde cita a Dilthey a propósito de Hölderlin: «Existe la vieja creencia de que los dioses se manifiestan y revelan el porvenir de las cosas en las almas vírgenes». De «inviolabiliteé» habló alguien próximo a Zambrano, René Guénon (1958, 64) y a «virginidad inviolada» se refirió por su parte Louis Massignon (2005, 371).

Zambrano ofrece a Antígona, en este sentido, todo un linaje: el de los vencidos en la historia, asociados ya en el «Delirio de Antígona» de 1948 a las «santas niñas o adolescentes, las que han atravesado el mundo con la espada intacta de una piedad sin conmiseración». Vírgenes sacrificadas, doncellas enmuradas, enterradas vivas en las tumbas del tiempo, habitantes de lo oscuro[22], como Perséfone, figura de la mitología antigua revisitada con frecuencia en los textos de Zambrano. En realidad, toda la obra de Zambrano puede interpretarse como una reflexión sobre un camino que siempre es de descenso[23]. Quizás porque, como

---

[22] En carta a Edison Simons del 24 de mayo de 1977 enumera Zambrano a las siguientes mujeres: «Antígona, Catalina, Juana, Bernardette, Weil» (Zambrano, 1995a, 19). Dicho linaje es una constante en Zambrano. También, en una carta a Camilo José Cela del 23 de abril de 1971, escribiría Zambrano con motivo del oratorio celiano *María Sabina,* editado el mismo año de *La tumba de Antígona,* las siguientes palabras: «El Teatro cuando lo es contiene [...] —no sé ¡estoy tan fatigada!— un sacrificio siempre. Y la mujer —muchacha casi siempre— es la víctima más adecuada, desde Antígona hasta Rosita la Soltera pasando por Juana de Arco».

[23] Sonia Prieto ha estudiado la relación de la «estirpe de Antígona» con la «estirpe neopitagórica» y «órfica», concluyendo su trabajo con estas precisas palabras: «La tragedia de la Antígona zambraniana que camina por su propio pie a la muerte, pero aceptando la *suerte* del vencido, consiste en el *páthos* silencioso de una estirpe de pensadores-poetas pita-

escribe en *Claros del bosque* (1977), «no hay infierno que no sea la entraña de algún cielo» (Zambrano, 2002c, 140). O años antes en *La España de Galdós* (1959): «todo terrestre infierno es la entraña de un cielo ultraterrestre» (Zambrano, 1959, 75). También en el prólogo a *La tumba de Antígona* afirma: «parece que la condición sea ésta de haber de descender a los abismos para ascender»[24]. Zambrano asimila la figura de Perséfone a la de Antígona en el «Delirio de Antígona» de 1948, al referirse a ésta como perteneciente «a esa estirpe de heroínas primaverales», o figura de la «primavera de la conciencia». En este aspecto, el misterio órfico del viaje del alma a los infiernos es, en palabras de Cerezo Galán, «la almendra del pensamiento zambraniano» (Cerezo Galán, 2004, 192). Lo reconoce la propia Zambrano en conversación con Antonio Colinas en 1986, con las siguientes palabras: «Yo la figura de Orfeo, más que verla, la siento. Orfeo es el mediador con los ínferos. Y eso sí que ha sido un gozoso y penoso descubrimiento para mí: la mediación con los ínferos».

En resumen, el tiempo debe permitir a Antígona adquirir conciencia de su sacrificio e iniciar el tránsito ha-

---

gorizantes y de talante estoico, vencidos por la razón oficial que impone despóticamente su criterio» (Prieto, 2003, 84).

[24] En el artículo «Antonio Espina, escritor bajo la luz de Madrid» Zambrano hace explícito su interés por la paradoja: «he creído más en las paradojas de la vida que en las antinomias de la razón, sin que esto pueda significar que las antinomias de la razón no hayan sido necesarias [...] Y aún más: las paradojas de la vida sostienen a las antinomias de la razón» (Zambrano, 1995b, 146). La tragedia griega, previa al nacimiento de la filosofía, presenta la lógica de las fuerzas encontradas, como tan bien ha estudiado George Steiner, que luego se resolverán en el pensamiento filosófico. En ese sentido la «muerte en la vida» o la «vida en la muerte» de la Antígona zambraniana se sitúa en la estela del «santo delito» de la Antígona de Sófocles como ha hecho notar asimismo Miguel Morey (1997, 154). La figura es la del «oxímoron», que también conocieron los pensadores preplatónicos, y que acabará convertida en la «ironía» socrática, advierte Morey, quien termina relacionando la razón poética con «el escándalo de esos enunciados arcaicos» (Morey, 1997, 158).

cia un espacio verdadero, hacia la «luz vivificante». Esto será así mientras la historia humana siga configurándose a ritmo de exilios, unos históricos (guerras civiles o mundiales, colonizaciones o globalizaciones), otros ontológicos (la condición humana como un inmenso exilio). Habla de ello Zambrano en su prólogo a *La tumba de Antígona* en los siguientes términos:

> Mientras la historia que devoró a la muchacha Antígona prosiga, esa historia que pide sacrificio, Antígona seguirá delirando. Mientras la historia familiar, la de las entrañas, exija sacrificio, mientras la ciudad y su ley no se rindan, ellas, a la luz vivificante. Y no será extraño así que alguien escuche este delirio y lo transcriba lo más fielmente posible.

Ese «alguien» es la misma Zambrano, quien a continuación ofrece, en efecto, la «transcripción» de la voz de Antígona.

«La tumba de Antígona»

El lenguaje del delirio

A la luz del material conservado en los manuscritos M-249 y M-343 sabemos que Zambrano pensó titular *La tumba de Antígona* de otro modo: *Delirio y muerte de Antígona*. Con este título se representó, además, la obra en la primera puesta en escena que se conoce, que tuvo lugar en 1983 y en Almagro. «Delirio» es palabra que aparece en el propio texto de *La tumba...* en más de una ocasión. Antígona dirá a su hermana Ismene: «yo estoy aquí delirando, tengo voz, tengo voz». Y, más tarde, Polinices identificará también la expresión de la madre, Yocasta, con el delirio, al describirla como «enloquecida, hablando sola por las galerías, por los patios, por los rincones, delirando. Aparecía por todas las puertas, en ningún lugar». El concepto y la palabra «delirio» tenían en Zambrano a esas alturas, no obstante, un largo recorrido.

Ya desde «Ciudad ausente» (1928), el delirio constituye para Zambrano un modo de expresión vinculado a una experiencia —histórica o metafísica— de los límites, la cual no es susceptible de codificarse en una sintaxis o lenguaje ordinarios. Como tema, vuelve a aparecer en 1932 tal como ha indicado Moreno Sanz, quien menciona el estado de angustia de Zambrano en aquellas fechas debido, entre otras cosas, a la visión que tiene de su propia generación como «hermética, desorientada, en pleno "delirio" y sumida en la desconfianza; la perspectiva de una España según sus grandes expectativas se pierde; y con ella la fe y la solidaridad; no hay sino repliegue y desbandada» (Moreno Sanz, 2003, 678). La guerra civil española y la Segunda Guerra Mundial confirman y acrecientan esa experiencia. En pocos años, los delirios suponen un espacio de fundamental mediación. Jesús Moreno Sanz, quien los ha asociado a los «dislates» sanjuanistas, los define como «lugar o confín donde la imaginación humana puede hacerse creadora de [...] un cuerpo segundo o tapiz, o red, contra el terror» (Moreno Sanz, 1996, 11). «Delirio de Antígona» se edita en 1948, cuando Zambrano está en París, ciudad a la que ha regresado desde La Habana tras la muerte de su madre dos años antes[25]. Para entonces está ya conformada la especial epistemología que implican los «delirios», y en poco tiempo, hacia 1950, todo su simbolismo. En 1954, Zambrano finaliza la primera versión de *El hombre y lo divino,* y se confirma en la búsqueda de una nueva metafísica

---

[25] Aparece en la revista cubana *Orígenes,* cuyo centro radial fue uno de los grandes compañeros intelectuales de Zambrano, José Lezama Lima, quien consideró a la pensadora española en el poema que le dedica en *Fragmentos a su imán* de 1977 una «sibila» que retorna siempre como luz temblorosa.

Grupo *Orígenes,* al que Zambrano estuvo estrechamente unida. Principios de los años cincuenta. Sentados, de izquierda a derecha: Mercedes Viccino (Tanghy Orbón), Fina García Marruz, el padre Ángel Gaztelu, María Zambrano y José Rodríguez Feo. De pie, de izquierda a derecha: Cintio Vitier, Mariano Rodríguez, Alfredo Lozano, José Lezama Lima, Lorenzo García Vega, Mario Parajón, Julián Orbón, Gastón Vaquero, Araceli Zambrano, Enrique Labrador y Agustín Pí.

basada en la experiencia, que proyectará en dos de sus figuras más emblemáticas, Antígona, pero también Diotima (Moreno Sanz, 1996, 16).

Vinculado a la «razón poética», el «delirio» es un modo de decir aquella experiencia —histórica o metafísica— de los límites, dar forma a aquello que ha permanecido oculto o ignorado, a los restos que han quedado después de la «esperanza fallida», como expone ella misma en *Delirio y destino* (Zambrano, 1998b, 259). Lo destacable es que el «delirio» es en Zambrano, como lo será en Nietzsche, un lenguaje. En el ensayo de 1965 sobre Antígona, es muy clara:

> [...] porque la palabra, más que los hechos, marca la altura de la heroína; la acción pudo haber sido realizada, como todas, en sueños; la palabra garantiza que su acción se dio en el despertar. Y así la criatura, desamparada, delira en el filo de la vida y de la muerte. Delirio de la vida que brota entre la muerte. La vida aparece siempre delirando; como si ella misma fuese el delirio de un corazón inicial (Zambrano, 1986c).

El delirio deviene, pues, lenguaje nacido del más hondo sentir ante el abismo de la existencia. Grito primordial que al articularse encuentra, no obstante, el sentido, pues lo individual, entonces, se universaliza. Será precisamente el teatro, cuerpo privilegiado para Zambrano en que toman forma y sentido las voces internas del ser humano, el modo primordial de la voluntad del delirio de transformarse y significarse.

«Delirio de Antígona» (1948) es el primer delirio que Zambrano publica. Luego llegarán otros muchos. Algunos los editó: «Tres delirios» (1954), «Diotima de Mantinea» (1956), «Delirio, esperanza y razón» (1959). Los «delirios» de la segunda parte de *Delirio y destino*. En los diversos manuscritos que se conservan en la Fundación de Vélez-Málaga aparecen borradores de más delirios. En los manuscritos de M-343 se citan o se escriben, entre otros, «Delirio del infortunio», «Delirio de la virginidad» (marcado con el signo +), «Delirio de su nacimiento»[26], «Delirio de no tener nupcias». Por último, el delirio más elaborado y en el que se dan cita las características de este lenguaje será *La tumba de Antígona*.

«Delirio de Antígona» nos sitúa ya, no obstante, ante la torsión del lenguaje que implica el delirio[27]. La palabra de Antígona está aquí dirigida a un interlocutor ausente, connotado en masculino: es rey, novio, marido, hombre, varón, hermano, padre. Las numerosas preguntas del texto tienen voluntad dialógica, pero nadie responde, y se crea de ese modo un particular silencio. Actúan como mecanismo estructural que cohesiona el texto y le proporciona su característico ritmo de letanía, de tiempo detenido. Junto a las preguntas, aparecen exclamaciones, puntos suspensivos, signos de una escritura propia del lirismo existencial, que avanza por tanteo, que apela a la

---

[26] Transcribo este breve delirio por considerarlo de interés por lo que respecta a la simbología de la tumba, de la caverna, del hueco oscuro que habita Antígona. Dice el delirio zambraniano: «Esta sepultura, piedra de la piedra, me estaba ya preparada. ¿Cómo no lo supe? Mi padre... ¿O es que no llegué a nacer, y estoy aquí dentro de mi madre?, ¿son éstas las entrañas de mi madre?, ¿soy hija de la piedra?, ¿o piedra ya?».

[27] Véase la reflexión de Miguel Morey en relación a este primer delirio publicado de Zambrano, donde plantea la posibilidad de que la «benéfica influencia» de la ciudad de La Habana impregnara la constitución de la «razón poética», entendida ésta como el pensamiento de la «radical heterogeneidad del ser». Fue en La Habana, explica Morey, donde Zambrano inició su descenso a los infiernos: «allí, balbuceando empieza a entonar un estremecedor *de profundis* por un mundo que ha muerto, que se le ha muerto; por un alma que debe volver a encontrar el coraje y las maneras para renacer [...] Sea como fuere, lo seguro es que para poder salir de la caverna, pequeña mariposa de luz, debe saberse primero, y saborearse hasta el final, por qué y cómo, y hasta qué punto la caverna es caverna. Ahí precisamente comienza su descenso a los ínferos» (Morey, 1999).

vivencia, a lo íntimo de la experiencia, una escritura que vuelve una y otra vez, a través de anáforas o polisíndeton, a los mismos motivos creando de ese modo un sistema de ecos, de resonancias.

Hay que destacar en este texto de Zambrano la fuerza de las imágenes: las entrañas, la larva, la mariposa, el vaso, la adelfa, la abeja, los olivos, la tierra, el cordero, la guirnalda, la tumba, la caña, la alondra, la paloma... A veces actúan como símbolos, a veces son metáforas: la mirada como cuchillo, la guirnalda como serpiente de agua, la mujer henchida como nave. No están aisladas, sino que configuran un riquísimo tejido textual que da voz a un pensamiento que se quiere fundado en la experiencia. Son imágenes que aquí giran en torno a dos grandes ejes: el cuerpo de Antígona y el interlocutor de su discurso.

A través de la metonimia, el cuerpo de Antígona se resume aquí en sus propias «entrañas», origen del sentir; la metáfora las convierte, no obstante, en una «larva» encerrada en sí misma, en una «mariposa» atenazada. Cuerpo por nacer, el de Antígona, y que al final del texto se cubrirá de cabellos grises y vestidos desgarrados. El punto de contraste lo ponen las mujeres esculpidas de Atenas que recuerda la misma Antígona, de «vientre combado» y «cuerpo glorioso». El gemido de Antígona en que consiste todo el monólogo se ve interrumpido en un momento determinado por un particular relato en el que entra en escena un ambiguo personaje masculino: sabremos entonces que dicho personaje, en un tiempo anterior, clavó su mirada, como un «cuchillo fino», en el centro de la nuca de Antígona, y ella notó entonces una «guirnalda» acariciando su cuello, resbalando como «serpiente de agua», y se sintió un «cordero». Nótese la transformación de Antígona, de larva por nacer en el relato primero a cordero sacrificial en este otro. Apenas nacida, ya sacrificada. La misma temática será la de *La tumba de Antígona*.

El personaje masculino queda asimilado a las otras masculinidades del texto. Si Antígona es larva y maripo-

María Zambrano, Paraninfo, Universidad de La Habana, 27 de septiembre de 1943. Cuba constituyó para Zambrano, como ella misma la denominó, su «patria prenatal».

sa, él es «insecto rubio», «rubia abeja macho» sin capacidad de entrar en el cáliz de la flor y arrancarle su «dulzura». En boca de Antígona, la palidez le define, lo mismo que su condición de mero reflejo: «pálido reflejo de un rey», «pálido príncipe de niebla dorada, húmedo siempre y helado», «llama sin fuego», «reflejo, reflejo siempre». Figura desdibujada, pues, que no puede sostener a Antígona, hacerla nacer, «des-exiliarla». Al final del texto, Antígona, que sigue definiéndose a través de la imagen, es «caña», «alondra», «paloma perdida». Transmite la sensación de desvalimiento, abandono. La paloma perdida es metáfora pero es símbolo también. Su mención es recurrente en Zambrano. En *Delirio y destino* puede leerse un delirio muy cercano a este de Antígona: el titulado precisamente «Delirio de la paloma». Una voz narrativa pregunta con dolor:

> ¿Habrá perdón para el que estrangula una paloma? Amor. Paloma crucificada. ¿No hemos crucificado los hombres incluso al Espíritu Santo? Ella padece de su herida, mana su sangre, la sangre del amor herido, la del amor inútilmente manchado, paloma inaccesible a toda humillación y humillada, aquí, por nosotros. Pedirte perdón, paloma, paloma, hasta el polvo, hasta deshacerme, pedirte perdón por España (Zambrano, 1998b, 269).

Asesinato de la paloma. Asesinato del cielo. Asesinato de la palabra. La de Zambrano será siempre la denuncia de la inarmonía y la discordancia, de la injusticia, lo que en «Delirio de la paloma» tiene unas claras referencias políticas, como permite observar el fragmento citado.

Buena parte del léxico al que recurre Zambrano en «Delirio de Antígona» pertenece al mundo floral y animal, un mundo agrario que, aparte de remitirnos a la figura de Perséfone y a la tierra oscura que habita buena parte del año, recuerda también a un poeta español del que Zambrano, me parece, está aquí muy cerca. Me refiero a Federico García Lorca. Es conocida la admiración de Zambrano por la obra de Lorca y los diversos textos que le dedicó, incluida una antología en 1937 aparecida en la editorial Panorama de Santiago de Chile. El prólogo a esa antología sitúa con sensibilidad los versos de Lorca en una antigua tradición que será la misma sobre la que en 1963 Ángel Álvarez de Miranda escriba un ensayo sobre el poeta granadino, *La metáfora y el mito*. En las primeras páginas el autor evoca a Zubiri —otro maestro de Zambrano— y la denominada por éste «constitutiva religación de la existencia humana» (Álvarez de Miranda, 1963, 10-11). De ello va a tratar, en efecto, su libro, cuyo paisaje de fondo lo constituyen las religiones arcaicas de tipo naturalista, articuladas sobre la deidad más que sobre Dios, y manifestadas en sistemas sacros y numinosos. Mitos y ritos hablan entonces de los misterios y símbolos de la vida orgánica, que son los que recorren la poesía lorquiana. También los textos de Zambrano sobre Antígona.

Por otro lado, estos mitologuemas están encarnados tanto en Lorca como en Zambrano en figuras femeninas, que son las que permiten el tratamiento de temas como la fecundidad, la esterilidad, la virginidad, la impureza, el renacimiento, las nupcias, etc. También el tema de la muerte. Como escribe Álvarez de Miranda, «La muerte lorquiana es también sangrientamente sacrificial» (1963, 31). Las coincidencias entre Lorca y Zambrano en este terreno se multiplican, entre ellas, las armas blancas del sacrificio —el cuchillo— cuya presencia oscila entre la repulsión y la atracción. La sangre es asimismo, en especial en *La tumba de Antígona*, de una importancia capital. La sangre derramada es alma liberada que retorna al cosmos, tiene un valor numinoso en tanto muestra la sacralidad de la vida orgánica. En el prólogo a la antología de Lorca afirma Zambrano lo siguiente: «regreso a la sangre y a la muerte podía llamarse a la poesía de Federico García Lorca». En *Algunos lugares de la poesía* (2007) se recoge asimismo otro texto de Zambrano sobre Lorca, cuyas palabras indican la proximidad de ambos creadores: «Era autor dramático —escribe Zambrano— y el autor tiene que tomar a su cargo los "tropeles de almas" que quieren existir y ser. Obra de misericordia es dar vida a estas almas, a lo que su insondable corazón no podía negarse. El teatro de Federico fue obra de misericordia hacia el público también» (Zambrano, 2007, 164).

La trabazón inextricable de las imágenes —que son palabras— del «Delirio de Antígona» consigue transmitir la desolación femenina más profunda, la fertilidad ahogada por el destino, el lamento de un cuerpo sin conciencia de sí. Se trata de la más honda congoja que, como en Lorca, es en última instancia la de todos los desheredados y humillados de la tierra[28]. En el cuaderno inédito titulado «Cuaderno de Antígona» (M-404), fechado en 1948, se encuentran escritas, bajo el epígrafe «Deliro 3.°», las siguientes palabras: «¡Ay mi Dios no existe [...], mi Dios no existe todavía!». Hay que esperar a *La tumba de Antígona,* en especial al último monólogo del personaje, para encontrar a una Antígona, ahora sí, henchida de una claridad nacida de lo más profundo de su entraña, de la tumba que habita. Cuerpo renacido entonces, preparado para la más blanca de las muertes. En relación a Teresa de Ávila, la mística carmelita, José Ángel Valente hablaba del «terrible cuerpo materno de Teresa. Materno, sí: capaz de alumbramiento» (Valente, 1991, 43). Así el de Antígona al final de *La tumba de Antígona.* Es en esta obra donde se

---

[28] Es probable que haya en este texto ecos autobiográficos de la relación de Zambrano con su primo Manuel Pizarro. La relación se inició en 1917, pero el padre de María Zambrano, Blas Zambrano, obligaría a romperla en 1923. A la luz de esa relación, adquiriría nuevo relieve la temática de este «Delirio de Antígona» del amor no logrado, del amor como abandono. La fecha de publicación de este delirio coincide también con la separación *de facto* de su marido, del que acabaría de divorciarse en 1953. He analizado la relación de este delirio con la obra lorquiana en Trueba Mira, 2012.

encuentra la plena dimensión de la palabra de Antígona. De su delirio.

El pensamiento como escucha

En *La tumba de Antígona* Zambrano abandona su habitual discurso ensayístico y construye diversas voces para sus personajes de ficción. No obstante, como si se resistiera a abandonar su centralidad autorial, Zambrano está presente en cada uno de los monólogos y diálogos en que consiste la obra, de ahí la uniformidad que ésta presenta —en realidad, algunos parlamentos de los personajes apenas se diferencian entre sí—. La multiplicidad de voces está aquí orquestada por lo que Jirí Veltruský, refiriéndose a los textos dramáticos, denomina «sujeto central», al cual se siente como portador de la acción y el diálogo dramáticos aunque no esté textualizado. Para Veltruský, cuando desaparece el sujeto central es cuando se multiplican en la obra dramática las acotaciones o *didascalias*.

Pues bien, en *La tumba de Antígona* no hay acotaciones (sólo una en relación a Ismene), lo que puede entenderse como señal de la existencia de ese sujeto central que tanto tiene que ver con su propia autora. La ausencia de acotaciones dirigidas al director de escena o a los mismos actores (incluso apartes o referencias al público) conduce a la autonomía y primacía absoluta del texto. Los hablantes están diluidos en el monólogo/diálogo, no sabemos más de ellos. Son las mismas palabras de los personajes las que funcionan a modo de acotaciones, creando incluso el decorado —ocurre con las referencias a la luz de las escenas que realiza la misma Antígona—. Es la palabra, pues, la que en todo momento configura los caracteres, el espacio y también el tiempo, ella es la que construye el texto, la que lo articula, convirtiendo su forma en su propio contenido. No obstante, como se comentará más adelante, Zambrano sí pensó en la representación de su obra y sí escribió algunas acotaciones y notas aclaratorias.

La obra está constituida por doce escenas breves, con sus respectivos títulos nominativos, desarrolladas en la profundidad de una tumba, desde cuyo claroscuro, y a lo largo de un tiempo impreciso al final de un día del mes de abril, oímos al personaje de Antígona monologando y hablando con muertos y vivos. De modo sucesivo, los personajes descienden por tres escaleras tras atravesar una puerta semiabierta por la que, como sabremos desde el principio, Antígona no volverá jamás a pasar. No hay retorno en este sentido para el viaje de Antígona en que consiste toda la obra.

La palabra que Zambrano privilegia aquí es la palabra hablada, ofrecida a los otros. Zambrano ha celebrado en diversas ocasiones la que Massignon denominaba «viviente enunciación», por encima de la palabra escrita (Massignon, 1999, 100). Es más, en el terreno propio de la oralidad, hay que subrayar la importancia concedida por Zambrano a la escucha por encima de la otorgada al decir. «Soy de oído» solía afirmar Zambrano[29]. También Gadamer, hablando de

---

[29] El filósofo Medardo Vitier escribió en 1948 unas notas sobre una conferencia de Zambrano en La Habana para *El Mundo,* y en ellas destaca una clave esencial de su pensamiento y escritura: su origen oral, vinculado al oído y la musicalidad (Moreno Sanz, 2004, 61). María Pertile, por su parte, ha hablado de la convergencia de Zambrano con Cristina Campo en relación a la figura de Antígona. Campo se detiene precisamente en el tema de la escucha y de la atención. Véase el texto «Atención y poesía» de Campo, en traducción de la misma Zambrano, donde se habla de la «justicia espiritual de Antígona» (Pertile, 2004, 168-172). Dice aquí Campo que «justicia es atención ferviente, enteramente no violenta», y recuerda a los griegos, a los chinos en el *Libro de las Mutaciones,* también a Dante. Acaba Campo con estas palabras, que Zambrano podía hacer suyas: «pues, en verdad, todo error humano, poético y espiritual, no es, en esencia, sino desatención». La atención de la que habla Campo se aproximaría en este sentido a la «santidad». También, por cierto, la poeta española Olvido García Valdés, en su biografía de Teresa de

la tarea hermenéutica, se refirió a la «primacía del oír» (Gadamer, 1977, 553), y antes de él Heidegger, quien dejó escrito: «el pensamiento es, ante todo, una escucha, o sea, un dejarse-decir y no una interrogación» (Heidegger, 2002, 134). Las declaraciones zambranianas en este terreno se multiplican. En *España, sueño y verdad*, en el capítulo dedicado a Segovia, escribe: «lo que es cosa de oír más que de ver para los hombres es la verdad» (Zambrano, 2002a, 266). También en *El hombre y lo divino* subrayaba: «En el escuchar se da lo más penetrante y hondo de la atención [...] una oferta de comunicación» (Zambrano, 2005, 337). Una carta a Agustín Andreu del 11 de octubre de 1974 me parece definitiva al respecto. Escribe en ella Zambrano:

> La palabra se verifica sensualizándose, o se espiritualiza corporeizándose al ser dicha en voz alta, al habitar pecho, espacio pneumático y garganta llegando naturalmente, de acuerdo con su ser, por el aire y entrando en el oído deslizándose por corredores recorriendo el laberinto y sonando en y por el martillito. *Los sentidos* —benditos sean— y este del oído en particular ofrecen un simbolismo muy transparente (Zambrano, 2002b, 91-92).

La escucha es siempre inseparable de un estado determinado de receptividad, que implica, por una parte, la aceptación de que el otro tiene algo que decir o de que puede decir algo que no sabemos y, por otro, la creación en nosotros mismos de un hueco o un vacío para que lo escuchado tenga lugar —aquel que reclamaba el Maestro Eckhart en palabras tantas veces citadas: «rogamos a Dios que nos vacíe de Dios» (Eckhart, 1998, 77)—[30]. En este sentido, *La*

Ávila, identificaba en un interesante análisis la escucha con la perspectiva del santo (García Valdés, 2001, 91).

[30] Reconocía en 1981 José Ángel Valente que «el punto de inserción máxima de nuestro lenguaje filosófico en nuestra tradición mística se sitúa hoy en el pensamiento de María Zambrano» (Valente, 2004,16).

tumba de Antígona es un texto clave en la trayectoria de Zambrano. Es la misma Antígona la que recuerda al principio de la obra, en la escena dedicada a la noche, lo siguiente: «no escuchan, los hombres. A ellos, lo que menos les gusta hacer es eso: escuchar». Significativamente, una de las cosas que le dirá Creonte —o Creón en la obra de Zambrano— a Antígona cuando descienda a la tumba es: «lo que no quiero es oírte». Antígona será en esta obra la que hable, pero también la que escuche. Por eso preguntará tanto, para saber. Su palabra ilumina, pero también será iluminada en un mundo donde voces y ecos se entrelazan estrechamente: «Esos dos hermanos que son la voz y el eco; hermana y hermano», afirmará Antígona.

Esta primacía otorgada por Zambrano a la escucha no se contradice con su defensa asimismo de la escritura, la cual para ella es necesaria, como expresará en un conocido texto de 1934, «¿Por qué se escribe?», integrado después en *Hacia un saber sobre el alma* (1950). Al escribir, el dominio humano sella las palabras, convirtiendo lo transitorio en perdurable. Ahora bien, no todo escribir tiene en Zambrano el mismo valor. Existe un modo de escribir que no traiciona ese saber de quietud del que se entrega a la escucha: la escritura poética. «El hablar sólo dice secretos en el éxtasis, fuera del tiempo, en la poesía. La poesía es secreto hablado, que necesita escribirse para fijarse, pero no para producirse» (Zambrano, 2001, 38). En la obra de Zambrano es Antígona la que *produce* el verbo poético, y Zambrano la que lo *fija* al ponerlo por escrito tras haberlo escuchado. Son las últimas palabras del prólogo las que anuncian esa «trascripción», por lo que *La tumba de Antígona* deviene así, de modo literal, el relato de una escucha. En el prólogo al volumen recopilatorio *Senderos* de 1985, donde apareció reeditada *La tumba de Antígona*, volvía a recordar Zambrano aquella escucha suya:

> Antígona me hablaba y con naturalidad tanta que tardé algún tiempo en reconocer que era ella, Antígona, la que

> me estaba hablando [...] caí a solas en la cuenta de que era ella, Antígona, de quien yo me tenía por hermana y hermana de mi hermana que entonces vivía y ella era la que me hablaba (Zambrano, 1986b, 8).

Lo que Zambrano ha escuchado en primer término es la necesidad de «saber» que reclama Antígona, expresada a través de ese mismo verbo, «saber», repetido casi con obsesión a lo largo de la obra. Es una constante indicadora de su deseo: «me hace falta saber», afirma con rotundidad. Es en la quinta escena, ante la nodriza Ana, que Antígona expone la dimensión metafísica y política de esa necesidad en los siguientes términos:

> Dime, Ana, dímelo, respóndeme, ¿me has oído? ¿Por qué historias estoy aquí: por la de mis padres entre ellos, por la historia del Reino, por la guerra entre mis hermanos? O por la historia del Mundo, la Guerra del Mundo, por los dioses, por Dios... [...] Ahora se me presenta esta pregunta, parecía que todo, tan monstruoso, fuese tan natural.

Las preguntas de Antígona resonarán en el vacío de la tumba, imagen de su propio vacío, espacios estériles que se irán transformando, sin embargo, en dadores de sentido, de luz. «La verdad —había escrito Zambrano en 1933— necesita de un gran vacío, de un silencio donde pueda aposentarse, sin que ninguna otra presencia se entremezcle con la suya, desfigurándola» (Zambrano, 2001, 40). Por eso Zambrano ha situado a su Antígona en la tumba, otorgándole el tiempo necesario para saber, un tiempo tras el cual puede ya morirse del todo o, como la obra repite, nacerse de nuevo y verdaderamente. El deseo de saber de Antígona chocará, sin embargo, con el reproche de su hermano Etéocles: «Ella tenía que quedarse para saber. Era todo lo que quería: saber», lamenta. Antígona no se calla, responde con rotundidad: «dices saber como si fuera posible no saber».

Son palabras que recuerdan a aquellas otras de José Ángel Valente en los últimos versos del poema «No mirar» de *La memoria y los signos* (1966), libro que invita a descender a una memoria que es colectiva y también personal, y cuya publicación Zambrano celebró:

> Si mi reino no fuera de este mundo,
> si no tuviese ojos
> para ver, si no fuese
> no mirar imposible.

Imposible no mirar, imposible no saber: en esa imposibilidad queda resumido el radical planteamiento ético del pensamiento de Zambrano del que Antígona es proyección.

El saber que Antígona busca no consiste, y esto debe subrayarse, en un conjunto de argumentos, de razones. No es una cadena causal de hechos lo que reclama su palabra. Es en la escena tercera dedicada a su hermana donde Antígona definirá con concisión ese saber al afirmar: «nosotras no sabíamos y sabíamos, sentíamos», declara unamunianamente. Y más tarde, en el diálogo con los hermanos materializará ese sentir que es, en definitiva, un saber de experiencia. Éstas serán sus palabras:

> La violeta se escurrió nada más cortarla y se quedó tendida al pie de sus hermanas. La dejé allí, y me la quedé mirando, sintiendo, comprendiendo, pues que es en esas cosas en las que yo he estudiado. Y me supe yo así, pero no me dejan, mis hermanos sin gloria, caídos al pie de nada. Y más infortunados que yo errante, sin centro adonde encaminarse.

Ese «centro» es la luz que ilumina a Antígona en lo hondo de la tumba, en lo más profundo de sí misma, es el faro que proyecta luz asimismo sobre los otros, entre ellos y en especial sobre Edipo, el encargado de recordar precisamente a Antígona el sentido de la tumba que habita: «Estás en el lugar donde se nace del todo», sostiene, y a continuación, sorprendentemente, le reclama: «ayúdame ahora que ya voy sabiendo, ayúdame, hija, a nacer»[31]. Se dan dos momentos en la obra de especial intensidad desde el punto de vista de la expresión de este saber de experiencia: el relato en la escena tercera de cómo hizo correr Antígona la sangre del hermano, y la reflexión sobre el exilio en el último monólogo. Sólo leyendo —escuchando— esos dos momentos estaría legitimado, a mi juicio, hablar de Antígona como de la figura que anuncia la «razón poética».

Un signo textual de gran eficacia contribuye a la expresión de ese centro al que Antígona se dirige: el deíctico. Es conocido el significado contextual de los adverbios situacionales, su ausencia de referencia, por eso se prestan bien a las reglas de juego del discurso establecidas aquí por Zambrano. Lo importante para Zambrano en este aspecto no es la concreción del lugar físico sino el lugar moral de su personaje. El deíctico indica el lugar del no lugar, de ahí su utilización asimismo en la escritura de los místicos, los cuales están intentando expresar la experiencia del deseo, es decir, de la ausencia. En su libro *La fábula mística*, Michel de Certeau ha escrito en relación a ese no-lugar las siguientes palabras —las cursivas son suyas—:

> Es místico aquel o aquella que no puede parar de caminar y que, con certidumbre de lo que le falta, sabe, de cada lugar y de cada objeto, que *no es eso*, que uno no puede residir *aquí* ni contentarse con *esto*. El deseo crea un exceso. Excede, pasa y pierde los lugares. Hace ir más lejos, a otra parte. No habita en ningún lugar (2006, 294).

---

[31] En su ensayo sobre Antígona, Kierkegaard había escrito por su parte: «esta Antígona es casi más que una esposa, es una madre» (1998, 37).

De los deícticos de *La tumba de Antígona* destacan dos en concreto: «aquí» y «allí». Si «aquí» es, al principio de la obra, la prisión, la tumba que habita Antígona, «allí» es, contrariamente, el lugar del deseo, el lugar del *otro,* del *Otro.* El trayecto desde «aquí» hasta «allí» es el que Antígona recorre en esta obra. El movimiento siempre ha caracterizado a Antígona, como le recuerda Ana, la nodriza, que tan bien la conoce: «te querías ir de aquí de donde estamos todos los mortales». En el último monólogo Antígona volverá a emplear el deíctico «aquí», pero entonces este «aquí» equivaldrá al «allí» del primer monólogo. Por la puerta que permanecía abierta se ha adentrado la Estrella de la Mañana, y Antígona afirma entonces: «Ahora sí, ha de ser la hora ya. Ahora que está aquí la estrella». El lenguaje, como el espacio, se ha desplazado sin desplazarse, las palabras han muerto a un sentido para renacer a otro. Lo decía en el siglo XVI Teresa de Ávila: «mas havéis de entender que va mucho de estar a estar» (Certeau, 2006, 193). Y, antes de ella, Margarita Porete, que afirmaba en el siglo XIII: «una misma palabra tiene dos significados» (Porete, 2005, 74). Podrían ponerse más ejemplos de *La tumba de Antígona:* Creón querrá conducir a Antígona «arriba» pero Antígona le responde con rotundidad: «he subido ya, aunque me encuentres aquí». Definitivamente, Antígona y Creón no podrán jamás entenderse. Los significantes de sus lenguajes tienen diferentes significados.

Todo en Antígona se resuelve, pues, en la palabra. La de Antígona abre y cierra el texto, se dirige a los dioses, a los hermanos, a la luz del sol, a la aurora, a la propia tumba, a las piedras, a la puerta, a la muerte, a la hermana, a la madre y al padre... Ahora bien, no se oye sólo la palabra de Antígona, se oye asimismo a otros personajes, cuyos lenguajes Zambrano deseó que deviniesen al modo de una composición musical. En los borradores titulados *Delirio y muerte de Antígona* presta una especial atención a la música dentro del drama, y escribe lo siguiente: «La obra toda ha de ser una orquesta con sus diversos instrumentos —las voces de los personages [*sic*]— [...] Hay que crear música con las palabras» (M-440).

Más adelante comentaré el sentido de esta y otra aclaraciones. Valga por el momento mencionar que el protagonismo de la música aquí nos conduce al pensamiento de Nietzsche sobre la tragedia. La música tiene el don de representar, escribe Nietzsche citando a Schopenhauer, «con respecto a todo lo físico del mundo, lo metafísico y con respecto a la apariencia, la cosa en sí» (Nietzsche, 1984, 132). Asociada a Dioniso y a su grito jubiloso, la música conduce a la intimidad de la cosa o a los *universalia ante rem,* anteriores a la cosa. La grandeza de la tragedia para Nietzsche estriba, de hecho, en haber logrado armonizar el grito dionisíaco con el canto de Apolo, el cual queda convertido de ese modo en imagen del mundo, más allá del principio de individuación que le caracterizaba en un principio. El mito trágico es aquel que habla en símbolos del conocimiento dionisíaco, y la voz de ese mito es la voz de la música. La música es en Nietzsche, como en Zambrano, primer lenguaje humano capaz de acompasar el ritmo del universo, de la tierra y todos sus seres. Y algo decisivo: en tanto orden que armoniza diferencias, que acompasa la multiplicidad de voces del mundo, la música queda asociada en Zambrano desde una perspectiva política al sistema democrático. Con claridad lo escribió en *Persona y democracia,* al considerar que el orden democrático «está más cerca del orden musical que del orden arquitectónico» (Zambrano, 1992, 163). La *verdad múltiple* del fondo de su pensamiento tiene mucho que ver precisamente con esta armonización de las diferencias[32].

---

[32] Para un pormenorizado análisis del pensamiento y el lenguaje musical en Zambrano, véase la tesis doctoral de Martínez González (2008). Y para una interesante relación del «Delirio de Antígona» de 1948 con los «tambores» cubanos y la música mestiza de la isla, véase el trabajo de Miguel Morey, donde califica el lenguaje zambraniano del delirio de «oratorio», de «cantata alucinada» y de «quejío» (Morey, 1999).

La orquestación de las voces

Dos importantes monólogos abren y cierran *La tumba de Antígona*. En el resto de la obra la protagonista habla con diversos interlocutores. No tenemos certeza de su identidad, son sombras, sueños, muertos. Habitan, eso sí, en la palabra de Antígona. De entre todos ellos, destaca en primer término Ana, la nodriza, ausente de la obra de Sófocles pero presente, por ejemplo, en la *Antígona* de Anouilh, aunque su papel sea muy distinto del que le dibuja Zambrano en *La tumba de Antígona*. Ana entra en escena sigilosa, con un cantarillo de agua y una ramita de albahaca, su palabra discurrirá como la de Antígona, fluida por entre los huecos del sentir. Es precisamente Ana la que define esa particularidad propia de Antígona, el movimiento, con estas palabras: «desaparecías como si te metieras por una rendijilla entre las piedras», «por la arena blanca también te escurrías», «te metías entre los juncos de la acequia». La palabra de Ana informa sobre Antígona pero también sobre ella misma, tan próxima a Antígona: «nunca fui nadie, nada», sostiene, y menciona a continuación la estirpe a la que ambas pertenecen:

> Somos las dos de esa gente a la que nunca les pasa nada, nada más que lo que les está pasando a los demás, libres como el agua, encadenados por el amor y por la pena de verlos sufrir y equivocarse día tras día. Y eso es todo lo que nos ha pasado a las dos: estar viendo, lo que se dice viendo sin poder remediarlo.

Es esa condición de ver sin intervenir la que permite a Ana decirle a Antígona: «Que no vas a descansar tan pronto. Porque a ti te espera otra cosa, otra cosa mejor que el descanso». Ana es la que sabe, la que tiende su palabra a los otros, la que socorre la vida, la que porta amor y piedad. Su profecía se cumple: Antígona no descansará propiamente, re-nacerá. Cercana a una figura maternal, Zambrano se asimilará en cierta ocasión al nombre de su madre, Ana[33].

Antes del descenso de Ana a la tumba, otro personaje femenino ha visitado a Antígona: la hermana, en la escena tercera. Luego lo hará la madre, en la sexta. Lo significativo de estas dos figuras femeninas es que son las únicas a las que no escuchamos en la obra. Zambrano no construye una voz propia para ellas. Los títulos de las escenas que protagonizan son asimismo significativos: «el sueño de la hermana» y «la sombra de la madre». El sueño y la sombra son sustantivos zambranianos, unidos, entre otros, en el texto de *Delirio y destino* que se abre con una cita de Píndaro en la Pítica VIII: «Somos sombras de sueño» o «¿sombras de un sueño?». Tal vez sombras del sueño de Dios. No podemos olvidar que los sueños constituyen parte medular del pensamiento zambraniano hacia los años sesenta. Dos años antes de aparecer *La tumba de Antígona* ve la luz *El sueño creador* (1965), una de las obras más significativas de la pensadora a la que pertenece asimismo el texto «El personaje autor: Antígona». *Autor* porque es ella la que construye el sentido, o mejor, la que lo *aumenta* a través de su «acción verdadera», aquella que lleva incorporada el pensamiento —del mismo modo se referirá Zambrano a la acción de Teresa de Ávila en «La multiplicidad de los tiempos» de 1955 (Zambrano, 1987b, 9)—.

En la escena dedicada a Ismene lo que resulta llamativo es el cambio operado respecto de la obra de Sófocles. Zambrano ha proyectado aquí su propia biografía y la especial

---

[33] En carta a Agustín Andreu del 24 de julio de 1975, escribe Zambrano: «25 de julio. Santiago. Nació mi madre. Mañana St. Ana, mi fiesta. Ahora me llamo Ana» (Zambrano, 2002, 253).

relación que tuvo con Araceli, su propia hermana, a la que, no puede olvidarse, dedicó «Delirio de Antígona» y *La tumba de Antígona*[34]. Ismene no figura en todas las Antígonas, pero sí lo hace y de modo fundamental en la de Zambrano. Si en el caso de Sófocles la historia de ambas hermanas ha podido leerse en el siglo XX como la del enfrentamiento entre una feminidad rebelde y una feminidad sumisa, el texto de Zambrano obliga a otra lectura. Ismene no es aquí la hermana acobardada o dócil a la que Antígona reproche su retracción ante el poder y su acatamiento de la ley del terror. Hay ahora una insistencia en la fuerte hermandad de la infancia compartida. En relación a los deícticos de los que antes se habló, fijémonos dónde sitúa Antígona a su hermana al inicio de la escena: «no estabas allí, ni aquí, Ismene, mi hermana. Estabas conmigo». Fraternidad inquebrantable representada por ese secreto compartido del que sólo Ana es partícipe, puesto que es el mismo que en la escena quinta desvela con sus palabras: el secreto del movimiento, de la rebelión contra los límites, de los saltos de las rayas, las leyes, los reinos[35]. Se trata de evitar

---

[34] En *Delirio y destino,* en el capítulo titulado «La hermana», Zambrano reconoce que el tiempo que estuvo separada de Araceli la llamó Antígona, porque «inocente, soportaba la Historia; porque habiendo nacido para el amor la estaba devorando la piedad [...] la revelación entrañable de la noche oscura de Europa que ella había tenido que vivir, sin tregua, en la vigilia» (Zambrano, 1998, 261). Antígona es Araceli, pero es también la propia Zambrano. Así permite deducirlo la dedicatoria de René Char en el libro *Claire. Thêatre de verdure,* donde se lee: «Pour Marie et pour Ara soeurs d'Ismene. Leur ami» (ha aportado este dato Rosa Rius, 2001, 84).

[35] Zambrano se ha referido en diversos sitios al juego de saltar rayas que en su caso no es exactamente un juego, un entretenimiento, sino un modo muy serio de ser o de estar en el mundo. En *Persona y democracia* recordaba cómo en muchos juegos infantiles quedan vestigios de situaciones antiquísimas de la vida humana, entre ellos precisamente el de saltar rayas: «Hay ciertos juegos que consisten en pasar de un cuadro a otro sin pisar la raya, en una especie de tablero dibujado en la tierra;

fijar las cosas cuando se miran o detener el flujo continuo en que deviene la realidad y los hombres con ella. Pues bien, este movimiento de Antígona tenía una testigo y una aliada, Ismene. Y es a Ismene a la que precisamente Antígona refiere de qué modo lavó y por qué la sangre de su hermano muerto en uno de los discursos climáticos de esta obra.

Si Ismene representa, pues, la complicidad fraternal, la madre, otro personaje sin voz, deviene una figura ambivalente. Hay que advertir, para empezar, que el nombre propio de la madre, Yocasta, es el gran ausente de esta obra de Zambrano. Yocasta es la «madre». O «ella». El mismo Edipo la refiere como «ella», y éste es el motivo de que Antígona le replique: «Ella, ¿no lo sabes? Era mi madre». Y le reprocha también: «Me tratabas como si solamente fuera yo hija tuya», y más tarde, «de mi madre, la mía, nunca me hablabas. Siempre era ella, la tuya». Fijémonos de nuevo en las dificultades del lenguaje: mucho hay aquí entre la mención a la «madre» por parte de Antígona y la mención a la «madre» por parte de Edipo. El problema ahora no es que coincidan los significantes para referencias distintas, es que coinciden también las referencias. La gramática se construye pero no aguanta el peso de la semántica.

Esa ambivalencia inicial se complementa asimismo con la pluralidad de sentidos de la madre en el monólogo de Antígona. Por cuatro veces repetirá desde la tumba Antígona a su madre «vete», porque su lugar ya no está ahí

---

son el símbolo sin duda de la vida humana, de ese ir de una a otra etapa, de una a otra edad, de una a otra situación: en suma, un símbolo de la vida humana como historia. Indican también que la historia no es algo querido por el hombre, ni inventado por él, sino algo engendrado por su propia vida, espontáneamente [...] Y en estos antiquísimos juegos, cuando se pisa la raya, se pierde, hay que recomenzar» (Zambrano, 1992, 75).

sino más allá, en el seno de las Madres, donde se encuentra el secreto, es decir, «la razón sin nombre de la vida» —tal vez ese mismo «orden sin sintaxis» del que hablará más tarde Zambrano en *Claros del bosque* (Zambrano, 2002c, 82)—. La madre aquí remite a una vasta tradición donde la figura femenina es dadora de vida pero también amenaza. En el manuscrito M-249, en la escena «Antígona y la sombra de la madre», ha escrito Zambrano la siguiente aclaración: «La Madre será una sombra grande, densa, oscura, que no habla. Cifra de la fatalidad, suplicante a veces». En efecto, así es como se nos presenta en la obra. Es por ello que Rosella Prezzo considera que la verdadera figura materna aquí es Ana, «cuya presencia no se cierne como una divinidad arcaica, divinidad amenazante para sus criaturas, sino que las acompaña en el camino» (Prezzo, 1999, 111).

Es en la escena de la madre donde Zambrano menciona la tradición de Eleusis, que debe entenderse en relación a su idea de la metamorfosis necesaria que la vida del hombre debe sufrir para el re-nacimiento verdadero. Uno de los textos zambranianos que contiene más referencias a Eleusis es *El hombre y lo divino*. Ahí se detiene Zambrano en la espiga granada de trigo, símbolo de la germinación del iniciado en la paz, una espiga que dan a luz Deméter y Perséfone, fundamentos del mito eleusino. La ocultación en la tierra para el renacimiento posterior es asimismo el proceso de aquellos primeros cristianos de las catacumbas, como el de los siete sabios durmientes que tantas veces mencionará Zambrano. Lo que Zambrano subraya como seña de identidad de Eleusis es la revelación del reino de los infiernos «donde también hay algo divino», a lo que añade:

> [...] Y es la vida vegetal, con arquetípica evidencia en el trigo, donde se muestra que la muerte tiene su vida, que el grano simiente se fermenta, se deshace, se pudre mas no

se integra en la inercia. Ha sido solamente sacrificado para darse multiplicado en una forma, una, perfectamente viva (Zambrano, 2005, 362-363).

Otra voz femenina se oye en *La tumba de Antígona,* cuya función es cerrar la primera parte: la Harpía. Edipo ha bajado a la tumba en la cuarta escena pero es un personaje lesionado en su masculinidad y próximo, por tanto, a las mujeres —a Edipo corresponde en la segunda parte Hemón, en tanto su masculinidad está también lastimada—. La segunda parte es muy distinta a la primera en este sentido, y la abre precisamente ese personaje bisagra que representa la Harpía, protagonista de la séptima escena y ausente en Sófocles. La Harpía representa también un lenguaje cuyos rasgos anuncian el que predominará en la segunda parte de la obra. «Araña del cerebro» y «tejedora de razones», la denominará Antígona, que empleará también el verbo «cuchichear» para referirse a su hablar a escondidas, ocultando y enmarañando. En un texto manuscrito, Zambrano se refiere a ella como una «araña oscura, sin color» que se sitúa «detrás» de Antígona y llega a escena «deslizándose» desde el Noroeste (Antígona está mirando al Este). En ese deslizarse Zambrano la asocia a la «serpiente». Nunca está «enteramente de frente» (M-343). Tiene un cierto carácter paródico, como se deduce de las palabras de la misma Zambrano en carta a Agustín Andreu del 7 de septiembre de 1974: «se me apareció —le escribe— como una araña peluda, redonda, que se agranda y se empequeñece fingiendo humildad. Rueda y se resbala para hacer rodar a algo así como una columna y para hacer resbalarse a la sustancia de la integridad. Antígona es eso: íntegra y no sólo doncella» (Zambrano, 2002b, 54)[36]. Y, como se está vien-

---

[36] En esa misma correspondencia, Agustín Andreu reproduce un texto de Zambrano titulado precisamente «Sobre la integridad». Explica Andreu que Zambrano sentía un gran respeto por la Teología Dog-

do aquí, buena parte de esa integridad afecta al propio lenguaje. No ha tardado en reconocerlo la misma Harpía: «Tu belleza pasaba desapercibida mientras no hablabas» le reprocha a Antígona. La Harpía es la que recuerda a Antígona que todavía es mujer joven, y le insta a rectificar su decisión de no ceder, de no volver arriba, a la ciudad, a casarse y vivir como una mujer. En ese aspecto, Carlos Peinado la relaciona con la estirpe de Celestina, a la que la misma Zambrano dedica un capítulo en *El sueño creador* (Peinado, 2005, 335). Nada más lejos del sentir de Antígona el consejo que le da la Harpía: «[...] una palabra tuya, una sola a tu Juez, y ya estaba. O haberte callado, y haberte puesto a llorar, según es uso de mujeres». Pero para Antígona había otra ley, «la Ley que está por encima de los hombres»[37].

Como queda dicho, la Harpía da entrada a la segunda parte de la obra. No obstante, antes de pasar a esa parte hay que mencionar a Edipo, el primero, de hecho, en bajar a la tumba a hablar con Antígona. El problema de Edipo en Zambrano es que no ha sido capaz de nacer como hombre, aunque sí como rey. María Luisa Maillard apunta que Zambrano no está del todo sola en el intento de ampliar la simbología de Edipo en relación a Freud. La acompaña

---

mática tradicional, dentro de la cual se encontraba san Agustín, y su denuncia del desorden de los instintos o apetitos del hombre. Integridad es, así, de la que gozaba la pareja del Paraíso original, inmune de toda concupiscencia. En palabras de Zambrano: «la integridad es la capacidad metafísica, propia del individuo, para moverse como sujeto puro, para vivirse en entereza. Cuando el sujeto se asume en plenitud y sin reservas, cuando su trasfondo y fondo son arrancados por la subjetividad y arrastrados, produciéndose la unidad expresiva (y se anula por autocreación la diferencia y distancia fondo/forma, historia/presente, etc.); entonces el sujeto se integra y el pasado y sus residuos desaparecen por recreación, por olvido divino. La unidad es la integridad recobrada» (Zambrano, 2002, 299-300).

[37] También en el siglo XIII Margarita Porete hacía decir a la Santa Iglesia en referencia al Alma en *El espejo de las almas simples* las siguientes palabras: «ella está por encima de la ley/No contra la ley» (Porete, 2005, 170).

Paul Ricoeur en *Le conflict des interprétacions* (1969), quien también desplaza el conflicto de la represión del Edipo niño al conflicto del Edipo adulto, «cuya falta radica en el no reconocimiento de sí mismo. Por ello entiende que la tragedia inherente es la de la vanidad ciega del adulto y no la de la libido y la infancia» (Maillard, 1997, 117). Diversos son los textos que vendrían a confirmar esta ampliación del sentido de Edipo. En el manuscrito «Antígona o el fin de la guerra civil» (M-517), escribe Zambrano la siguiente reflexión:

> Y esta madre, la suya, Jocasta [*sic*], puede muy bien ser una interpretación inversa de la de Freud, la Patria, la suya simplemente. Edipo, el que no habiendo alcanzado madurez —nacimiento— ávido de coronarse se encumbra sobre el único regazo disponible, el de su madre patria. Tantos así en la historia, en todas las historias de hombres. Y es hija Antígona también de Jocasta, la Madre, arrollada, sabiendo y no sabiendo.

Y no hay que olvidar las palabras que Zambrano dedica a Edipo en *El hombre y lo divino,* donde habla del rey-mendigo como de un único personaje.

El diálogo entre padre e hija en *La tumba de Antígona* es una importante aportación de Zambrano en relación al texto original de Sófocles. La entrada en escena de Edipo es ya significativa: oímos a Antígona preguntar quién entra en la tumba, y oímos que Edipo responde contradictoriamente: «No lo sé, soy Edipo». De nuevo aquí, como ocurría con Yocasta, el nombre propio está problematizado. Edipo no alcanza a saberse: «Veo y no sé», dice. No sabe, en efecto, ser hombre, como él mismo declara: «yo era sólo [...] una nube blanda, cálida, llevada por el viento. Y tuve que ser hombre». Edipo, el de los pies blandos, no puede sostenerse en tierra, lo que permite su asociación con el exiliado, a quien define Zambrano en el último monólogo como aquel «que ha sentido el peso del cielo sin tierra que lo sostenga». Edipo no sabe, como tampoco sabe Antígona.

Lo importante es que tras su diálogo sí sabrán. Antes de alejarse, Edipo reconocerá: «todo esto es tan claro». Y Antígona confirmará: «ahora veo yo un poco también».

En resumen, la primera parte de *La tumba de Antígona* se caracteriza, desde el punto de vista del lenguaje, por la fluidez de una palabra que busca nacer a otros sentidos, saber. Así con Antígona, Edipo y Ana, las tres voces que se escuchan en el texto y a través de las cuales nos llega el eco asimismo de las de Ismene y la madre. No hay aquí confrontación alguna de lenguajes como sí ocurrirá en la segunda parte, la cual se inicia tras marcharse la Harpía, con la escena octava dedicada a los hermanos, que son los personajes, junto a Creón, en quienes queda encarnado el lenguaje del poder que esta obra denuncia sin ambages. El diálogo de todos ellos con Antígona resulta ahora muy interesante en tanto permite observar con claridad dos maneras de entender la palabra y, por tanto, dos maneras de aprehender el mundo, de estar en él. Es significativo que Etéocles rechace las palabras de Antígona que él no puede entender: «Oh, Antígona, siempre con esos discursos», lamentará. Es ante este tipo de discursos que también Creón quedará más tarde bloqueado: «ya empiezas, Antígona, haces que se me olvide lo que venía a decirte». Y es que la palabra de Antígona es otra palabra, piadosa como el Amor: «el amor no puede abandonarme porque él me movió siempre, y sin que yo lo buscara. Vino él a mí y me condujo», le ha dicho Antígona a la Harpía. Fijémonos en la expresión «Vino él a mí», como el Verbo al poeta para cierta ontología romántica, como Dios al creyente, como el delirio a la escritora.

Antígona es la primera en ser consciente de que su lenguaje no es el del poder, de ahí que solicite a Creón que no tergiverse sus propias palabras. Escuchémosla:

> Dile [a Ismene], si te acuerdas bien, dile —no cambies mis palabras— que viva por mí, que viva lo que a mí me

fue negado: que sea esposa, madre, amor. Que envejezca dulcemente, que muera cuando le llegue la hora. Que me sienta llegar con la violeta inmortal, en cada mes de abril, cuando las dos nacimos.

Pero Creón no puede asumir, hacer suyo y transmitir ese lenguaje de Antígona. Entre la incomprensión y el desprecio, le dice a Antígona: «¿Y cómo yo voy a poder decirle todo eso? Eso son cosas tuyas». A lo que Antígona responde: «Y cómo voy a decir cosas no mías y a mi hermana, a lo único que de mí dejo en esta vida». Y definitivamente Creón le dice: «no te puedo entender». No puede haber entendimiento entre ambos, Creón es incapaz de dar cobijo en su lenguaje a las palabras de Antígona[38]. Literalmente, es impotente para acceder al otro, para ejercer, pues, la piedad. El manuscrito M-517, «Antígona o el fin de la guerra civil», presenta una serie de fragmentos relacionados con esta imposibilidad de diálogo entre ambas figuras. Pese a su extensión, los reproduzco a continuación, pues me parece que pueden arrojar matices sobre este tema. Obsérvese la unión de «logos» y «piedad» en el lenguaje de Antígona, y la negación absoluta de la condición de interlocutor de Creón:

> En realidad, pues, el diálogo de Antígona con Creón no lo es: se trata de dos monólogos en todos los sentidos por parte de Creón, pues que su razón, como sucede siempre en estas situaciones, no se articula, no llega a ser expresión

---

[38] También en la obra de Sófocles, entiende George Steiner, el diálogo de Antígona y Creonte es un auténtico «dialogue des sourds» en los vv. 450 y ss. (Steiner, 1987, 190). «El idioma de Creonte es el de la temporalidad [...] Antígona habla, o mejor dicho, intenta hablar desde la eternidad», y añade Steiner en palabras que haría suyas Zambrano, «(tal vez como sólo podía intentarlo el hablante del Cuarto Evangelio)» (Steiner, 1987, 190).

de un logos. Es una terca, reiterada orden, que podría muy bien, y aún debería, ahorrarse las palabras, es una «ejecución» que se anuncia. Así anunció la prohibición de rendir honras fúnebres a Polinices y así le anuncia a Antígona, la «transgresora», su suerte: otra ejecución. Y esto podría continuarse indefinidamente, si se presentara alguien que justificara a Antígona y otro alguien que justificara a ése [...].

Antígona, en cambio, la transgresora, habla verdaderamente, tan verdaderamente que llega a hacer de Creón un interlocutor. Así se ha creído siempre. Le presta oídos que él no usa: hace ascender hasta él la voz de los muertos desde los «ínferos», es decir, le abre la boca del infierno, se lo presenta, hace descender sobre él, sobre su cabeza, el rayo de luz del cielo, del topos donde está planeando también la razón verdadera que los hombres deben, solamente, de acoger cuando descienda a ellos. No es la razón que se rapta, aquella de que el hombre se apropia, anulándola o convirtiéndola en sinrazón. La razón que desciende, por obra de alguien, claro, de nada sirve. La justicia despiadada que posee a Creón no tiene poro ni resquicio alguno, no podría sólo deshacerse, desvanecerse como una pesadilla monstruosa ante el conjuro de la razón verdadera, celeste, y de la realidad de los infiernos, de la realidad de las entrañas de la tierra, de los muertos, ante los que inexorablemente el poderoso justiciero habrá un día de pasar. No le importa aumentarlos con su decreto de alcance, extensión incalculable.

La razón de Antígona se articula no sólo como logos, sino que es al mismo tiempo conjuro, advertencia, llamada, invocación, es decir, piedad, piedad que trasciende la razón histórica y antihistórica, justicia e injusticia, que conduce todo esto a un lugar donde se purifica, se rescata, que conduce, si se oye, la mente al lugar donde el horizonte aparece, el horizonte y no sólo el momento, el horizonte y no sólo el ciego presente.

Antígona es libre. Para ella no existe ya oportunidad, ni presente; es libre como lo son solamente los muertos, los que asumen sobre sí la muerte, la suya propia. Y no por deseo de morir, aunque a veces en ello inevitablemente se mezcle ese vértigo, sino porque es, más que el precio, lo único que deja el absoluto decreto: todo o nada en realidad: todo o todo: el absoluto sometimiento o la absoluta entrega. Cuando alguien libre se ve tratado así, se siente ya en la muerte y por eso no teme, no puede temer, se le ha quitado la vida ya.

Y es un milagro, un milagro de cordura y de paz que Antígona hable, articule sus razones como si alguien las escuchara, como si hubiera lugar para ellas, como si frente a ése tuviera esos poros que son en principio los ojos, los sentidos todos, ese resquicio por donde las palabras llegan desde la mente, que al fin parece entenderlas en su significación formal, allá, [en el] corazón para que [éste] las reparta por el alma toda.

Pues sintiéndose ya muerto el así ejecutado, ¿cómo puede hablar? Ha de sentirse sobre la muerte también, inmortal, porque [está] desposeído de sí mismo, de su razón, de su existencia, porque se ha convertido en medio, instrumento, porque no es nadie en ese momento. Ha aprovechado el sentirse muerto para identificarse con la verdad verdadera, con la justicia no pura sino purificada, lavada de pasión y de cálculo. Y así, contra lo que ingenuamente se podría esperar, esta voz es la que menos brecha puede hacer en Creón; a no ser que Creón estuviera llamado a ser santo. Pues los dos interlocutores no tienen ningún *terrain d'entente,* nada en común. Antígona envuelta en la furia de la muerte inmediata, dejándose envolver de la sinrazón, decayendo hasta ella, hubiera podido hacer mas brecha en Creón. Así no le tocaba. Era ya muerta e inmortal de un solo golpe, se había transformado en víctima consciente de sacrificio.

Es rotunda, pues, la disparidad de lenguajes en ambos personajes e inevitable su desencuentro. El diálogo se ha hecho imposible.

Antes de Creón, no obstante, hemos visto descender a la tumba a Hemón. Y hemos escuchado su palabra. Hemón es la otra excepción en las masculinidades de la obra. Su intervención será la más breve de todas. Comparte la escena además con los hermanos de Antígona. Bien dice: «conmigo no cuenta nadie». Quizás por eso su entrada tiene que ser afirmativa: «Heme aquí yo también». Es también significativo que en la tragedia de Sófocles, Hemón no aparezca en ninguna parte de la obra junto a Antígona. Como ha escrito Albin Lesky, «la tragedia de Sófocles no tiene lugar alguno para el *eros* subjetivo» (Lesky, 2001, 203). Y Steiner llega a preguntarse si Hemón fue alguna vez el objeto principal del amor de Antígona (Steiner, 1987, 123). La Antígona de Zambrano se muestra severa con Hemón, y le pregunta: «¿vienes también tú, por tu parte?». Elocuentes serán, en este sentido, las palabras que le dedique en el último monólogo.

Mención y reflexión aparte merecen los dos hermanos de Antígona, Etéocles y, sobre todo, Polinices, de los que se hablará al final de esta introducción. Un mundo de masculinidades que Zambrano ha aprendido de la misma tragedia originaria, en la que está bien presente la dicotomía entre lo masculino y lo femenino. Recordemos a Creonte insultando a Hemón: «¡Oh ralea vil! ¡Subyugado por una mujer!» (v. 747). Antes ya le ha advertido a Antígona: «Que a mí, mientras yo viva, no me domina una mujer» (vv. 526-527). A mi entender y como más tarde mostraré, el foco del conflicto en el caso de Zambrano no está tanto en la figura de Creón, quien representa con claridad el poder despótico como se desprende de sus propias palabras. El conflicto se desarrolla mayormente en relación a los hermanos, los cuales sí representan algo muy próximo biográficamente a Zambrano: la guerra civil española.

Queda por destacar la presencia de «Los desconocidos» en la última escena de la obra, la duodécima. El primero parece alguien que facilita el testimonio de los otros, que rescata a los que gimen para que cuenten «su historia en voz alta». Sabemos algo más de este personaje por las referencias de Zambrano en el manuscrito M-249, donde dejó escrito que es el más «bajo» de los dos y está caracterizado como «hombre». Tal vez este primer desconocido sea la misma Zambrano que ha permitido, en efecto, que oigamos la voz del inocente-condenado por excelencia, es decir, de Antígona. Me parece acertada la interpretación de Ana Bundgard cuando identifica a este personaje con la misma Zambrano que ha bajado a la tumba de su criatura: «éste es el autor del drama —escribe Bundgard—, un poeta-filósofo que con el método de la razón poética ha recogido los gemidos de los que sufren en silencio "en los pozos de la muerte" y los propaga en forma de palabras "arriba, en medio de las gentes", en la dimensión de la luz» (Bundgard, 2000, 294-295). También Antígona, a mi parecer, ha recogido los gemidos de los otros para intentar iluminarlos, y por ello es también anuncio de la «razón poética».

En el mismo manuscrito citado (M-249), Zambrano se refiere al segundo desconocido del siguiente modo: «de mayor estatura y de forma menos humana, aparece como si hubiera estado allí invisiblemente». Su tono en la obra es profético, y en cierto modo recuerda a Ana, la nodriza. Se refiere a Antígona del siguiente modo: «Ha tocado esa parte de la vida de donde, aunque todavía se respire, no se puede ya volver. Mas nunca se irá, nunca se os irá del todo [...] Vida y voz tendrá mientras siga la historia [...] mientras haya hombres hablará sin descanso, como la ves ahora, en el confín de la vida con la muerte». Parece la voz de un nuevo oráculo anunciando el traslado a Antígona a *otro* sitio. Carlos Peinado se ha referido a la voz de este desconocido segundo como «la voz del Amor» y su interpretación apunta al simbolismo trascendente que viene anunciándose desde el principio de la obra:

> Este segundo desconocido —escribe Peinado— baja en auxilio de la protagonista, como el Espíritu socorre al Logos en sus desfallecimientos [...] En esta revelación final, la

celda se ha transformado en cámara nupcial en la que Amada y Amado, tras identificarse, se unen para siempre (Peinado, 2005, 339).

Es particular la manera que tiene el desconocido primero de referirse al segundo: «hablas por enigmas», le dice. El «enigma» es otro de los lenguajes zambranianos, como el «delirio». Enigma es lo que se le ofrece al que no sabe pero está fascinado, asombrado. Zambrano ha lamentado, como Luis Cernuda, que ya no pregunten los hombres, que se les haya olvidado la interrogación que les caracterizó en sus orígenes, nacida de la fascinación y el asombro. Con estas palabras gemía la Quimera en el poema cernudiano:

> [...] ¿Dónde fueron los hombres?
> Ya no creen en mí, y los enigmas que yo les propusiera
> Insolubles, como la Esfinge, mi rival y mi hermana,
> Ya no les tientan
> [...]
> Siglos pasaron ya desde que desertara el hombre
> De mí y a mis secretos desdeñoso olvidara.

Jesús Ignacio Martínez García se ha detenido en el concepto de «enigma» en Zambrano remitiéndolo a la antigua Grecia, en la que poco a poco perderá su carácter sagrado y terrible para convertirse en el fondo sobre el que se yerga la dialéctica. En el caso de Zambrano, escribe Martínez García, la pensadora «se retrotrae a la figura arcaica del enigma, recuperando la dureza de lo aún no disuelto ni resuelto en dialéctica» (Martínez García, 2004, 445). En efecto, lo fundamental en Zambrano no es la resolución del enigma sino su planteamiento. Zambrano sabe que no hay fórmulas para el enigma, sabe que su única expresión es, como recuerda Martínez García, «el desgarrón de una paradoja», y es con ellas que Zambrano se sitúa «en los límites del sentido». No otra cosa es la paradoja que una inmensa pregunta en el seno mismo del lenguaje. Y es a la pregunta a la que Zambrano quiere vivificar en su texto. El deseo de saber de Antígona representa esa pregunta. Las siguientes palabras de Zambrano pertenecientes a un artículo de 1954 sobre Marino Piazzola pueden iluminar mucho acerca de ese segundo desconocido que baja a la tumba, hablando en un lenguaje extraño e invitando a Antígona a seguirle:

> ¿Quién llama a quién? Tendría aquel a quien se llama múltiples nombres, pues es el Dios del corazón cuyos nombres no se agotan, a quien se dan tantos nombres como congojas se padecen; el nombre de todo lo que esencialmente nos falta, el nombre del pan que satisface y de la luz que conforta, el nombre de lo más próximo y de lo más lejano. Y es lo inalcanzable y es también yo, yo mismo, el yo en vías de ser, el perseguido, por quien se padece, aquel nuestro yo mejor del que la vida diaria es lento, agónico nacimiento [...] Quizá tenga un nombre aquel a quien el monólogo se dirige: el silencio que escucha y la tiniebla fueron nombrados, hace tiempo, Dios Desconocido (Zambrano, 2007, 270).

El último monólogo de Antígona nos sitúa ante la certeza de la revelación: «veo que comienzo a hablar de mi alma», sostiene al personaje, y un poco más adelante añade: «sólo me fío de esa luz que se enciende dentro de lo más oscuro», esa luz que es uno de los múltiples nombres del Dios Desconocido, que es como llama Zambrano al «silencio que escucha» y a la «tiniebla».

El tejido de imágenes

El pensamiento de Zambrano descansa sobre un denso lecho de imágenes —al que nunca fue independiente la pasión por la pintura que caracterizó siempre a la pensadora—

de una riqueza inmensa, las cuales actúan de modo distinto dependiendo de los contextos en que aparecen. En ocasiones son símbolos con capacidad, como la misma Zambrano sostenía en un texto sobre el poeta Carlos Barral, de «extraer del individuo algo que si no es la esencia sí la sustancia de su existir», porque el símbolo «atraviesa diferentes zonas de la realidad, de la manifestación, de la expresión también» (Zambrano, 2007, 249-250). Muchas de las imágenes zambranianas presentan, no obstante, una dificultad: al provenir de los arquetipos de lo imaginario, impiden diferenciar con claridad las que actúan a modo de símbolo[39] y las que lo hacen como metáforas. Michel Le Guern, en su conocido estudio sobre *La metáfora y la metonimia,* alude a esa misma dificultad en palabras que pueden aplicarse a la obra de Zambrano:

> Hay una categoría de imágenes, quizá la más fértil, que al principio no se sabe si colocarla entre los símbolos o entre las metáforas. Se trata de todas las imágenes ligadas a los arquetipos de Jung, a esos elementos dominantes en la imaginación de cada hombre, la luz y las tinieblas, el agua, la tierra, el fuego, el aire, el espacio y el movimiento (Le Guern, 1985, 51-52)[40].

---

[39] En relación a *La tumba de Antígona,* Ana Bundgard ha hablado de «simbología alegórica» y, siguiendo las tesis de Monique Dorang, ha puesto en relación la obra con los autos sacramentales y su idea de la vida como gran teatro del mundo (Bundgard, 2000, 299). Desde luego, el recuerdo del pensamiento calderoniano se impone en la escena dedicada a «La noche», donde oímos a Antígona exclamar lo siguiente: «Estoy aquí sola con toda la vida. Pero no te llamaré, muerte, no te llamaré. Seguiré sola con toda la vida, como si hubiera de nacer, como si estuviese naciendo en esta tumba. O acaso ¿no nací dentro de ella, y todo me ha sucedido dentro de la tumba que me tenía prisionera?». En el manuscrito M-268 («Antígona. La vocación de mujer»), Zambrano se hace eco de las palabras de Segismundo en *La vida es sueño,* citándolas de memoria: «Obrar bien, que ni aún en sueños se pierde».

[40] Se ha referido también a estas dificultades en la obra de Zambrano, M.ª Luisa Maillard, quien asimismo se apoya, entre otros, en Le Guern

No obstante esa dificultad, Le Guern establece también la diferencia entre símbolo y metáfora: la analogía en el símbolo, sostiene, se capta intelectualmente y rompe el marco del lenguaje permitiendo todas las transposiciones, mientras que en la metáfora se trata de una percepción a través de la imaginación y la sensibilidad, respetando el espacio del lenguaje (Le Guern, 1985, 53). Por eso puede decirse que la metáfora sustituye, mientras el símbolo sugiere. La metáfora puede verificarse, no así el símbolo, más apto en una hermenéutica que se proponga interpretar los misterios de la realidad que, como se sabe, son los que interesan a Zambrano.

En este contexto, el símbolo es el mediador por excelencia, como lo es Antígona y la propia tumba que habita, situada «en medio del cielo y de la tierra» como sostiene ella misma. Una sensibilidad similar en este terreno se encuentra, entre otros, en un poeta contemporáneo de Zambrano, y uno de los mejores conocedores españoles de la tradición hermética y simbólica, Juan Eduardo Cirlot, quien se ha referido a cómo el enfrentamiento con la imagen poética está en el origen de su interés en los símbolos: «la intuición —escribe en el prólogo a la primera edición en 1958 de su *Diccionario de símbolos*— de que, detrás de la metáfora, hay algo más que una sustitución ornamental de la realidad» (Cirlot, 2005, 13). También Zambrano tiene esa intuición. Por eso sus metáforas, a veces, acaban funcionando como símbolos.

La imagen principal que recorre la obra entera de Zambrano, y muy en especial *La tumba de Antígona*, es la «luz», cuya significación simbólica hunde su sentido en conocidas tradiciones religiosas y literarias. Entre ellas debe recordarse la teoría de la visión sanjuanista, según la cual la

---

(M.ª L. Maillard, 1997, 35-45). Moreno Sanz remite a Mario Trevi, *Metáforas del símbolo,* para este tema (2008, I, 164).

verdadera luz es la que no se ve con los ojos del cuerpo —ver a Dios es ver *nada*—. También pertenece a la tradición la paradoja del invidente que ve, como Tiresias en Sófocles, o el mismo Edipo. Para Antígona, la verdadera luz no es la que brota de repente aplastando los cuerpos sino la que procede de la noche, la luz de una «aurora» que deviene, como es sabido, la imagen por excelencia del pensamiento zambraniano. Con la llegada de la aurora —o la Estrella de la Mañana— finaliza precisamente *La tumba de Antígona*. «Ella es el centro», afirmará Antígona en el último monólogo[41]. No es, por tanto, la noche la que se opone a la aurora sino el día y su luz solar. Es esta última luz la que repudiará Antígona desde el principio, la que todavía se filtra por la puerta de la tumba, por las piedras, insistente, recordando la tragedia, cegando con su resplandor. De ahí la sequedad de la garganta de Antígona y la convicción que transmite a Creón: «Ese Sol no es ya el mío»[42].

---

[41] La imagen de la Aurora como Esposa y Madre dadora de Luz, de Conocimiento, pasa de ser metáfora a ser símbolo en sí mismo en los siglos XII y XIII. Así ocurre en Hildegarda o en Ramon Llull («De la Aurora» del *Liber de Sancta Maria)* o en el *Cantar de St. Trudperter,* como ha indicado Blanca Garí (2006, 165).

[42] En M-268, se encuentra una interesante reflexión sobre los siglos medievales y su relación con el Renacimiento, para la que Zambrano emplea asimismo las metáforas lumínicas. El claroscuro de la Edad Media aparece aquí como contrapunto a la luz avasalladora del racionalismo a partir del Renacimiento. Zambrano nos sitúa ante el contraste entre la luz de la razón y la «luz del misterio», como ella misma la denomina, una luz esta última que caracteriza asimismo, a juicio de Zambrano, la tragedia antigua: la luz de los sueños, la luz de la oscuridad, la del sol de la medianoche, según la paradoja mística tan recurrente en la obra zambraniana. A esa luz de los misterios se referirá en *El hombre y lo divino* (Zambrano, 2005, 63). Reproduzco a continuación la parte de M-268 que me parece más decisiva en este sentido: «Los occidentales adoradores de la luz y aún más que de la luz, de la claridad, sentimos las épocas en función de ella. Hoy la Edad Media no se nos aparece ya como ese largo período de tinieblas que el siglo XVIII percibiera (arrojando así su propia sombra sobre ella), su luminosidad se nos aparece distinta de la que adviene con el

No hace falta recordar que la luz verdadera está aquí, como en buena parte de la tradición teológica y mística, vinculada a la palabra. La certeza de la luz es la certeza de la palabra. En el texto *De la Aurora* escribirá también Zambrano: «La Aurora de la palabra es la noche del sentido» (Zambrano, 2004c, 36). Estamos ante la tradición del apagamiento u oscurecimiento de la palabra, tan importante

---

Renacimiento. La luz propia de los siglos medievales parece una luz interior encerrada en espacios inmensos, donde las sombras parpadean sin cesar. Luz entreverada de sombras y de claro obscuro, como el interior de una iglesia, como el hueco de una cueva, o de una entraña. La Edad Media es entrañable, y de ahí esa tiniebla percibida por la época que se lanzara a vivir desde el espacio, desde un espacio cartesiano, matemático homogéneo, de una luz permanente sin ese aletear de las mariposas que arden del aceite de una lámpara. Luz viva es la de la Edad Media y como toda luz viva, palpita, aletea, agoniza // Es la luz del misterio; luz desigual que ilumina dejando en la sombra el fondo; las figuras luminosas se destacan sobre las tinieblas apenas rozado por el aleteo de la luz; la profundidad es lo esencial y siendo espacio cerrado, a veces reducido, significan la infinitud, como lo son las entrañas, la breve cavidad del corazón que es siempre lo más profundo // Esta luz viva en la cavidad obscura es la del misterio, la de los "misterios medievales" de donde emerge la viva luz difícil de soportar de sus figuras protagonistas // Y así, desde la luz espacial, homogénea de la Época Moderna se tenía que admirar el Renacimiento que es el momento en que esta luz se manifiesta. Se le atribuye a Grecia porque en el Renacimiento irrumpen con la nueva luz las figuras de antiguas olvidadas, conservadas en la penumbra del corazón medieval. Pero la luz de la tragedia no es la luz que se inaugura en el Renacimiento y en la que ha vivido inmerso el hombre occidental. El Mundo clásico, el griego muy especialmente, tiene su luz propia, quizá más emparentada con la viva luz de la Edad Media que con la luz espacial que le sucedió. Por ello quizá la opacidad que con su resplandor nos presenta. Un alma actual siente la luminosidad de la tragedia griega opaca, porque su género de luz le desconcierta. No es la luz de la mirada que sólo espera encontrar cuerpos y cosas, o que volviéndose a sí misma encuentra la luz sin matices y sin temblor de la inteligencia. Espacio homogéneo poblado de cosas análogas entre sí; espacio interior de la conciencia, de luz también homogénea y constante, sin el aleteo de la mariposa donde los "hechos de conciencia" aparecen tan parecidos a las cosas. ¿Qué luz es la de la tragedia?».

en la llamada por Lezama Lima vía «nocturna» del barroco, representada por san Juan de la Cruz o el conde de Villamediana, este último fundamental en la poética de José Miguel Ullán. En *La tumba...* es el mismo Polinices el que, dirigiéndose a Antígona, reconoce en cierto modo aquel *entender no entendiendo* de la noche barroca: «entenderte, no sé, no; aquí, en el corazón, sí te entiendo». Recordemos que el saber que busca Antígona es el del sentir, por eso ese saber habita en el corazón, imagen también fundamental en Zambrano.

Para Zambrano, el corazón es asimismo el centro, en tanto constituye el órgano con capacidad de mediación, de distribución del *logos* por las entrañas, el lugar donde «aquí» y «allí» se identifican. En el texto «La metáfora del corazón» de *Hacia un saber sobre el alma* (1950), habla Zambrano del corazón del siguiente modo, deslizando la metáfora hacia el símbolo:

> [...] lo primero que sentimos en la vida del corazón es su condición de oscura cavidad, de recinto hermético; víscera; entraña. El corazón es el símbolo y representación máxima de todas las entrañas de la vida, la entraña donde todas encuentran su unidad definitiva, y su nobleza. Se puede y la expresión popular bien lo sabe, tener entrañas y no tener corazón (Zambrano, 2001, 65).

Tener corazón supone que la herida no se desangre del todo. La «herida»: imagen asimismo zambraniana. Herida es la de Antígona, pero también la de la aurora, la cual tiene que violentarse en el seno de la noche para llegar a la luz. Lo escribía Zambrano en 1958 en *Persona y democracia*: «el alba es la hora más trágica que tiene el día, es el momento en que la claridad aparece como herida que se abre en la oscuridad, donde todo reposa. Es despertar y promesa que puede resultar incumplida» (Zambrano, 1992, 34). La promesa de *La tumba de Antígona* no resultará, sin embargo, incumplida. De su cumplimiento da fe la última escena de la obra.

Interioridad abierta, pues, la del corazón, asociada igualmente aquí a la propia tumba, imagen decisiva de la obra. La tumba es la oquedad de la tierra y su correspondencia primera se halla en la oquedad del cuerpo de Antígona. Ambos vacíos son, en realidad, uno solo. Representan la ausencia más insoportable, pero al mismo tiempo la posibilidad de plenitud. Por eso la tumba se transforma en esta obra en una cuna o, como decía Carlos Peinado, en una cámara nupcial. Como el grano enterrado que brota a la vida. Como Perséfone que vuelve en primavera. Como los siete sabios griegos. Imágenes, saberes, tradiciones, que remiten a la idea zambraniana del re-nacimiento, la cual encuentra asimismo su expresión en la imagen del «agua» —Gaston Bachelard ha dejado escrito que «a ningún sustantivo puede asociarse con mayor fuerza el adjetivo *primaveral* que al agua» (Bachelard, 2002, 55).

Un conocido texto de Zambrano de 1965 sobre Segovia, incluido en *España, sueño y verdad*, deviene cifra última de la ética de su pensamiento, expresada aquí precisamente a través de la metáfora del agua: «ser como agua —reclama ahí Zambrano— donde la realidad es como piedra» (Zambrano, 2002a, 254). El agua es imagen de la propia «razón poética», flexible, adaptable y piadosa. Fuerte en su vulnerabilidad. Ha explicado esto último muy bien Chantal Maillard al vincular desde cierta perspectiva la «razón poética» de Zambrano a la «razón débil» de autores como Vattimo y Aldo Rovati (Maillard, 1998a, 146), que en ningún caso Maillard entiende como una razón debilitada o disminuida sino como otra razón que precisa leerse, no como carencia (de fortaleza o de poder o de masculinidad, o de cualquier connotación que la convención le suponga a lo fuerte) sino como flexibilidad y, por tanto, con capacidad de adaptación y generación.

No sólo es Antígona. Son numerosos los personajes zambranianos que no pueden entenderse sin referencia al simbolismo del agua. La mayoría femeninos. Entre ellos, muy en especial, Diotima de Mantinea, quien, en el monólogo en el que Zambrano le da voz, se refiere al llanto de Antígona asociándolo al agua: «llanto de una herida que nadie descubre, sobre la que nadie se inclina sino a beber; la vida misma en su presencia primera; el agua» (Zambrano, 2001, 228). Y con ecos machadianos declara a continuación:

> [...] vieja canción del agua todavía no nacida, confundida con el gemido de la que nace; el gemido de la madre que da a luz una y otra vez para acabar de nacer ella misma, entremezclado con el vagido de lo que nace, la vida parturienta. Me sentí acunada por este lloro que era también canto tan de lejos y en mí, porque nunca nada era mío del todo (Zambrano, 2001, 229)[43].

En *La España de Galdós,* la reflexión zambraniana sobre el agua con motivo del personaje de Nina merecería figurar en un tratado de simbología poética. Al agua queda asociado también el motivo de la fuente en *La tumba de Antígona,* por lo que respecta a Antígona y también a Ana, la nodriza. El agua de las fuentes, ha escrito también Bachelard, es la más femenina de las aguas. La fuente ha sido motivo literario e iconográfico de vasto alcance, en la religión, la antropología, la filosofía, el arte. Canalizado a través de la alegoría y el simbolismo en general. El mismo Cristo, Dios, los Evangelios se han representado como fuentes donde beben los

---

[43] En el mismo sitio dice también Diotima: «siempre me entendí bien con los pescadores y con los que habían surcado el mar tantas veces que era ya su patria, y hasta se les había olvidado apoyar los pies sobre la tierra». Diotima también es figura abandonada, también quedó en la orilla «llorando interminablemente como si del mar subiera el llanto» (Zambrano, 2001, 234-235).

sedientos. No puede olvidarse la estrofa 11 del Cántico sanjuanista, tantas veces citada por Zambrano, la más perfecta representación del simbolismo unitivo del agua.

Una de las acciones que el agua permite es «lavar», lo que en *La tumba de Antígona* tiene una importancia capital, en especial en la escena en que Antígona refiere a su hermana cómo purificó, lavándola, la sangre del cuerpo de Polinices, otro líquido cargado de simbolismo. «*Médium* de lo espiritual», lo denomina en un trabajo H. E. Keller, quien recuerda también que, en un contexto cristológico, es «parangonable con el agua» (Keller, 2006, 97-98). En el texto de Zambrano es Antígona la que se hace cargo de ese simbolismo, como puede observarse en el fragmento siguiente:

> La sangre no debe quedarse dura como piedra. No, que corra como lo que es la sangre, una fuente, un riachuelo que se traga la tierra. La sangre no es para quedarse hecha piedra, atrayendo a los pájaros de mal agüero, auras tiñosas que vienen a ensuciarse los picos [...] La sangre muerta tiene sed [...] Eché agua, toda la que pude, para calmar su sed, para darle vida y que corriera viva hasta que se empapara la tierra [....] Porque de la tierra luego brota [...] Brota en un manantial, en una fuente donde los pájaros, también los del mal agüero, beben y se lavan el pico, y con él se alisan las plumas y entonces se vuelven buenos.

Lo poético no es, sin embargo, ajeno a lo político, que asoma ya con la máxima nitidez al final de la escena, mostrando el arraigo del símbolo en la propia realidad:

> Mi historia es sangrienta. Toda, toda la historia está hecha con sangre, toda historia es de sangre, y las lágrimas no se ven. El llanto es como el agua, lava y no deja rastro [...] Puede pasarse el tiempo, y la sangre no correr ya, pero si sangre hubo y corrió, sigue la historia deteniendo el tiempo, enredándolo, condenándolo. Condenándolo. Por eso no muero, no me puedo morir hasta que no se

me dé la razón de esta sangre y se vaya la historia, dejando vivir a la vida. Sólo viviendo se puede morir.

Con la sangre hay que relacionar la idea de sacrificio que recorre toda la obra de Zambrano. Al sacrificio, a su vez, queda asociada la imagen del cordero, tan imprescindible para entender a Zambrano. En carta a Agustín Andreu del 15 de noviembre de 1974, escribía las siguientes palabras respecto del simbolismo del animal: «El dolor sólo se da en quien encuentra pasto, el padecer pide pasto como el Cordero, de quien somos prado, yerba, y busca la buena yerba, y el olor de la madreselva y su flor pequeña» (Zambrano, 2002b, 129). El cordero es uno de los grandes símbolos del monoteísmo, representa el sacrificio y también la docilidad, integra la especial estirpe a la que la propia Zambrano se siente pertenecer: la de aquellos cuya voz ha sido acallada, la de los condenados a no-ser, a permanecer en la sombra. Su asociación a la imagen del cordero no deja dudas acerca de la filiación del pensamiento zambraniano, en el que la salvación última se encuentra en un único Pastor transformado, a su vez, en Cordero sacrificado. Bienaventurados todos ellos.

Los bienaventurados de Zambrano se caracterizan asimismo por un determinado color de fuerte carga simbólica: el blanco. «Los bienaventurados nos atraen como un abismo blanco», afirma Zambrano en el texto homónimo (Zambrano, 2004a, 69). También es «blanco» el color de la invisible y desnuda Nina galdosiana. Blanco es el color de la epifanía —la tradición cuenta que los órficos vestían también de ese color—[44]. En *La tumba de*

---

[44] En el texto de 1990, «Una parábola árabe», las palabras de Zambrano recuerdan a la mística de la negación del Maestro Eckhart: «Se podría seguir, se podría pensar que antes de hacer nada, que antes no ya de grabar una imagen, sino de recibirla, que antes de pensar cosa algu-

Antígona es el color que predomina: blanco es el silencio de la aurora, blanco es el vestido de las hermanas en el sueño de Antígona, blanca como la boca del alba es la tumba de Antígona, blancas son las piedras de la tumba, blanca la arena por donde se deslizaba la niña Antígona, blanca es la propia Antígona como le recordará Hemón: «Y ahora más blanca que nunca». La curva de la nuca se hizo asimismo blanca cuando el amante del «Delirio de Antígona» clavó su mirada en Antígona. Blanca es para Zambrano la imagen de un cordero concreto, cifra del sentido de toda esta blancura: *Agnus Dei* de Zurbarán, cordero atado de manos en el centro del sacrificio. En diversos sitios ha explicado Zambrano que en el momento de abandonar España, al empezar a ser ya para siempre una exiliada, en los instantes en que cruzaba la frontera francesa en 1939, camina delante de ella un hombre con un cordero al hombro. Ese cordero la miró y ella no pudo dejar de recordar aquella mirada en los largos años del exilio. Lo que descubrió al regresar a Madrid en 1984 es que aquel cordero era ella misma y todos aquellos que hubieron de ser sacrificados. En los textos sobre Antígona la imagen del cordero será recurrente, cordero será la misma Antígona, víctima sacrificada, que ha aceptado la muerte en vida porque sabe que otra vida le está esperando más allá de la muerte.

Otro animal simbólico en el universo zambraniano es la araña, la cual, a su vez, se relaciona con otra figura femenina que forma pareja con la lavandera, la tejedora, y que será muy importante en una pintora también exiliada y que guarda, a mi juicio, no pocas similitudes con Zambrano,

---

na, haya de pulirse y repulirse la mirada, el alma, la mente, hasta que se asemeje cuanto humanamente sea posible a la blancura, que es pura vibración, velocísima vibración que une todas las vibraciones que engendran el color, mostrándose en apariencia como quietud y pasividad» (Zambrano, 1995b, 61).

Remedios Varo —tejedora fue también en la tradición pitagórica, Perséfone—. En el monólogo de 1948, la araña es la única compañera de Antígona, y más tarde, en *La tumba de Antígona,* Antígona misma se habrá asimilado al arácnido: «Esta tumba es mi telar —dirá Antígona a Ana—. No saldré de ella [...] hasta que yo haya acabado mi tela». Es después el personaje de la Harpía la que confirmará esta condición de Antígona, vinculándola a aquel movimiento incesante que desde siempre la caracterizó: «Sí —afirmará la Harpía—. Tú tejedora, yendo y viniendo de una tierra a otra tierra. Yendo y viniendo de los vivos a los muertos». En el ensayo de 1965 Zambrano había recurrido ya a la figura de la tejedora para significar la capacidad de hermanar, de mediar de la propia Antígona. Zambrano asimilaba entonces la tejedora a una araña hilandera que hila también para deshilar, para desenredar: «Podría Antígona —sostenía ahí Zambrano— ser representada llevando un hilo entre las manos; como una araña hilandera lo ha extraído de sus propias entrañas que han dejado así de ser laberínticas» (Zambrano, 1986).

Desde el punto de vista del lenguaje, lo que tejerá, en verdad, Antígona en la obra de Zambrano será un conjunto de palabras que apuntan, como la denominará José Ángel Valente en 1982 hablando de José Lezama Lima, a una «escritura incorporante», es decir, una escritura que «incorpora y se incorpora, se hace corpórea» (Valente, 2004, 18). Para Valente esa escritura puede asimilarse a la figura de la araña que, como se sabe, es fundamental en el imaginario lezamiano, «símbolo de un centro en expansión, de un centro que genera espacio», y termina Valente con unas palabras del propio Lezama en *Dador,* que hubiera podido suscribir Zambrano: «el ámbito de la araña es más profundo que el del hombre» (Valente, 2004, 19). Es la misma Zambrano la que en un texto de 1977, «Hombre verdadero: José Lezama Lima», se había referido al poeta cubano de un modo similar:

> Memorizaba el verbo Lezama Lima, araña que extraía de su propia sustancia el hilo inasible, la intangible memoria que reproduce en los aires el laberinto que hace permisible habitar el lugar justo del guardián de los ínferos mirándolos sin desafío, con la necesaria «fijeza». Ser en la fijeza sin enamoramiento (Zambrano, 1996a, 177).

Junto a la imagen del cordero y de la araña es también fundamental en este *bestiario* arquetípico y personal de Zambrano la imagen de la sierpe. En *La tumba de Antígona* la sierpe aparece asociada al sol, a la Harpía, a la muerte, a la propia Antígona condenada, a la historia apócrifa. Recuérdese que, al principio, la luz de la tierra tortura a Antígona, una luz que sigue filtrándose entre las piedras, precisamente como una sierpe. La «sierpe del Sol poniente», la denomina Antígona en el primer monólogo. Al final de la obra, cuando el sol aún no se ha marchado del todo, Antígona le increpa: «estás todavía aquí como un reproche, como un remordimiento que se arrastra». También el cuchichear de la Harpía la sitúa en el ámbito de la sierpe. Asimismo la sierpe es la que se enroscó en el cuello de la madre. La sierpe es la misma Antígona ante el dictado de la ley injusta que la ha obligado a desvivirse en la tumba «como un reptil entre las piedras», como le dice a Creón. Ante Edipo se lamentará del mismo modo: «a solas estoy aquí bajo el peso del cielo y sin tierra» como una «sierpe». Véase asimismo la intensidad con que se refiere a ella misma como sierpe en «Cuadernos de Antígona» (M-264): «soy la presa de la serpiente», «ya mi corazón se desliza hecho serpiente».

La sierpe presenta, no obstante, también un sentido positivo que apunta a la voluntad humana y a la historia verdadera: la sierpe es la que se filtra pese a las dificultades, la que persiste en su recorrido y, en este sentido, queda igualmente asociada al agua y al propio deslizarse de Antígona por los rincones, por lo oculto. La sierpe es por ello, ya no sólo Antígona, sino la misma vida. «La vida se arrastra desde el comienzo», escribe Zambrano en *Los bienaventurados* (Zambrano, 2004a, 17), repta sobre la tierra y sobre las espaldas de los ínferos. La vida es, así, una sierpe «condenada», «indigente», «incompleta», «perdidiza», «pordiosera». Los adjetivos son de Zambrano. La sierpe se deja la piel en ese arrastrarse suyo para avanzar, muere para renacer otra vez, como el hombre. En *Notas de un método* alude Zambrano a esta significación de iniciadora del hombre caído:

> La Sierpe, o algo en figura serpentina, es en nuestra tradición religiosa occidental, incluido el Islam ortodoxo, y reduplicadamente en el gnosticismo ofídico judío y grecocristiano, la suprema iniciadora, de la cual el primer hombre —ya en dualidad de hombre y mujer— recibió el camino, el humano camino, cayendo, del estado de naturaleza en el que no había camino alguno, a la historia; desde el lugar que se le dio como suyo propio, al camino. Es la inicial salida, del *lugar del ser* al camino. En el lugar propio del primer hombre, ser y estar coincidían, como coincidían ser y realidad, anhelo y cumplimiento, visión y tacto (Zambrano, 1989a, 34-35).

La sierpe es, pues, forma viva capaz de extraer de sí misma el conocimiento (en este aspecto se asemeja también a la araña). Entre los órficos la sierpe había sido ya símbolo del tiempo, es decir, expulsión del centro. Refiriéndose a ello, Oscar Adán escribe en un trabajo que la sierpe representa el «tortuoso regreso del alma al lugar del ser a través de la iniciación en el autoconocimiento de las entrañas» y concluye más adelante con estas palabras:

> La senda que traza la sierpe es para Zambrano, de este modo, el camino mediador entre «la inicial salida del lugar del ser *al camino»*, la separación del alma de la presencia pura que palpita en su atemporalidad, y la apertura al camino de la temporalidad. Y sólo el regreso pasivo del alma

al «lugar del ser» puede retornar a la sincronización, a la armonía primitiva, movimiento y quietud, *logos* y número al par (Adán, 1998, 181, 185)[45].

Por último, para terminar este apartado relativo a las imágenes zambranianas y en relación a la misma sierpe, debe mencionarse la importante presencia de uno de los grandes símbolos de la tradición mística: la piedra. Se contrapone, por su inmovilismo, a la fluidez del agua. En la escena de la hermana, Antígona se lamenta con estas palabras: «estoy aquí en las entrañas de piedra, ahora lo sé, condenada a que nada nazca de mí». La piedra, no obstante, tiene también otro sentido. Su blancura en la tumba oscurecida es señal luminosa y, por tanto, remite al simbolismo místico de la unidad: «piedras de esta tumba mía como la boca del alba», afirma Antígona en el segundo monólogo. «Piedras blancas y lavaditas» eran también por las que se deslizaba Antígona de pequeña, como recordará Ana. Importa vincular la imagen zambraniana en este aspecto a la tradición mística: la piedra es el centro, por su capacidad de caer en ausencia de obstáculos hasta ese punto último, más allá del cual hay «nada». Es ese centro —aurora y corazón también— el que reclama Antígona a sus hermanos: «¿No podéis querer alguna cosa sin dividirla queriéndoosla llevar toda, sin dejarle nada al otro?». Observemos que a lo largo de la obra ha sido Antígona la única que ha permanecido quieta, mientras los otros personajes iban entrando y saliendo de la tumba. Ella ha estado siempre en su centro, pese a que, paradójicamente, el movimiento la haya definido también desde siempre. El tiempo que Zambrano le ha concedido ha servido, en realidad, para que ese centro se iluminara.

---

[45] Para un análisis del mecanismo con que opera el pensamiento de Zambrano en relación al símbolo, véase M.ª Luisa Maillard, que toma como ejemplo precisamente el símbolo de la sierpe en sus dos acepciones, negativa y positiva (M.ª L. Maillard, 1997, 66-79).

La imagen es un recurso que abunda, pues, en el lenguaje de Antígona y en el de otros personajes de la primera parte de *La tumba*... En la segunda parte, el contrapunto lo pondrán las ásperas palabras del poder que representan en especial Creón y Etéocles, incapaces de entender el saber de experiencia que representa Antígona.

Contra la palabra del poder

El último en bajar a la tumba será el representante máximo del despotismo y la arbitrariedad, Creón. Es la misma Antígona la que define a la perfección el lugar justo que ocupa en la historia: «Siempre estuvimos todos nosotros debajo de ti —le recrimina—. Pues eres de esos que para estar arriba necesitan echar a los demás a lo más bajo, bajo tierra si no se dejan». El conflicto entre Antígona y Creón es, de hecho, uno de los conflictos básicos de la obra sofocleana y el que ha asegurado, a juicio de George Steiner, su perdurabilidad. El diálogo que protagonizan ambos personajes en la obra de Zambrano pone de manifiesto las estrategias autoritarias y equivocadas del tirano, e incluso la arbitrariedad de su propia ley al ofrecer a Antígona la posibilidad de salir de la tumba —«Yo quería sólo darte una lección»—. Creón no es capaz siquiera de defender la ley de la ciudad que él mismo ha dictado. La ortodoxia fue siempre en este aspecto una necesidad del poder, como en tantos sitios ha declarado José Ángel Valente, quien en un poema temprano, «Ramblas de julio, 1964», sostenía asimismo que los fabricantes de fe están dispuestos «a rebajar el dogma lo que al dogma conviene». Así el Creón de Zambrano. Ambos personajes, Creón y Antígona, encarnan una contraposición sin fisuras que Zambrano remarca en todo momento, también en el texto «Antígona o el fin de la guerra civil» (M-517), donde escribe: «No basta, no ha bastado nunca el vencer; hay que convencerse de que es lo justo. Y así por fuerza, la ley que emana del vencedor ha de ser injusta, pues que mana de ese adjudicarse la absoluta justicia, para poder estar tranquilo» (M-517). Antígona será la que rompa el embuste de la identidad entre lo legal y lo justo.

Es la guerra civil española el escenario real sobre el que Zambrano levantó su denuncia explícita a toda forma de violencia y totalitarismo, incluida la ejercida por el lenguaje manipulador con el que los poderosos construyen la realidad y la legislan como un modo de justificar después todas sus actuaciones. En este sentido, *La tumba de Antígona* tiene una dimensión política insoslayable. En el texto de 1958 «Antígona o de la guerra civil» (M-386), Zambrano lo refiere con claridad: «Antígona es la tragedia de la guerra civil, de la fraternidad». Las consecuencias de esa guerra las sufriría Zambrano toda la vida, entre ellas la difícil recepción de su obra en España. En una carta del 18 de julio de 1963 a Camilo José Cela había definido Zambrano esa recepción del siguiente modo: «Me resulta extraño lo que con mis libros pasa en la Patria: sé que se venden, mas no será por la acogida de la crítica». La recepción crítica de Zambrano será por mucho tiempo, en efecto, intermitente[46].

---

[46] *Revista de Occidente* tiene un importante papel en este sentido porque publicó en febrero de 1966 el primer artículo sobre su obra: se trata del trabajo de José Luis Aranguren, «Los sueños de María Zambrano». Es la misma *Revista de Occidente* la que al año siguiente publica un fragmento de *La tumba de Antígona*. En *Ínsula* aparece también en 1966 otro artículo, en este caso de José Ángel Valente, «El sueño creador». En 1967 es José Luis Abellán el que habla de ella en *Filosofía española en América (1936-1966)*. Hubo de pasar el tiempo para que los intelectuales exiliados volvieran a ser visibles en España, a ocupar un espacio en el mundo editorial o en las publicaciones periódicas. Así ocurrió gracias a *Ínsula*, *Índice* o *Revista de Occidente* en su segunda época, publicaciones en las que Zambrano colaboró. En abril del año 1956 apareció la destacada *Papeles de Son Armadans,* cuyas puertas Camilo José Cela abrió sin condiciones a Zambrano, quien sintió siempre la revista muy próxima. En la revista de Cela precisamente, en el año 1969, es donde

Dos años más tarde de la aparición de *La tumba de Antígona*, en 1969, escribía Valente el significativo artículo, «Literatura e ideología» (recogido en *Las palabras de la tribu*), que luego elogiaría la misma Zambrano, en el que defendía, con motivo de Bertolt Brecht, una ética basada en el conocimiento del hombre y, recordando a Adorno, una literatura con capacidad de desvelar lo que la ideología mantiene oculto. Ésta fue también la defensa de Zambrano, a la que ella sumó el fondo cristiano de su pensamiento, referencia imprescindible, a mi juicio, en *La tumba de Antígona*, y lo que permitiría hablar de la obra como de una «tragedia cristiana», como ha hecho Jesús Moreno Sanz. En el prólogo a *La tumba...*, las referencias al simbolismo de la cruz en la obra de René Guénon son muy significativas al respecto.

Para Guénon, a la trama del pensamiento griego le falta la urdimbre de la permanencia que, sin embargo, sí otorga el cristianismo —lo expone al recordar el mito de las Parcas, que hilan tan sólo los hilos de la trama, faltándoles los de la urdimbre, lo que explica, a su juicio, su carácter «fatal» (Guénon, 2003, 103)—. A este Guénon recuerda Zambrano en el prólogo a *La tumba de Antígona* al distinguir entre la «historia verdadera» y la «historia apócrifa», y remitirlas a la imagen de la cruz y el aspa. El eje vertical de la cruz representa la figura humana, su vigilia y su firmeza, la tensión de lo terrestre hacia el cielo. En otro sentido, el horizontal se asimila a los brazos del sacrificado y representa la total entrega del mediador. La cruz, no obstante, puede convertirse en aspa debido a la intervención de la historia apócrifa: el aspa es una cruz desfigurada en la que se ha abolido la verticalidad hacia el cielo, de ahí que les interese a los servidores del poder para hacerla girar a su

---

publica José Ángel Valente su reflexión sobre Antígona: «La respuesta de Antígona».

conveniencia. Si el aspa permanece quieta se convierte en una X, es decir, en una incógnita. Para Zambrano, se tratará, pues, de volver a transfigurar el aspa en cruz y recuperar la mediación con lo sagrado, como un modo de afirmar la humanidad del hombre.

También Zambrano se ha referido a la carencia de la noción de Dios en la tragedia antigua. El destino griego resulta para ella demasiado abstracto y, en ese sentido, invalida el alzamiento de la voz que no encuentra cuerpo donde darse. En un texto temprano de 1944, «La destrucción de las formas», escribe que «la esencia de lo trágico parece ser la fijación de lo humano sin revelarse, la manifestación de lo humano en cautividad» (Zambrano, 1991, 28). Los personajes de tragedia parecen todos enterrados vivos que siguen gritando en su cautiverio; su «hermetismo es un silencio que suena», escribe Zambrano. De lo que se trataría sería, pues, de encontrar «una salida que es la entrada en un mundo abierto». Esto es precisamente lo que se habría propuesto Zambrano al escribir *La tumba de Antígona*. De ahí la oportunidad de definir como una «tragedia cristiana» esta obra. Moreno Sanz ha llamado la atención sobre la «obsesión» de Zambrano por escribir esa particular tragedia o, como la misma Zambrano afirma el 3 de enero de 1948 en carta a Rafael Dieste, «porque algún español escriba una tragedia verdadera» (Moreno Sanz, 2003, 700). Es lo que hará ella misma al cristianizar a Antígona en *La tumba...*

La cuestión de la cristianización es, sin duda, controvertida, ya que, como advierte Steiner en su estudio sobre la imposibilidad de la tragedia en nuestro tiempo, «el cristianismo es una visión antitrágica del mundo» (Steiner, 2001, 242). Por su parte, Stefan Hertrans, en un libro titulado *El silencio de la tragedia*, escribe lo siguiente: «Las tragedias se han hecho imposibles porque nuestro razonamiento ha pasado de ser sagrado a ser irónico [...] Creemos con firmeza en la relativización de la verdad; ésa es nuestra sacralidad antisacral» (2009, 246). En este sentido, la obra de Zambrano quiere ser precisamente una respuesta a la modernidad. Lo que le ofrece a Zambrano el cristianismo es la idea de encarnación y resurrección, es decir, una concreción de aquel destino abstracto y una redención a través de una ética que pasa por el hermanamiento (de la vida y la muerte, del silencio y la palabra, de la filosofía y la poesía, de los propios hermanos de sangre, etc.). La fraternidad aparece en *La tumba...* como protagonista redentora, y la principal mediación con lo sagrado, de ahí que esta obra pueda leerse como el intento de aquella «tragedia verdadera» que Zambrano venía reclamando desde los años cuarenta.

Zambrano no está sola en la conversión cristiana del mito. Sin remontarse a la primera cristianización —la de Robert Garnier a fines del XVI, cuya Antígona se subtitula «Ou la piété»[47]—, en el siglo XIX se encuentra la de Pierre-Simon Ballanche, y también la de Kierkegaard. Ya en el XX, la interpretación del teólogo protestante Rudolf Bultman en 1936 pudo contribuir a la cristianización del mito (véase Santa María, 2001, 495). No debe olvidarse tampoco a Simone Weil, que respondió asimismo al concepto de «destino» de los griegos, y cristianizó en buena parte de su

---

[47] Sobre esta cristianización, escribe Steiner: «La palabra es archivirgiliana. Es emblemática de aquello que en las *Églogas* y en la *Eneida* de Virgilio se consideraba como manifestación del misterioso pero necesario despliegue de valores cristianos, como los albores sucesivos antes de Cristo de tales valores en la civilización y el arte antiguos. En la *pietas* hay devoción y compasión. El pensamiento y la elocuencia del siglo XVI a menudo juegan con la casi equivalencia de las palabras *piété* y *pitié*, piedad en el sentido de devoción y misericordia. Ambas están encarnadas esencialmente en la persona de la *mater dolorosa* cuando ésta se prepara para dar sepultura a las torturadas carnes del hijo. La sensibilidad del renacimiento experimentaba naturalmente las analogías con Antígona. Los temas sofoclesianos de virginidad, de entierro nocturno, de sacrificio de amor, el sentido sofoclesiano de la acción como compasión, del heroísmo como lucha libremente compartida... todas esas cosas son anuncios o prefiguraciones exactas de las verdades cristianas» (Steiner, 1987, 112-113).

obra los textos antiguos. En *Intuiciones precristianas* escribió Weil:

> Sófocles es el poeta griego cuya inspiración presenta de modo más visible, y tal vez más puro, una índole cristiana [...] Generalmente se le reconoce esa índole a la tragedia de *Antígona,* la cual podría pasar por una ilustración de la frase: «Más vale obedecer a Dios antes que a los hombres (Weil, 2004, 20)[48].

Por no hablar de la particular cristianización de la Antígona de Bergamín, o el referente continuo en Zambrano de Miguel de Unamuno, y su teatro desnudo y simbólico[49].

Para Zambrano, se diría que las sucesivas versiones de la tragedia a lo largo del tiempo han zanjado toda duda acerca de la actuación del tirano. Nadie puede equivocarse con respecto a él. En este sentido, el tema concreto que le interesa por su vinculación primera con la guerra civil española es precisamente el tema de la fraternidad, de ahí que otorgue a Etéocles y Polinices un protagonismo que no tenían en la tragedia de Sófocles y vuelque buena parte de su energía creativa en el análisis de la relación de Antígona con ambos. En el prólogo a *La tumba...* escribe estas inequívocas palabras: «Es la fraternidad, sin duda alguna, lo que aflora, lo que se presenta como naciente protagonista, como necesario protagonista redentor». También en el tex-

---

[48] Véase, para un estudio sobre la Antígona de Weil en comparación con la de Zambrano y también con la de la escritora italiana Elsa Morante en *La serata a Colono,* el trabajo de Concetta d'Angeli (2008).

[49] Cristianas y muy católicas, pero alejadas de la de Zambrano son, entre otras, las obras de José María Pemán, *Antígona (adaptación muy libre de la tragedia de Sófocles),* 1946, o la de Joan Povill i Adserà, *La tragèdia d'Antígona,* 1950. Véase la tesis de M.ª Teresa Santa María Fernández sobre el teatro de José Bergamín, en especial las páginas dedicadas a las versiones contemporáneas de Antígona, 487-493.

to titulado «Delirio II» dentro del manuscrito M-264, afirma lo siguiente acerca de la «hermandad»:

> Su privilegio consiste en ser la relación que puede envolver a todas las demás, aún a su contraria. Y aquello que puede abrazar su contrario es lo más universal y último límite, o más bien la ruptura de todo límite y lo que desde el principio está propuesto: el «a priori».

En *La tumba de Antígona,* Etéocles representa el mismo despotismo que Creón. Es significativo que le corresponda anunciar con su palabra la llegada de Creón, de quien es fiel reflejo: «oigo que Creón se acerca», afirmará. Etéocles es personaje inflexible, despectivo de las razones del corazón y de la verdad, cerrado a cualquier posibilidad de conocimiento. Precisamente de la «verdad» sostiene lo siguiente delante de Antígona: «si nos deteníamos a buscarla, entonces, ¿quién iba a gobernar, a poner orden, a vivir?». Es la declaración con la que entra en escena. Son las palabras las que vuelven a medir aquí la dimensión del despotismo: «Mejor habría sido —sentencia— sacrificar a media ciudad con todos sus habitantes». Sus palabras nos sitúan ante un pensamiento de violencia y barbarie, al que Antígona responderá.

Más matizado es el personaje de Polinices, aunque su aparición en la obra no se diferencia de la de Etéocles, puesto que Zambrano crea para ambos una única voz, lo que no resulta de ser paradójico en el caso de dos hermanos que se han dado la muerte, como les recordará un poco más tarde la misma Antígona:

> Sí, yo soy vuestra hermana. Pero vosotros dos ¿sois hermanos míos? ¿Sois hermanos de alguien? ¿Le habéis permitido a la hermandad que inunde vuestro pecho deshaciendo el rencor, lavando la muerte, esa que ahora tenéis, y que cuando llegue la otra, venga limpia, de acuerdo con la ley de los Dioses?

María, Araceli y José Bergamín. Roma, hacia 1960.

En poco tiempo, no obstante, los discursos de los dos hermanos se habrán separado lo suficiente como para que observemos la proximidad de Etéocles a Creón y de Polinices a Antígona. Es Etéocles quien se empeña en subrayar su diferencia con Polinices. Remarcando la masculinidad del poder que no pudo detentar, le dice a Antígona: «A mi lado habrías sido reina, más aún, consejera de mi poder [...] Yo estaré siempre con Creón, éste o el que sea. Y tú, mujer al fin, serás mi delegada». Etéocles es incapaz de imaginar otra relación con Antígona que no sea la del dominio y la posesión: «¿Crees que ella es solamente tuya y mía no?», le reprocha a Polinices. No ha escuchado Etéocles las palabras de Antígona, quien se empeña en declararse hermana de ambos. Etéocles conoce, no obstante, su soledad frente a la pareja Polinices-Antígona, aunque se empeñe en atraer para sí a la hermana: «Tú siempre mirabas hacia fuera —amonesta a Polinices—, por encima de las fronteras de la patria. Los muros de la casa te oprimían [...] Andabas siempre pensando». Con esas mismas palabras podría haber descrito Etéocles a Antígona, la que saltaba las rayas, la que iba y venía. No obstante, Zambrano se encargará de matizar ese paralelismo entre Polinices y Antígona y en ello radicará la apuesta más novedosa que lleva a cabo en la obra.

Una de las lecturas más determinantes y polémicas de la historia de la Antígona de Sófocles ha sido la de Hegel, que tuvo como uno de sus centros la dialéctica familia-Estado en el contexto de esa reflexión mayor que es *La fenomenología del Espíritu*. Pues bien, dentro de la familia, la relación privilegiada por Hegel no es propiamente la relación entre los esposos, determinada por el impulso del deseo y la necesidad de la reproducción, sino la que tiene lugar entre el hermano y la hermana, donde la diferencia sexual está más allá de ese impulso y esa necesidad, situándose en un ámbito independiente[50]. Las referencias a Hemón, el novio, en

---

[50] La propia Antígona de Sófocles refleja la importancia que tiene

La tumba de Antígona indican que la utopía zambraniana no se sitúa desde luego en el seno del matrimonio. Lo mismo que los consejos que Antígona dirige a su propia madre: «Vuelve a ser niña, doncella, y no te cases. No, a eso no vuelvas, ni a tener hijos». Más tarde, es Polinices quien proyecta una futura ciudad de los hermanos, y así se lo expresa a Antígona: «Fundaremos la ciudad de los hermanos, la ciudad nueva, donde no habrá ni hijos ni padres».

No obstante, hay un aspecto en que Zambrano se separa de Hegel: ahí donde a la igualdad fraternal el pensamiento hegeliano superpone la diferencia de los sexos. Hermano y hermana no son en Hegel idénticos, el primero es conciencia y posibilita la política mientras que la hermana es naturaleza y guardiana de la ley divina. En este aspecto, como muy bien expone Elena Laurenzi, la propuesta de Zambrano «se opone claramente a la interpretación hegeliana de la tragedia de Sófocles», para añadir a continuación que *«La tumba de Antígona* parece un comentario puntual y polémico a *La Fenomenología del Espíritu*» (Laurenzi, 2004, 58).

La Antígona de Zambrano habita el espacio de la naturaleza pero es *al mismo tiempo* conciencia. El tiempo que Zambrano le concede debe servirle precisamente para que esa naturaleza se ilumine. Lo que destaca, en este sentido, en Zambrano es el hecho de que lo femenino y lo masculino convivan en el mismo cuerpo *íntegro* de Antígona. Zambrano no crea una figura masculina como portavoz de la conciencia. En su obra en conjunto son las mujeres las que, sin dejar de habitar el mundo de sombras que les ha sido propio, son capaces asimismo de un conoci-

---

para ella su propio hermano cuando dice: «Ni aunque fuera yo madre cercada de hijos ni aunque fuera el cadáver de mi esposo el que se me estuviese corrompiendo, me hubiera yo arriesgado a tal obra a despecho de los ciudadanos. ¿En qué leyes apoyo lo que digo? Marido, muerto el mío, no faltaría otro, ni hijo de otro hombre, si perdía el que tuviera; pero, sepultados ya en el Hades mi padre y mi madre, no puede nacerme ya hermano alguno» (vv. 905-913).

miento de alcance universal. La misma «razón poética» se quiere una razón universal, pero Zambrano la hace nacer mayormente en los cuerpos femeninos de Antígona (quien la anuncia), Diotima (la enuncia) o Nina, el personaje galdosiano de *Misericordia* (que, directamente, la encarna en cada uno de sus actos). Las mujeres constituyen en Zambrano cauce privilegiado para una razón que se quiere a sí misma poética, *poietica*, y que, lo que resulta fundamental, no renuncia a la universalidad[51].

En este contexto, importa mucho la estrecha relación de Antígona en la primera parte de la obra con Ana o muy en especial con Ismene, en la que Zambrano proyecta su propia relación con Araceli. En el manuscrito M-404 de 1948, Zambrano pone en boca de Antígona las siguientes palabras: «ahora ya seremos una sola», a lo que añade, «tú seas mi cuerpo, yo tus alas». En carta a Agustín Andreu del 17 de octubre de 1974, confirmaba Zambrano esa simbiosis fraternal: «Araceli y yo, nuestro secreto es que somos la misma» (Zambrano, 2002b, 107).

Araceli fallece el 20 de febrero de 1972. El vacío que entonces envuelve a Zambrano se convertirá en un espacio con capacidad de alumbrar una palabra que deviene más que nunca expresión de su propio sentir. Léase, a modo de ejemplo, el siguiente texto:

> Yo recorría aquellos parajes que fueron los de nuestra vida, con la misma espontaneidad y mirando, sin sentir mi mirada. Yo miraba, recorría, no quería pensar, es decir, no quería captar, no iba de caza, y por tanto eso que el pensamiento humano aún en sus momentos más puros y desinteresados tiene, de ir a captar, de ahí el concepto de captación, en mí apenas existía. Yo no iba a captar cosas, suce-

---

[51] Son numerosas las reflexiones de las estudiosas de Zambrano sobre la relación de la Antígona zambraniana con la Antígona de Hegel. Además de Laurenzi, véase Roberta Johnson (1997, 193) y Rosella Prezzo (1999, 106).

María y Araceli. Florencia, 1953.

sos, ni seres. Yo no iba a reavivar memoria, yo no iba por aquellos senderos del bosque desaparecido a... a nada. Iba, sí, a desposeerme, a dejar de ser. No a olvidar en la nostalgia, sino a darlo todo si hubiera podido darlo todo, y ese todo qué podía ser sino la palabra. Pero al ir dándolo se fue formando la palabra con su cuerpo, con su peso, con su ser. Comenzó a existir ella, la palabra [...] Y fue lo que se me impuso en aquellas correrías del bosque, de claro en claro, y de prado y de sendero en sendero. Todo me hablaba, todo me miraba, todo salía a mi encuentro, todo se revelaba, la palabra naciente. Porque yo vivía, sentía nacer la hierba, el polvo mismo, las sombras, todo estaba naciendo y todo crecía (cit. en Ortega Muñoz, 2004, 460).

Será precisamente en la escena de la hermana en *La tumba de Antígona* cuando el texto fije una especial temporalidad: el mes de abril. El mes del nacimiento de María Zambrano (el 22 de abril de 1904) y su hermana Araceli (el 21 de abril de 1911). El mes en que llegó también, por cierto, la II República española. «Es abril, sigue siendo abril, el toro celeste marcha por el cielo y envía lluvia. La tierra se esponja, hasta aquí huele a tierra mojada», exclama Antígona en el texto. Y será después, en el diálogo con Creón, cuando Antígona le entregue las palabras que deberá llevar a Ismene: «dile a Ismene», dice Antígona a Creón, «que me sienta llegar con la violeta inmortal, en cada mes de abril, cuando las dos nacimos». La primavera es una estación fundamental para Zambrano, que recorre buena parte de sus textos. En un artículo, «La voz abismática», acerca de la obra *Kampa* de la poeta Clara Janés, escribe Zambrano:

> Todas las primaveras crece la hierba, lo he podido comprobar, son los cabellos de la Magdalena que envuelven la tierra, es la Magdalena que se arrastra hasta llegar a los pies de Jesús y, entonces, cuando al fin los toca, florecen los prados. Sólo entonces. Es el encuentro del imposible amor de la Magdalena por Jesús (que, crucificado o no, la espe-

María y Araceli. Roma, hacia 1955.

raba) el que hace crecer la hierba y que la primavera florezca (Zambrano, 1995b, 201).

En esa relación entre Antígona e Ismene, entre María y Araceli, radica, a mi entender, una de las novedades de *La tumba de Antígona*. El tema de la fraternidad, tan fundamental en esta obra, está escrito en femenino, y ésta es la aportación decisiva de Zambrano. No se trata de feminismo —Zambrano nunca se definió como *feminista* y en cuanto a su reflexión sobre las mujeres no dejó de mostrar ambigüedades y emitir juicios en ocasiones muy discutibles[52]—, sino más bien de la conciencia de la necesidad de feminizar, simbólicamente, el mundo, haciendo de lo femenino un valor de alcance universal.

El carácter dramático del texto

La tumba de Antígona en su versión impresa de 1967 ofrece un texto dramático sin acotación alguna. No parece, en este aspecto, que Zambrano hubiera pensado en la re-

---

[52] Para un análisis general de la relación de Zambrano con los feminismos del siglo xx, véase Bonilla (1991) y para un análisis de la recepción de su obra entre las mujeres, más allá del feminismo, véase Revilla (2004). El feminismo de la diferencia se ha acercado a Zambrano con especial interés. Véase, entre otros trabajos, el de Wanda Tommasi, que reconoce el carácter reconciliador de Zambrano respecto de la diferencia femenina, en contraposición a Simone Weil, que consideró una desgracia ser mujer. La obra entera de Zambrano es, al entender de Tommasi, un desafío a la masculinidad de la cultura occidental. No obstante, Tommasi, que habla desde el pensamiento de la diferencia, apunta lo que asimismo le separa de Zambrano: que el nuevo orden, aquel del que Antígona anuncia la aurora desde su tumba, sea para Zambrano, neutro, «más allá, y no más acá de la diferencia existente entre hombre y mujer» (Tommasi, 2002, 80). La propia figura de Antígona ha sido objeto de intenso debate en algunas de las pensadoras más destacadas del feminismo contemporáneo, recuérdese a Luce Irigaray, Luisa Muraro, Adriana Cavarero o Judith Butler.

presentación de su obra; el único protagonismo lo tiene aquí la palabra hablada de los personajes, como ya se ha dicho. Sólo una acotación, en la escena dedicada a Ismene, en cursiva en el propio texto: «Aquí, de este lado *(señalando un lugar)*, un corredor estrecho, y allá, al fondo, una escalerita». Sobre la palabra recae toda la responsabilidad de la obra, incluida la indicación del escenario, también la luminosidad de la escena en otros casos, o el movimiento de los personajes, o sus vestidos, aunque en relación a estos últimos sólo sabremos de la túnica de Antígona, de la que ella misma nos habla a través del deíctico, en la escena dedicada a «La noche»: «un terror que llega a ser como una túnica, ésta, ésta que me pusieron ya de niña, que ha ido creciendo conmigo hasta ser como mi propia piel».

Pese a la ausencia de acotaciones, sí existe, no obstante, un sentido dramático inherente al propio lenguaje de los personajes, y que está implícito en las palabras de Alfredo Castellón, el autor de una importante versión de *La tumba de Antígona* en 1992 que se representó en el Teatro Romano de Mérida el 16 de agosto, al sostener que se trata de un texto «que está esperando la voz, el espectador, el escenario» (Zambrano, 1997, referencia en la contraportada del libro)[53]. En realidad, *La tumba de Antígona* ha sido una obra representada en no pocas ocasiones. Falta por realizar

---

[53] Recuerda en este sentido la obra al llamado *teatro de conciencia* de Unamuno, en el que la palabra es la única responsable de la puesta en escena de ese temblor existencialista de las conciencias que lo caracteriza. Hay en Unamuno un adelgazamiento de la dimensión escénica que más tarde se encuentra en el teatro de Bergamín. La carencia de acotaciones dramáticas y la propia densidad conceptual de estas obras explicaría después la dificultad de representación. Lo mismo ocurre con buena parte del teatro español más innovador del siglo XX, aunque sea de distinto signo que el anterior, como el de Valle-Inclán o García Lorca. Ahora bien, pese a estas dificultades de representación, las obras de todos estos autores han sido llevadas a escena, y en ocasiones con mucho éxito. Éste es también el caso de *La tumba de Antígona*.

un estudio acerca de su puesta en escena a lo largo del tiempo, el cual podría iluminar mucho acerca de su propio sentido. Sin embargo, esto resulta una labor ardua, al menos por lo que respecta a las primeras versiones de la obra, ya que, como ha sostenido Manuel Aznar haciéndose eco de José Monleón, «el exilio teatral acaso resulte irrecuperable como hecho escénico», aunque, añade, «en absoluto como hecho literario» (Aznar, 1999, 19).

Parece que la primera representación de algunos fragmentos de *La tumba de Antígona* tuvo lugar, con el título «Delirio y muerte de Antígona», en el Convento de los Padres Dominicos de Almagro el 2 de julio de 1983. Al año siguiente, el 24 de julio de 1984, se produce otro montaje en el Teatro-Estudio de Málaga bajo la dirección de Juan Hurtado. Contamos en esta ocasión con el testimonio especial de Miguel Romero Esteo en una reseña aparecida en 1985 en la revista *El Público*, escrita en buena medida para subsanar el silencio absoluto con que los medios acogieron la representación. Gracias a las palabras de Romero Esteo sabemos de la integración de danza y escultura, sonido y música (de un joven compositor, Rafael Díez), silencio y explosión sonora, glosolalia y palabra; que participaron cerca de noventa personas (entre coros, percusionistas, actrices, actores, músicos de instrumentos dulces y la cantoría de solistas formada por una *mezzosoprano*, un barítono y un bajo). Para Romero Esteo el espectáculo hizo gala de una «creatividad límite», lo que le da pie a definir la puesta en escena como una «liturgia trágica [...] básicamente fundamentada en el cante jondo», y como «una gran fiesta bárbara de la tragedia por vía de una realización sofisticada y exquisita» (Romero Esteo, 1985, 41-42).

En 1990 es una compañía universitaria malagueña (Compañía de Teatro María Zambrano) la que estrena la obra (Aznar, 1989, 28). Ese mismo año Alfredo Castellón dirige a Marisa Paredes en el papel de Antígona para Televisión Española; se interpretó entonces la última escena de *La tumba...*

Una de las más destacadas versiones es, sin embargo, la del mismo Alfredo Castellón en 1992, quien lleva a cabo la adaptación por encargo de la propia Zambrano (citado en Nieva de la Paz, 1999, 296). Según Máximo Durán, parece que Zambrano llegó a ver el vídeo del montaje, de unos quince minutos[54], pero nada más, ya que fallece en febrero de 1991. La versión se representó finalmente del 13 al 16 de agosto de 1992 en el Teatro Romano de Mérida. Sabemos también que en esta ocasión la representación tuvo gran éxito de público, sobre todo debido a la interpretación de la actriz principal: «*La tumba de Antígona* fue —reconoce Durán— una de las obras más aplaudidas [...] seguramente por la gran fuerza interpretativa de Victoria Vera en un difícil papel de protagonista, de denso contenido» (en Muñoz, 1992, 103)[55]. Por lo que respecta a la versión de Castellón, fue editada por la SGAE en 1997 con prólogo de Eduardo Haro Tecglen. Respeta buena parte del texto de Zambrano, pero introduce también diversos cambios con los que se pretende acentuar el elemento dramático, para lograr un mayor dinamismo y agilidad. De esos cambios destaca la aparición, en la obra editada, de acotaciones dramáticas, que nos informan del chal gris oscuro de Antígona, de la filtración de la luz o su desvanecimiento, de la existencia de las escalerillas, del vestuario guerrero y desastroso de los hermanos y del impecable de Hemón. Teniendo en cuenta que Zambrano colaboró con Castellón en la puesta en escena de la obra, cabe resaltar que estas acotaciones, lo mismo que los cam-

---

[54] «María Zambrano —escribe Durán— no llegó a ver su obra representada sobre el escenario aunque sí unos quince minutos de filmación» (Durán, 1992, 114-115).

[55] Distintos diarios se harán eco de ese regreso de la actriz. Victoria Vera, por su parte, reconocía días antes de estrenar la obra que María Zambrano «es una magnífica escritora y espero que mi trabajo le esté a la altura» (Muñoz, 1992, 103).

bios internos de la obra, fueron aprobados por la misma Zambrano[56].

Han sido numerosas las representaciones de *La tumba de Antígona,* y es difícil dejar constancia de todas ellas. Rosa Rius ha recordado la que tuvo lugar en la Facultad de Filosofía de la Universidad de Barcelona en 2001, destacando el desdoblamiento del personaje por parte de las dos actrices protagonistas, de acuerdo a la interpretación zambraniana que identifica Antígona con su hermana Araceli y con ella misma (Rius, 2001). Contamos asimismo con la exposición de M.ª Fernanda Santiago Bolaños sobre la representación que el Aula de Investigación Teatral de la Facultad de Filosofía de la Universidad Complutense de Madrid llevó a cabo en 2003 (Santiago Bolaños, 2005). Como explica Santiago Bolaños, la fidelidad al texto zambraniano consistió en permitir que fuera la palabra la que generara el espacio escénico, el gesto, el movimiento. En 2004 el grupo Anchamar bajo la dirección de Marina Carresi representó en Barcelona fragmentos de la obra en la iglesia de Sant Just i Pastor. Una de las últimas representaciones ha sido la llevaba a cabo por la compañía Círculo de Tiza en Málaga, en 2009.

Valgan estas representaciones como ejemplo del interés que el texto ha generado, indicativo del propio sentido dramático de su lenguaje. Ahora bien, pese a que hasta ahora no lo parezca, Zambrano sí pensó y escribió aclaraciones o acotaciones a su texto, lo que permite afirmar que imaginó, a su vez, su representación. Esto es lo que confirman ciertos

---

[56] De los cambios estructurales destacan los siguientes: la creación de un único acto que subsume las diversas escenas del texto zambraniano; la eliminación del extenso prólogo; la unión de escenas; el orden de aparición de los personajes; la creación del coro; la creación de voces para la hermana y la madre que en Zambrano sólo existían en la recreación de Antígona; el escenario inicial, que es ahora la ciudad de Tebas y no la propia tumba.

manuscritos conservados, M-440, M-249 y M-343[57], parte de cuyo contenido se reproduce en nota a pie de página en esta edición. El porqué Zambrano no integró después esas acotaciones en el texto publicado puede deberse a cierta inseguridad sobre el registro dramático adoptado, o a cierto escepticismo respecto de la posibilidad de representación de la obra, teniendo en cuenta su condición de exiliada y de mujer. Las acotaciones y notas de trabajo constituyen desde luego un material de primer orden que permite ahondar en la faceta más propiamente creativa de Zambrano, y contribuir a la mayor clarificación del sentido del propio texto editado. Se trata de acotaciones y notas distintas, algunas relacionadas con los personajes y su caracterización, otras con el tratamiento del espacio y la luz, o con la presencia de otros «seres» en la escena, o con la importancia de la música[58].

En cuanto a los personajes, las acotaciones precisan el sentido que tienen en el drama y la situación fronteriza que les asigna Zambrano, entre la vida y la muerte. Toda la obra se desarrolla, de hecho, en un espacio intermedio, que es real (la tumba) y es simbólico (el tránsito). En las acotaciones hay un interés en marcar esa condición de los personajes que, como espectros, deberán moverse por el escenario. Ellos son también representantes de ese mundo que a la altura de los años cincuenta deambula como fantasma de sí mismo —Moreno Sanz ha hablado de «la teoría de la espectralidad y la desencarnación contemporánea» (1996, 55) en relación al pensamiento de Zambrano entre 1946 y 1953—.

En los borradores también se ocupa Zambrano de los vestidos de los personajes. Aquí destaca Antígona, en espe-

---

[57] He estudiado con detenimiento esas aclaraciones y acotaciones (Trueba, 2010).

[58] Aparte, están algunas referencias a la estructura de la obra, a los actos y las escenas. A la luz de lo conservado en los inéditos resulta muy difícil, sin embargo, casi imposible, conocer dicha estructura.

cial el cromatismo de sus ropas que cambia conforme avanza la obra, manteniendo en todo momento la relación con el simbolismo general de ésta. Zambrano viste a Antígona de blanco y la cubre con un chal de color azul. Zambrano tiene especial cuidado en señalar la evolución del color del chal de Antígona conforme avanza la obra, como en los siguientes fragmentos:

«Al comienzo túnica blanquecina, chal azul-flor azulina».
«Luego, túnica blanquecina y chal violeta-flor violeta».
«En la escena de amor, túnica rosada, chal amplio blanco, sandalias blancas».
«En la muerte: túnica y chal dorados, flor de luz» (M-343).

El chal es, así, casi una segunda piel que va mudando a medida que transcurren las escenas. De fundamental importancia es la alusión al chal o la túnica en la escena final; se produce entonces una especie de transformación que eleva la figura de Antígona, que la confirma en ese ascenso que ha supuesto su descenso a la tumba, como una inversión del ángel caído de la modernidad: «(Una pausa durante la cual el Desconocido segundo lentamente se va acercando a Antígona hasta rozar la frente. Y en ese instante el manto formará dos alas en sus brazos)» (M-249).

Además de las ropas del personaje, le importa destacar a Zambrano los movimientos de éste por el escenario, y, por supuesto, le importa el escenario. En M-343 introduce unas importantes precisiones en relación al espacio por el que Antígona se moverá:

> Cámara sepulcral. Una habitación alargada paralelamente al espectador. Un poco regular. Las esquinas nunca serán visibles enteramente [así q. será como una elipse a la vista]. Del lado Oeste izquierda de la escena, estará la puerta cerrada, de piedra también; los muros de piedra rugosa, sin desbastar, un hueco excavado en la roca, con dos paredes nada más, pero rústicas, de piedra y un techo de grandes piedras

por cuyas junturas entrará aire, insectos, gotas de lluvia, estará menos expresamente separado del cielo que del contorno. El suelo será pedregoso, no de piedra enteramente, habrá huecos con tierra y alguna débil yerba crecerá en ellos.

Este fragmento sitúa al espectador ante un espacio que, aunque construido de roca, presenta grietas y poros, por lo que el interior y el exterior no serán dos realidades impermeables entre sí[59]. Destaca también del fragmento la forma de elipse de la propia tumba, con todo su simbolismo central, asociado a la mandorla, figura que nace de la intersección de dos círculos que simbolizan el mundo de la tierra y del cielo. El círculo de la izquierda, como indica Juan Eduardo Cirlot, suele ser el de la materia, como en el fragmento de Zambrano donde se alude a la puerta de piedra del lado izquierdo, y el de la derecha el del espíritu, que es por donde entrará el alba, como la propia Zambrano indicará en otro fragmento.

Zambrano se preocupa también por la luz de ese escenario. La luz será capital en el texto editado, pero entonces serán las palabras de Antígona las que la definan. En el manuscrito M-343 Zambrano le concede una importancia explícita, como en este fragmento:

> Por la rendija de la puerta entrará un rayo de luz solar del lado Oeste, pues, a la tarde, y medirá el ocaso del día. Comienza la escena primera a la hora del ocaso. Del lado

---

[59] En el trabajo «Goethe y Hörderlin», introduce Zambrano esta reflexión tan parecida a la de *La tumba de Antígona:* «Y hemos visto a la muchacha Antígona condenada a ser enterrada viva. ¡Bien lo sabe usted que tanto se conmovió cuando tapiaban su tumba! Y una tumba cerrada es un infierno donde cabe, eso sí, convertirse en semillas que el viento lleve atravesando el resquicio de la piedra, a otras tierras más abiertas y soleadas; donde se puede seguir indefinidamente delirando, conciencia y voz sin cuerpo... y que la sangre y el alma se hundan en la tierra para revivir un día, ¡tantos muertos!» (Zambrano, 1995b).

> Este, una ranura alargada paralela al suelo dejará entrar no el sol, pero sí la luz del alba y de la mañana —lado derecho del escenario. La pared del fondo frente al espectador será el Sur, pues. En algunos trozos por ser menos espesa —roca y pared— se calentará por el sol de mediodía y Antígona en algunos momentos se pegará a esa parte de la pared caldeada para sentir el calor de la vida; en otros momentos huirá y se sentirá por este calor atormentada. La zona cercana al proscenio será por tanto la del Norte, la más fría (M-343).

Hay en Zambrano una sensibilidad hacia el movimiento de la luz, que muere por el Oeste, y nace por el Este, al alba. En referencia a la luz, Zambrano alude también al cromatismo de la tumba y a la evolución de la luminosidad en su interior:

> La atmósfera de la tumba tendrá una tonalidad grisácea verdosa, de acuario, a veces; terrosa, atrás, en los momentos que se señalen. Blanquecina en otros momentos. Al final, la claridad se irá intensificando como derramada desde arriba y desde el lado Este hasta hacerse luz blanca, pero sin brillo ni resplandor. Terminará en blanco, en luz blanca, tendiendo a ser compacta. La luz se irá espesando mientras muere (M-343).

Todo el fragmento sigue situando al espectador en un espacio simbólico, que Zambrano quiso subrayar en estos borradores con especial cuidado.

Por ese espacio/escenario se moverán los personajes, sobre todo Antígona. No será el suyo un movimiento sin matices. Zambrano emplea un verbo concreto para referirse a su moverse especial: «deslizarse». En la escena con Creón, anota lo siguiente: «(Antígona se aleja caminando a sólo unos pasos, como si se deslizara)» (M-343). El deslizarse supone un avanzar sin obstáculos, y también una superficie sobre la que realizar la acción y, en este sentido, deslizarse evoca más bien la figura de la sierpe, que no puede emprender vuelo alguno y por ello *sueña con el pájaro*.

También la Harpía se deslizará, razonante y enredadora. Destaca en el siguiente fragmento, la precisión matemática con que Zambrano sitúa al personaje en escena:

> La harpía avanza como una araña oscura, sin color, desde su rincón, detrás de donde está ella, a su espalda. Como A. mira al Este, llega deslizándose desde el rincón del N.O. Se pone frente a ella, + siempre en ángulo, nunca enteramente de frente, suavemente y como si entrara de visita según una vieja costumbre, cautelosa y familiarmente (M-343).

Además del deslizarse de los personajes, Zambrano refiere asimismo sus diversos gestos. Destacan los que se efectúan con las manos, como en los siguiente ejemplos:

> (Se arropa con el chal como si la invadiera el frío y la soledad) (M-249).
> (Se lleva las manos delicadamente, sin aspavientos a los ojos) (M-343).
> (Coje [*sic*] la albahaca, la huele) (M-343).
> (Aovillada en el suelo se yergue un poco y levanta la cabeza para mirar llevándose las manos a los ojos como para despejarlos, como en la [*sic*] despertar a medias de un sueño ligero) (M-249).

Escribe Cirlot en su *Diccionario de símbolos* que la mano sobre los ojos es indicativa de la clarividencia en el instante de morir. Sabemos, y esto es decisivo, que Zambrano ha conducido a Antígona a la tumba para bien morir, es decir, para bien nacer, por lo que la tumba es también en esta obra una cuna —y una cámara nupcial en un similar sentido—. El propio deslizarse de su movimiento por el escenario en ocasiones es acompañado del gesto de la mano:

> (Recorre la celda tocando las piedras con las manos, y en algún momento acerca la cara) (M-249).
>
> (Se acerca a la pared, la toca, pasa la mano con horror y suavemente, mas en poco tiempo, el horror va siendo ganado por la ternura) (M-249).

En relación a los gestos de la mano, hay uno en especial con el que Zambrano sella la dimensión mediadora de Antígona con sus hermanos. Se trata de un gesto asociado al agua, con las connotaciones de fluidez, flexibilidad, movimiento. Escribe Zambrano:

> Ahora sí, ya estáis muertos. Os la he dado al fin, hice que os la dieran, muerte de verdad, muerte en paz *(coje* [sic] *el cantarillo de la nodriza y les vierte el agua)*. Os doy agua, mi agua, el agua que me había de beber, el agua de vida, de mi vida. Para vosotros, mis hermanos, muertos ya en la paz (M-249).

Además de los personajes que conocemos de *La tumba de Antígona*, en los borradores aparecen asimismo los que la misma Zambrano denomina «seres», cuya significación sigue remitiendo al simbolismo general de la obra. Apuntan en conjunto a la sacralidad de la vida animal y vegetal que de tantos modos se manifestará en el pensamiento de Zambrano.

A veces son elementos de la naturaleza física: «un rayo de luz que se filtra», «una estrella plateada caída», «una piedra azul», «un cantarillo de agua que se llena a medida que se bebe», «un pan pequeño, blanco, redondo» (M-343). A veces son animales: «una araña que teje su tela», «una lagartija viva que sale y entra», «un pájaro estará intermitentemente sobre la tumba, invisible para ella», «una cabra» (M-343). A veces son sus huellas, a modo de fósiles, de restos, la sedimentación de la materia que tanto fascinaría a Zambrano: «la huella de un pez que ella descubre en la roca» (M-343). Algunos de estos «seres» son símbolos recurrentes en Zambrano y de largo recorrido, como la piedra, el agua, el pájaro. En la escena titulada «Último sueño» asocia Zambrano la figura de Antígona a la sierpe que quiere ascender hasta la palabra y por ello «sueña con el pájaro» (M-249).

Respecto de otros símbolos, algunos destacan por su relación con el orfismo, como la cabra, a la que se refiere Marius Schneider en *El origen musical de los animales-símbolos en la mitología y la escultura antiguas*, obra que fascinaría a Zambrano. Se refiere también Schneider al simbolismo femenino de la lagartija o del pez (no está de más recordar asimismo el deslizarse de ambos, como el de Antígona). El pez remite asimismo a la forma de elipse de la propia tumba o a su apariencia de acuario. El pan, por su parte, elemento esencial de la tierra, recuerda a la eucaristía y a los bodegones barrocos, entre otros, a los de Zurbarán.

En relación a la tierra, a sus fases naturales, a sus ciclos de muertes y renacimientos, es importante destacar otro elemento de los borradores de Zambrano: la música. Debe recordarse ahora la reflexión de Nietzsche en *El nacimiento de la tragedia* cuando define la canción popular *(Volkslied)* como «espejo musical del mundo, la melodía originaria», y por ello como «el *perpetuum vestigium* de una unión de lo apolíneo y lo dionisíaco» (1984, 68-69). La canción como forma primera del sonido con sentido, de la armonía. No olvidemos que Alfredo Castellón introduce en *off* en su versión de la obra *La tumba de Antígona* una canción, *A bocca chiusa*, conocida por Ana, la nodriza, el personaje *popular* de la obra. En los borradores, es Zambrano la que se refiere de modo explícito a la canción de Ana: «música débil e indefinida, ¿una canción?, que ella [Antígona] cantará antes de llegar Hemón y al borde de la muerte. Una canción que le cantará Ana, la nodriza» (M-343).

La música se convierte en los borradores de Zambrano en elemento determinante del sentido de la obra, hasta el punto de que, como ella misma advierte, la música debería funcionar incluso de elemento estructural: «Música antes de levantar el telón y entre cada cuadro. La música marcará las pausas de la acción» (M-343). En M-440 es contundente al sostener: «Hay que encantar. La obra dramática es un encanto», y agrega después: «La obra toda ha de ser una orquesta con sus diversos instrumentos —las voces de los personages [*sic*]», y hay que crear música con las palabras». Es importante esta asociación de la música con las voces, materializada después en los comentarios a los tonos y pausas de las palabras de los personajes que se encuentran también en los borradores —aunque Zambrano no desarrolle en especial este aspecto—. No se trata únicamente de la música humana. La voz de la naturaleza ocupa también un espacio en los borradores: «rumor de hojas, de palmas movidas por el viento, rumor del mar, quizás de pasos» (M-343).

Voz humana y voz de la naturaleza se fusionan en un instrumento fundamental para Zambrano: la flauta. «De haber un instrumento será una flauta», sostiene (M-440). La flauta está asociada a Dioniso y a su canto originario. No obstante, el simbolismo del instrumento alcanza a diversas tradiciones y remite a la idea de complementariedad o unión de lo diverso (la flauta también se ha asociado al principio masculino, fálico, por su forma, y al femenino por su timbre), como ocurre con tantos símbolos zambranianos. Marius Schneider la relaciona con el macho cabrío por el temblequeo de los dos tubos de que algunas están formadas (recordemos que Zambrano ha situado también una cabra en el escenario) (Schneider, 1946, 159). En relación a la importancia de la flauta en Zambrano, no puede olvidarse la cita al inicio de la primera edición de *Filosofía y poesía,* del relato de Louis Massignon sobre Hallaj, el místico islámico del siglo x, cuando paseaba con sus discípulos por Bagdad, y oyó una flauta, que entendió como la voz de Satán llorando sobre el mundo que pasa, mientras sólo Dios permanece.

Conocida es la importancia de la música en Zambrano, tanto en un sentido simbólico-religioso, que es el que prevalece, por ejemplo, en el libro de Marius Schneider («forma suprema del conocer» la denomina Schneider, o «la forma más elevada de oración», 1946, 17 y 117), como en un sentido político, como ya se indicó, en tanto la música es la categoría que Zambrano asocia al orden democrático, al constituir «la unidad de la multiplicidad», que «armoniza las diferencias», como ella misma afirma en *Persona y democracia* (1988, 162 y 164). También Antígona es armonizadora de diferencias, media entre los hermanos, entre la tierra de arriba y la de abajo, entre la palabra verdadera y la palabra del tirano.

Son muchas las tradiciones de las que bebe el pensamiento musical zambraniano, pero, por lo que respecta a los borradores analizados aquí, creo que puede destacarse la presencia de Nietzsche en *El nacimiento de la tragedia*. En M-440, las afirmaciones de Zambrano así parecen indicarlo:

> La esencia de la tragedia es musical: apolínea, lumínica. La sustancia de la tragedia es un sacrificio a la luz. La materia y forma primera, la sustancia primera, la consumida, la sufriente es dionisíaca, vida, la vida-muerte. La consumación de la tragedia libra 1.º de la mancha, permite purificación (M-440).

La materia primera es «sufriente» o «dionisíaca», pero la esencia de la tragedia es «lumínica» o «apolínea». La precisión, pues, al servicio de la expresión de lo hondo. El sentido del grito. El delirio. La sierpe convertida en pájaro. El vuelo de la tierra.

Si Nietzsche está presente en las acotaciones en relación a Antígona, no puede tampoco dejar de mencionarse la presencia del portentoso duende lorquiano que no dejó nunca indiferente a Zambrano. No pueden ser más oportunas ahora las palabras de Romero Esteo, en relación a la representación de *La tumba de Antígona* en 1984, recordémoslas: «liturgia trágica [...] básicamente fundamentada en el cante jondo, tanto en lo relativo a partitura musical como a interpretación actoral de los protagonistas de la acción dramática». Quién sabe si Zambrano al escribir *La tumba de Antígona* no tenía presente sobre todo la sensibilidad lorquiana, tan cercana a la pérdida, la ausencia y la muerte, desde las que ella misma escribió el drama.

Las acotaciones a *La tumba de Antígona* vienen, pues, a confirmar el papel otorgado a la música en el universo zambraniano. En una obra dramática cuyo referente es la tragedia griega no podía faltar ese elemento y aunque, ciertamente, en la obra editada no hay ya referencias a la música, y ni siquiera aparezca el coro o corifeo, ello no indica que la música haya desaparecido por completo. Y ello porque la propia escritura de Zambrano ha estado siempre, y también aquí, cercana a la música, en tanto escritura en movimiento constante. Hemos visto ese movimiento en relación al deslizarse de los personajes, a sus gestos, a las inflexiones de su voz, a la evolución de la luz, pero hay también un ritmo en la prosodia zambraniana que se mantendrá después en la edición de *La tumba de Antígona*.

Se trata de un ritmo constituido en lo fundamental por el recurso de repetición, la cual adquiere diversas formas, desde los paralelismos sintácticos hasta los procedimientos anafóricos y derivativos, a polisíndeton, a aliteraciones en el campo fonético, incluso a cierta versificación interna, en fin, todo un sistema de ecos y resonancias sugerentes —y enredadoras en ocasiones—, que tienen mucho que ver con el núcleo de su pensamiento, ese centro en torno al cual Zambrano está siempre reflexionando: lo sagrado de la existencia. Esto explica que casi en cualquiera de sus textos esté contenido su universo entero. La repetición fue recurrente asimismo en Unamuno o en Bergamín, también en la retórica mística, cuya tortura lingüística en su propósito de decir lo que no se puede decir condujo a la necesidad de las figuras de repetición, como quien tartamudea y se siente apresado en el lenguaje hasta que finalmente logra liberar la palabra de sí, el *no sé qué que quedan balbuciendo*. Este ritmo de repetición es asimismo ritmo de monotonía, que la misma Zambrano asocia en *El hombre y lo divino* al primero de los caminos abierto por el hombre a través del tiempo: la monodia del canto primitivo griego y de la liturgia (Zambrano, 2005, 85). Aquel delirio como gemido que busca armonía.

En resumen, la edición de *La tumba de Antígona* otorga un protagonismo absoluto a la palabra que en los borradores conservados se acompaña, sin embargo, de acotaciones y notas aclaratorias, indicadoras del pensamiento escenográfico de Zambrano, nunca desvinculado del propio contenido simbólico de la obra. Probablemente no pueda hablarse de *La tumba de Antígona* como de una gran obra dramática desde un punto de vista estético —las ideas pesan mucho en todo el texto—[60], pero sí de una obra que contiene momentos deslumbrantes logrados gracias a una escritura deslizada hacia la concentración y apertura del sentido, que es lo propio del lenguaje poético.

La datación del texto

La tumba de Antígona apareció en 1967 en la editorial Siglo XXI. Ese mismo año se editaba como texto independiente en *Revista de Occidente* el extenso prólogo que pre-

---

[60] El extenso prólogo con que la obra se presenta tiene, entre otras, la función de exponer el sentido de la obra, como si Zambrano recelase de la autonomía plena de ésta. De hecho, el prólogo funcionó como texto autónomo en *Revista de Occidente,* donde se reprodujo el mismo año de la publicación de la obra. La editorial Mondadori, por su parte, presentó la reedición de la obra en 1989 bajo el rótulo de «Ensayo», no sabemos si con la aprobación o no de Zambrano.

cedía a la obra, con numerosas variaciones de estilo, debidas probablemente a los correctores de la *Revista*. A partir de entonces la obra ha visto diversas reediciones, ninguna libre de errores ortotipográficos, algunos importantes. A la luz de los textos conservados en la Fundación Zambrano debe contemplarse la idea, no obstante, de que Zambrano pensara e incluso escribiera los primeros borradores de *La tumba de Antígona*, o una parte al menos de la obra, unos años antes. Los borradores que permiten apuntar esta hipótesis son M-249, M-343 y M-440.

El denominado M-249 se titula «Antígona» y está fechado en 1948[61]. Se trata de un dossier que contiene varios documentos, entre los que aparece, mecanografiado e incompleto, *La tumba de Antígona*, con este mismo título. Corresponde a la obra que conocemos de 1967 con algunas variantes[62]. Si damos por válida para todos los textos que lo integran la fecha que aparece en el dossier, 1948, *La tumba de Antígona* estaría no sólo pensada para entonces sino también escrita en parte, aunque esto no puede asegurarse con total certeza.

---

[61] Los títulos de los textos y/o de los dossiers donde aparecen los textos los puso casi siempre la propia María Zambrano, aunque la caligrafía sea, mayormente, la de su secretaria, Rosa Mascarell, ya que en los últimos tiempos Zambrano apenas podía escribir, por problemas de visión.

[62] Por ejemplo, hay un prólogo que no es el de 1967 sino el que apareció en *Orígenes* en 1948, acompañando al delirio de entonces, aunque en nota a pie de página Zambrano comenta que es el prólogo a la obra inédita *Delirio y muerte de Antígona*, título que no corresponde con ninguna obra publicada. Se encuentran también en el dossier, sin embargo, dos hojas cuya redacción sí corresponde a la del prólogo de 1967. Asimismo el dossier contiene dos redacciones de la escena primera (el monólogo de Antígona), otra de la escena segunda (la noche), otra incompleta de la escena tercera (la hermana), un fragmento de la escena de Ana, una redacción de la escena de la madre, un fragmento de la parte de Hemón, una redacción del último monólogo de Antígona, y otra redacción de la escena con los dos desconocidos. Aparte, un «Himno a la luz» y un breve texto titulado «Último sueño» referente también a Antígona.

Lo que sí sabemos es que un proyecto de amplias dimensiones sobre Antígona existía ya desde mitad de los años cuarenta en el pensamiento de Zambrano. De 1945 son algunas cartas escritas desde La Habana, dirigidas a su madre y a su hermana Araceli. En la del 12 de agosto, Zambrano confiesa lo siguiente: «hermana, estoy haciendo un ensayo sobre Antígona, la figura de la tragedia. La hermana que se sacrifica eres tú y va dedicado a ti». Casi dos meses más tarde, el 7 de octubre, vuelve a escribir: «el ensayo que te estoy haciendo a ti se llama Antígona y formará parte de un libro sobre la mujer que te dedicaré entero»[63].

Otro dossier es el M-343, titulado asimismo «Antígona», y en cuyo interior se encuentra el texto manuscrito titulado «Delirio y muerte de Antígona». Es un texto más completo que el de M-249[64]. Dentro del dossier aparecen unos «Apuntes sueltos», en los que se encuentra la única fecha de este conjunto de textos: 14 de enero de 1964.

Por último, el manuscrito M-440, «Antígona. El sacrificio a la luz engendra el ser», avanza también parte del texto *La tumba de Antígona*. Se trata de cinco hojas a mano, donde se mezclan notas dramáticas, partes del primer monólogo de Antígona y de la escena de la noche. No hay fecha alguna que nos permita datar estos textos aunque el tipo de tinta y el trazo de la letra los asemeja a los de M-343.

En suma, desde mitad de los cuarenta Zambrano está pensando en la escritura de Antígona, e incluso tal vez para 1948

---

[63] Agradezco a Rosa Rius y a Elena Laurenzi que me facilitaran la noticia y la fotocopia de estas dos cartas en concreto.

[64] Se mantienen los monólogos iniciales de Antígona, la escena de la hermana, de Edipo, de Ana, de la madre, de la Harpía, de los hermanos, de Hemón, de Creonte, el monólogo final de Antígona y la última escena de «Un desconocido». Hay numerosas aclaraciones respecto de una posible puesta en escena. Aparte quedan unos «Apuntes sueltos» sobre fragmentos de escenas, delirios, y una parte que Zambrano denomina «Pasos de la luz».

haya empezado a tejer la obra que conoceríamos en 1967. Lo que sí sabemos con certeza es que la redacción se terminaría más tarde, en los primeros años sesenta, a tenor de lo que ella misma reconoce en el prólogo de 1985 al volumen *Senderos,* donde se reeditó *La tumba...*: «responde —escribe aquí Zambrano— a la inspiración del exilio diariamente en París y más tarde en una aldea del Jura francés» (Zambrano, 1986, 7).

Aparte queda el importante prólogo de la edición de 1967. Se desconoce también la fecha de su escritura, aunque podrían apuntarse los primeros años sesenta si se atiende a la única referencia temporal que, aunque indirecta, Zambrano ofrece: en el mismo prólogo menciona el hecho de que Louis Massignon nos ofrezca «ahora» la leyenda de los siete sabios durmientes. Zambrano podría estar pensando en *Parole donnée* de 1962, donde se recogen diversos trabajos con referencias a los siete sabios[65].

En resumen, Antígona acompaña a Zambrano, como personaje, como proyecto, como texto, desde fines de los cuarenta hasta 1967 por lo menos. Esto sí es cierto, y es indicativo de la trascendencia de la figura trágica en el universo zambraniano.

---

[65] Es lo que me transmitió Jesús Moreno Sanz en conversación telefónica. Es en los años cincuenta cuando Massignon publica algunos de sus más fecundos trabajos sobre la leyenda. En la biblioteca de Zambrano, con sede en la Fundación de Vélez-Málaga, se conserva un ejemplar de *Opera minora* (París, Presses Universitaires de France, 1969), de Louis Massignon, donde se recogen dos trabajos sobre los Durmientes de Éfeso, de 1950 y 1961, subrayados en más de un punto por la propia Zambrano. Se trata de «Les "Sept Dormants" apocalypse de l'Islam» (1950) y «Le culte liturgique et populaire des VII Dormants Martyrs d'Ephèse (Ahl al-Kahf): trait d'union Orient-Occident entre l'Islam et la Chrétienté» (1961). Es difícil que Zambrano leyera estos trabajos en su fuente originaria y *Opera minora* se edita dos años después de la aparición de *La tumba de Antígona,* así que no nos sirven las referencias para identificar el «ahora» de Zambrano. Si, como indica Jesús Moreno, la obra en la que piensa Zambrano es *Parole donnée,* entonces 1962 podría ser la fecha del prólogo a *La tumba de Antígona.*

Conclusiones

El interés de María Zambrano en la figura de Antígona es, pues, constante a lo largo de su obra. La lectura que realiza de Antígona tiene una dimensión política —la defensa de la libertad y la identidad del otro frente a la tiranía— y una dimensión metafísica —el necesario hermanamiento de la vida y la muerte—, que confirman el compromiso sin fisuras de la propia ética zambraniana, basada en la fraternidad como valor decisivo. Tal vez no debería extrañar la escritura de *La tumba de Antígona,* aunque su modo de expresión bien sea una excepción en el conjunto de la obra zambraniana. Ello es así porque el compromiso de Zambrano es, en primer término, el que adquiere con un lenguaje determinado, alternativo tanto al sistemático de la filosofía occidental como al lenguaje manipulador del poder, que tan bien conocería ella misma en los largos años de exilio. La suya fue la defensa de un lenguaje fundado sobre una palabra nueva, que no requiere inventarse sino rescatarse, puesto que, a juicio de Zambrano —en la que resuenan ahora de las viejas religiones del libro y cierta ontología poética contemporánea—, esa palabra duerme latente en las profundidades del lenguaje, como los siete sabios de la cueva de Éfeso, o la verdadera historia humana sepultada en las ruinas de la historia apócrifa. Sólo hace falta despertarla. Mejor, escucharla. La escucha es clave en Zambrano, y su valor queda materializado en el conjunto de voces que confluyen armónicas en las escenas de *La tumba de Antígona.* Una orquestación hasta la que a veces llega, sin embargo, el estruendo disonante de los sables.

Alguien que padeció la historia europea contemporánea y que, como Zambrano, fue especialmente sensible al lenguaje como vehículo de la condición humana, Paul Celan, escribió en su conocido texto «El meridiano» (1960) la siguiente declaración: «Permítanme que cite aquí una frase de Malebranche extraída del ensayo sobre Kafka de Walter Benjamin: "La atención es la oración natural del alma"» (Celan, 2002, 507). Atención es lo que ha reclamado también Zambrano, en muchas ocasiones a través precisamente de Antígona. A la atención, a la escucha también se refería Louis Massignon, en un texto de 1958 en el que evoca a Antígona, al que pertenece el siguiente fragmento (la cursiva es mía):

> [...] una muchacha que había sido encerrada en una dura prisión, por haber manifestado la simpatía de Antígona, contrariamente a un decreto que rechazaba el sacrosanto derecho de asilo; el Creonte del momento le había escogido una celda lindante con las de los condenados a muerte al alba; ella les oía partir hacia la guillotina esforzándose en cantar. Y al no comprenderlos, con su voz mantenía su canto al unísono con el de ellos, para *darles la alegría de haber sido «escuchados»*. Para gran escándalo de los carceleros (Massignon, 2005, 312).

Así la Antígona de Zambrano. La que ha escuchado y la que ha sido escuchada. La que sigue siendo escuchada. El tiempo que Zambrano le ofrece, frente a la muerte a la que la condena Sófocles, tiene la finalidad precisamente de permitir esa escucha, la cual define a la propia «razón poética» a la que Antígona está anunciando ya desde los primeros textos que Zambrano le dedica. La «razón poética» es razón que atiende y es, por ello, razón mediadora. Como es también Antígona gracias a su pureza o virginidad, y también a su lenguaje construido, entre otros recursos, sobre una estructura de imágenes en la que resuena la *verdad múltiple* del mundo que encuentra asimismo en la paradoja su expresión más certera[66]. A veces las imá-

---

[66] Los textos de Zambrano están llenos de paradojas, también los referidos a Antígona: «Ella, la que fue juzgada, juzga sin emitir juicio algu-

genes actúan como metáforas a modo de referentes lingüísticos desplazados en el sistema del lenguaje, otras veces constituyen auténticos símbolos arquetípicos, cuyos referentes se sitúan más allá del lenguaje remitiendo a ese *otro* mundo que Zambrano conoce con la certeza de la fe. A ese *otro* mundo se dirige también su Antígona tras haber alzado su palabra desde lo hondo de la tumba, en la especial cristianización a la que somete Zambrano la tragedia clásica.

En este contexto adquiere particular relieve el tema de la fraternidad. No se trata únicamente de la denuncia del asesinato entre hermanos, lo que en su caso tiene el referente ineludible de la guerra civil española, se trata de entender que de esa fraternidad depende el futuro de la humanidad, la necesaria esperanza que no puede abandonar al hombre puesto que «una historia sin esperanza es inenarrable», como escribe en *Los bienaventurados* (Zambrano, 2004a, 106). Fraternidad que, en el terreno de lo simbólico, queda asociada en Zambrano al mundo femenino, en tanto las mujeres han habitado desde siempre el espacio del no-ser, del anonimato y, como los locos o los místicos, se han ejercitado en la *ciencia de la compasión* o en la de la piedad, ajenas a los edificios de razones y palabras con que el poder ha pretendido justificarse. Fraternidad escrita en femenino pero de alcance universal, como la «razón poética» que le sirve de cauce.

Los textos de Zambrano sobre Antígona reafirman el protagonismo de la heroína trágica en el siglo XX, un mo-

---

no»; «en Antígona hay el llanto de la virginidad que fecunda sin haber sido fecundada»; «la virginidad que se asimila al alba; una metáfora y una categoría de ser que sólo pasando a través de su no-ser se da»; «paradójicamente, su acción de hermana la dejó sin hermanos» («El personaje autor, Antígona»). El propio infierno que Antígona habita, sostiene Zambrano en *El hombre y lo divino,* es la condición del paraíso, «como si en la confusa condición humana yaciese un resto de paraíso, un paraíso no destruido, que yace a su vez en el infierno» (Zambrano, 2005, 311).

mento de la historia de siniestra violencia y terror programado al que no fue ajena España, como demuestra la propia vida/obra de María Zambrano, desarrollada desde ese lugar llamado «exilio», que devino tanto una «tumba» como una «cuna» en la especial dimensión política y metafísica de su lectura del personaje, nunca ajena a la ética de su pensamiento. Defensa de la memoria, también la de Zambrano, para que *nadie pueda hacer morir aún más los muertos*. Memoria como testimonio que permite no perder el horizonte, el cual, como subraya Zambrano en *El sueño creador*, «al avanzar, se desplaza. Su ser inalcanzable crea el camino; es su posibilidad y su exigencia» (Zambrano, 1986c, 112). Horizonte que es, pues, camino. Que se hace al andar.

Delirio y muerte de Antígona

Personajes:

Antígona — viva.
Madre — Sombra, dentro del alma de Antígona, proyectada por ella.
Ysmene — Soñada, después realidad transformándose... ¿en voz? ¿imagen — en un espejo?
Edipo — muerto,
Creonte — sombra, después vivo en presencia
Hemón — muerto, presencia total
Ana, la nodriza — muerta — viva

~~Dioses~~:
Polynices — muerto que gime, sufre todavía
Eteocles — muerto que no siente, muerto
Diosas: Artemisa — en la luna
        Atenea — como dioses, dictados del poder de hacerse presentes donde quieren.

Seres:
Un rayo de luz q. se filtra
Una estrella plateada caída
Una piedra azul q. ella encuentra, que tal... en la mano
Un cantarillo de agua que se llena a medida que [...] "el agua niña no te faltará".

Hoja manuscrita de uno de los borradores de *La tumba de Antígona*, aquí titulada *Delirio y muerte de Antígona* (documento M-343).

Esta edición

Esta edición reproduce *La tumba de Antígona* y diversos textos sobre el personaje trágico, dos de ellos inéditos.

Para *La tumba de Antígona* he tomado como referencia la edición original de 1967 aparecida en la editorial Siglo XXI. He corregido, exclusivamente, errores ortotipográficos, manteniendo el texto íntegro de Zambrano. Acompañan al texto, siempre en nota a pie de página, las diversas acotaciones o notas de trabajo que Zambrano dejó escritas en los diversos borradores conservados, que contienen parcialmente esta obra. Las variantes del texto principal aparecidas en los borradores y que son relevantes se apuntan asimismo en nota a pie de página. Las referencias de los borradores son las siguientes: M-249, M-343 y M-440. Para completar el estudio sobre Antígona he recurrido también a la información sobre el personaje contenida en los siguientes manuscritos: M-268[1] y M-517[2]. Poco después de iniciar este trabajo, un

---

[1] M-268 lleva por título «Antígona. La vocación de la mujer». Se trata de un dossier sin fechar, con textos mecanografiados, y un folio a mano. La temática abarca cuestiones de psicología y reflexiones sobre la imagen de la mujer y la «feminidad», el mundo cristiano y la tragedia griega, la Edad Media y la época contemporánea, el sueño y la pesadilla, el destino.

[2] Es un dossier con diversos textos mecanografiados, que lleva por título «Antígona. La República. La Guerra Civil. La Historia». La fecha de la portada es 1966, pero en su interior se encuentra algún fragmento

equipo de investigadores empezó la edición de las obras completas de la pensadora. Su director, Jesús Moreno Sanz, me invitó a participar y así lo hice en condición de autora de la presentación de *La tumba de Antígona*. La edición de *La tumba...* corrió a cargo de Sebastián Fenoy, quien partió igualmente del texto editado en 1967, pero introduciendo algunas variantes —siempre subrayadas— que corresponden a las de ediciones posteriores, o a la decisión del propio Fenoy de clarificar en algún caso el texto; en las notas a pie de página Fenoy recoge también algunas de las acotaciones y notas de trabajo que aquí, en esta edición de Cátedra, se reproducen[3].

Junto a *La tumba de Antígona*, se reproduce también aquí «Delirio de Antígona», a partir de la edición facsímil de la primera edición (Madrid, Turner, 1989, vol. III, págs. 282-289). La primera edición apareció en la revista *Orígenes. Revista de Arte y Literatura* (La Habana), verano de 1948, págs. 14-21[4].

Otro texto reproducido aquí es «El personaje autor: Antígona». Se trata de un capítulo del libro *El sueño creador*. Se ha tomado como referencia en esta ocasión la siguiente edición (corregida y aumentada): Madrid, Turner, 1986, págs. 87-94. La primera edición es la de Xalapa (México), Universidad Veracruzana, 1965[5].

---

datado en octubre de 1954. Uno de los textos íntegros que contiene corresponde al texto «Carta sobre el exilio», editado en 1961 en *Cuadernos del Congreso por la Libertad de la Cultura*.

[3] La referencia exacta es: María Zambrano, *Obras completas III*, director Jesús Moreno Sanz, Madrid, Galaxia Gutenberg/Círculo de Lectores, 2011.

[4] Otras ediciones de este texto se encuentra en: María Zambrano, *María Zambrano. Nacer por sí misma*, Elena Laurenzi (ed.), Madrid, horas y HORAS, 2004, 66-76; María Zambrano, *Islas*, Jorge Luis Arcos (ed.), Madrid, Verbum, 2007, 83-91.

[5] Otras ediciones del texto son las que siguen: *El sueño creador*, en *Obras reunidas*, Madrid, Aguilar, 1971; *El sueño creador*, Madrid, Universidad de Alcalá/Club Internacional del Libro, 1998.

Hoja manuscrita del texto «Antígona. El sacrificio a la luz engendra el ser», que avanza parte de *La tumba de Antígona* (documento M-440).

A los textos anteriores se añade «Antígona o de la guerra civil» que en 2004 publicó Jesús Moreno Sanz en *María Zambrano, 1904-1991. De la razón cívica a la razón poética,* J. Moreno Sanz (ed.) y la colaboración de F. Muñoz, Madrid, Residencia de Estudiantes/Fundación María Zambrano, 2004, págs. 713-715. El texto corresponde a M-386 y forma parte de los numerosos cuadernos que Zambrano, a modo de diario, escribió a lo largo del tiempo. El que nos ocupa está fechado en Roma y abarca del 10 de abril al 4 de mayo de 1958. Reproducimos el fragmento dedicado a Antígona.

Los otros dos textos que se editan aquí, hasta donde se me alcanza, no han sido publicados. Son los conservados respectivamente en M-404 y M-264.

M-404 se titula «Cuaderno de Antígona». Tiene la precisa fecha en la portada del 3 de julio de 1948. En su interior, el cuaderno sigue la forma del diario, y la última fecha anotada es 9 de octubre. Se trata de un cuaderno manuscrito, de información variada sobre el personaje, con esquemas de «delirios», fragmentos de monólogos de los personajes de la tragedia, personajes nuevos como «el huésped», «el ruiseñor», etc. Se reproduce íntegramente.

M-264 remite a un dossier de textos en cuya portada aparece también el título «Cuadernos de Antígona» y fechado en Roma en 1962, aunque a la luz de su contenido —idéntico en ocasiones a M-404 y a «Delirio de Antígona»— podría considerarse escrito en parte hacia 1948. Nos encontramos ahora con diversos textos mecanografiados relacionados con Antígona: «Delirio I», «Delirio II», «Imprecación a Atenea», «Antígona o de la guerra civil», etc. Reproducimos la mayor parte del dossier, la que directamente tiene como protagonista a Antígona.

AGRADECIMIENTOS

Agradezco a Josune García de Ediciones Cátedra la confianza y la buena disposición a editar estos textos de Zambrano.

Diversas personas han compartido conmigo estos años sus conocimientos sobre María Zambrano. A ellas todo mi agradecimiento, en especial, a Jesús Moreno Sanz, Carmen Revilla, Rosa Rius y Sebastián Fenoy.

Quiero dedicar este trabajo a Chantal Maillard, por enseñarme, entre otras cosas, a des-colocar las palabras últimas de la metafísica.

Bibliografía

Ediciones de «La tumba de Antígona»

Zambrano, M., *La tumba de Antígona,* México, Siglo XXI, 1967.
— «La tumba de Antígona», *Revista de Occidente,* 54, 1967, págs. 273-293 [se trata solamente de la edición del prólogo de *La tumba de Antígona,* muy corregido].
— *La tumba de Antígona,* en *Litoral* (Málaga), 1983, 121-123/ 124-126, *María Zambrano I y II.*
— *La tumba de Antígona,* en *Senderos,* Barcelona, Anthropos, 1986.
— *La tumba de Antígona,* con introducción de Julia Castillo, Madrid, Mondadori, 1989.
— *La tumba de Antígona,* en *Litoral* (Málaga), núm. extraordinario, *La tumba de Antígona. Diotima de Mantinea (Papeles para una poética del ser),* 1989.
— *La tumba de Antígona,* versión de Alfredo Castellón, con prólogo de Eduardo Haro Tecglen, Madrid, SGAE, 1997.

Textos de María Zambrano[1]

Zambrano, M., *La España de Galdós,* Madrid, Taurus, 1959.
— «Carta sobre el exilio», *Cuadernos del Congreso por la Libertad de la Cultura,* 49, junio de 1961, págs. 65-70.

---

[1] Se mencionan exclusivamente los libros o textos utilizados en este trabajo. Se citan por la edición manejada, entre corchetes se fija la primera edición.

— «Sobre la iniciación. Conversación con María Zambrano», entrevista por Antonio Colinas, *Los Cuadernos del Norte,* 38, octubre de 1986a, págs. 2-9.
— *Senderos,* Barcelona, Anthropos, 1986b.
— *El sueño creador* [1965 y aumentada 1971 y 1986], Madrid, Turner [incluye «El personaje autor: Antígona»], 1986c.
— *Filosofía y poesía* [1939] Madrid, Fondo de Cultura Económica, 1987a.
— «La multiplicidad de los tiempos», *Anthropos,* Suplementos 2, marzo-abril de 1987b, págs. 7-11.
— *Notas de un método,* Madrid, Mondadori, 1989a.
— (ed.), Federico García Lorca, *Antología,* Facsímil de la edición chilena de 1937 con introducción de María Zambrano, Vélez-Málaga, Fundación María Zambrano, 1989b.
— *Algunos lugares de la pintura,* recopilación de A. Iglesias, Madrid, Espasa Calpe, 1991.
— *Persona y democracia. La historia sacrifical* [1958], Barcelona, Anthropos, 1992.
— *Correspondencia, María Zambrano/Edison Simons,* Madrid, Fugaz Ediciones, 1995a.
— *Las palabras del regreso (Artículos periodísticos, 1985-1990),* M. Gómez Blesa (ed.), Salamanca, Amarú Ediciones, 1995b.
— *«La Cuba secreta» otros ensayos,* edición e introducción de J. L. Arcos, Madrid, Endimión, 1996a.
— *Horizonte del liberalismo* [1930], edición y estudio introductorio de J. Moreno Sanz, Madrid, Morata, 1996b.
— *Los intelectuales en el drama de España y escritos de la guerra civil,* presentación de J. Moreno Sanz, Madrid, Trotta, 1998a.
— *Delirio y destino. Los veinte años de una española* [1989], edición completa y revisada por R. Blanco Martínez y J. Moreno Sanz, Madrid, Fundación María Zambrano/Editorial Centro de Estudios Ramón Areces, 1998b.
— *La agonía de Europa* [1945], prólogo de J. Moreno Sanz, Madrid, Trotta, 2000.
— *Hacia un saber sobre el alma* [1950], Madrid, Alianza, 2001.
— *España, sueño y verdad* [1965, reed. aumentada 1982], Barcelona, Edhasa, 2002a.
— *Cartas de La Pièce. Correspondencia con Agustín Andreu,* Agustín Andreu (ed.), Valencia, Pre-Textos, 2002b.

— *Claros del bosque* [1978], Barcelona, Seix Barral, 2002c.
— *Los bienaventurados* [1990], Madrid, Siruela, 2004a.
— *Pensamiento y poesía en la vida española* [1939], M. Gómez Blesa (ed.), Madrid, Biblioteca Nueva, 2004b.
— *De la Aurora* [1986], J. Moreno Sanz (ed.), Madrid, Tabla Rasa Libros y Ediciones, 2004c.
— *La razón en la sombra. Antología crítica*, J. Moreno Sanz (ed.), Madrid, Siruela, 2004d.
— *Nacer por sí misma*, Elena Laurenzi (ed.), Madrid, horas y HORAS, 2004e (2.ª ed. revisada) [incluye «Delirio de Antígona»].
— *El hombre y lo divino* [1955, reedición 1973 y 1999], Madrid, Fondo de Cultura Económica, 2005.
— *Algunos lugares de la poesía*, J. F. Ortega Muñoz (ed.), Madrid, Trotta, 2007.

BIBLIOGRAFÍA SECUNDARIA

ADÁN, O., «La entraña y el espejo. María Zambrano y los griegos», *Claves de la razón poética. María Zambrano: un pensamiento en el orden del tiempo*, C. Revilla (ed.), Madrid, Trotta, 1998, págs. 173-192.
ÁLVAREZ DE MIRANDA, A., *La metáfora y el mito*, Madrid, Taurus, 1963.
AZNAR, M. «Escena y literatura dramática del exilio republicano español de 1939», en *El exilio teatral republicano de 1939*, M. Aznar (ed.), Barcelona, Gexel, 1999.
BACHELARD, G., *El agua y los sueños*, trad. de Ida Vitale, Madrid, Fondo de Cultura Económica, 2002.
BERGAMÍN, J., *El pensamiento perdido. Páginas de la guerra y del destierro*, Madrid, Adra, 1976.
BONILLA, A. B., «Razón poética: arquetipos femeninos», *Philosophica Malacitana*, IV, 1991, págs. 49-64.
BOSCH, C., *Antígona en la literatura moderna*, tesis doctoral, Universitat de Barcelona, 1974.
— «Antígona en Iberoamérica», en *Contemporaneidad de los clásicos en el umbral del tercer milenio: Actas del congreso interna-*

cional de los clásicos. La tradición grecolatina en el siglo XXI (La Habana, 1 a 5 de diciembre de 1998), M.ª C. Álvarez Morán y R. M.ª Iglesias Montiel (coords.), 1999, págs. 271-280.

BUNDGARD, A., *Más allá de la filosofía. Sobre el pensamiento filosófico-místico de María Zambrano*, Madrid, Trotta, 2000.

CELAN, P., «El Meridiano», en *Obras completas*, prólogo de C. Ortega, trad. de J. L. Reina Palazón, Madrid, Trotta, 2002, páginas 499-510.

CEREZO GALÁN, P., «La muerte de Dios. La nada y lo sagrado en María Zambrano», en *María Zambrano. La visión más transparente*, J. M. Benyeto y J. A. González Fuentes (coords.), Madrid, Trotta/Fundación Carolina, 2004, págs. 333-347.

CERTEAU, M. de., *La fábula mística (siglos XVI-XVII)*, epílogo de Carlo Ossola, trad. L. Colell Aparicio, Madrid, Siruela, 2006.

CIRLOT, J. E., *Diccionario de símbolos*, Madrid, Siruela, 2005.

CRESPO, A., *Dante y su obra*, Barcelona, El Acantilado, 1999.

D'ANGELI, C., «Mujeres en el cielo. Las filósofas de Elsa Morante», *Revista de Occidente*, 326/327, trad. de F. Cartoni, 2008, págs. 178-198.

DAL LAGO, A., «La ética de la debilidad. Simone Weil y el nihilismo», en *El pensamiento débil*, G. Vattimo y P. Aldo Rovatti (eds.), Madrid, Cátedra, 2006, págs. 128-168.

DURÁN, M., «Mérida. El año de Edipo», *Primer Acto*, 245, 1992, págs. 114-115.

ECKHART, Maestro, *El fruto de la nada*, Amador Vega (ed.), trad. de A. Vega, Madrid, Siruela, 1998.

GADAMER, H. G., *Verdad y Método*, trad. de A. Agud y R. de Agapito, Salamanca, Sígueme, 1977.

GARCÍA LORCA, F., *Obras completas*, edición de A. del Hoyo y prólogos de J. Guillén y V. Aleixandre, Madrid, Aguilar, 1980, 2 vols.

GARCÍA VALDÉS, O., *Teresa de Jesús*, Barcelona, Omega, 2001.

GARÍ, B., «María Zambrano y el lenguaje *De la Aurora*», en *Mística y creación en el siglo XX*, V. Cirlot y A. Vega (eds.), Barcelona, Herder, 2006, págs. 157-176.

GUÉNON, R., *Le Roi du Monde*, París, Gallimard, 1958.

— *El simbolismo de la cruz*, trad. de E. Serra, Barcelona, Olañeta Editor, 2003.

Haas, A. M., «Mística en contexto», en *Mística y creación en el siglo XX,* V. Cirlot y A. Vega (eds.), Barcelona, Herder, 2006 págs. 63-86.
Heidegger, M., *De camino al habla,* trad. de I. Zimmermann, Barcelona, Ediciones del Serbal, 2002.
Hertmans, S., *El silencio de la tragedia. Ensayos,* trad. de J. Grande, Valencia, Pre-Textos, 2009.
Iglesias, A., «La aurora de Antígona», en *El tiempo luz: Homenaje a María Zambrano,* Diputación de Córdoba, 2005, págs. 17-32.
Johnson, R., «María Zambrano as Antigone's sister: towards an ethical aesthetics of possibility», *ALEC,* 22, 1997, págs. 181-194.
Keller, H. E., «Abundancia. Una estética de lo líquido y su circulación en la Edad Media y en el siglo XX», en *Mística y creación en el siglo XX,* V. Cirlot y A. Vega (eds.), Barcelona, Herder, 2006, págs. 87-138.
Kierkegaard, S., *Estudios estéticos II: De la tragedia y otros ensayos,* trad. de D. Gutiérrez Rivero, Málaga, Ágora, 1998.
Laurenzi, E., *María Zambrano. Nacer por sí misma,* prefacio de F. Birulés, Madrid, horas y HORAS, 2004.
Le Guern, M., *La metáfora y la metonimia,* trad. de A. de Gálvez-Cañero y Pidal, Madrid, Cátedra, 1985.
Lesky, A., *La tragedia griega* [1958], presentación J. Pòrtulas, trad. J. Godó Costa revisada por M. Camps, Barcelona, El Acantilado, 2001.
Maillard, Ch., *La creación por la metáfora. Introducción a la razón-poética,* Barcelona, Anthropos, 1992.
— *La razón estética,* Barcelona, Alertes, 1998a.
— «Las mujeres en la filosofía española», en *Breve historia feminista de la literatura española (en lengua castellana),* Iris Zavala (coord.), V. *La literatura escrita por mujer (del siglo XIX a la actualidad),* Barcelona, Anthropos, 1998b, págs. 267-296.
Maillard, M.ª L., *María Zambrano. La literatura como conocimiento y participación,* Lleida, Edicions de la Universitat de Lleida, Ensayos/Scriptura, 1997.
Martínez García, J. I., «El enigma de lo social», en *María Zambrano. La visión más transparente,* J. M. Beneyto y J. A. González Fuentes (coords.), Madrid, Trotta, 2004, págs. 441-459.
Martínez González, F., *El pensamiento musical de María Zambrano,* tesis doctoral, Universidad de Granada, 2008 (http://www.hera.ugr.es/tesisugr/17612858.pdf).

Massignon, L., *Ciencia de la compasión. Escritos sobre el Islam, el lenguaje místico y la fe abrahámica,* ed. y trad. de J. Moreno Sanz, Madrid, Trotta, 1999.

— *Palabra dada,* ed. y trad. de J. Moreno Sanz, Madrid, Trotta, 2005.

Moreno Sanz, J., «El Ángel del límite y el confín intermedio», en María Zambrano, *Tres poemas y un esquema,* J. Moreno Sanz (ed.), Segovia, *Pavesas. Hojas de Poesía,* VII, Instituto de Bachillerato «Francisco Giner de los Ríos», Segovia, 996, págs. 7-82.

— «Imán, centro irradiante: el eje invulnerable», prólogo a *El hombre y lo divino,* Justificación de F. Savater, Barcelona, Círculo de Lectores, 1999, págs. 13-119.

— (ed.), *María Zambrano, La razón en la sombra. Antología crítica,* Madrid, Siruela, 2003.

— «Síntesis biográfica», *María Zambrano, 1904-1991. De la razón cívica a la razón poética,* J. Moreno Sanz (ed.), con la colaboración de F. Muñoz, Madrid, Residencia de Estudiantes/ Fundación María Zambrano, 2004, págs. 37-80.

— *El logos oscuro: tragedia, mística y filosofía en María Zambrano (El eje de «El hombre y lo divino», los inéditos y los restos de un naufragio),* Madrid, Verbum, 2008, 4 vols.

Morey, M., «Sobre Antígona y algunas otras figuras femeninas», en *María Zambrano: la razón poética o la filosofía,* T. Rocha Barco (ed.), Madrid, Tecnos, 1997, págs. 150-158 (puede leerse ahora en Miguel Morey, *Monólogos de la bella durmiente,* Zaragoza, Eclipsados, 2010, págs. 61-74).

— «Delirios en La Habana. Materiales de lectura», *Aurora,* 2, marzo, 1999, págs. 103-113 (puede leerse ahora en Miguel Morey, *Monólogos de la bella durmiente,* Zaragoza, Eclipsados, 2010, págs. 87-110).

Muñoz, A., «Victoria Vera regresa con *La tumba de Antígona*», *ABC,* 11 agosto de 1992, pág. 103.

Nietzsche, F., *El nacimiento de la tragedia,* introd., trad. y notas de Andrés Pascual, Madrid, Alianza Editorial, 1984.

Nieva De La Paz, P., «Mito e historia: tres dramas de escritoras españolas en el exilio [M.ª Luisa Algarra, María de la O Lejárraga y María Zambrano]», *Hispanística XX,* 15, 1997, páginas 123-131.

— «*La tumba de Antígona* (1967): teatro y exilio en María Zambrano», en *El exilio teatral republicano de 1939,* M. Aznar (ed.), Barcelona, Gexel, 1999, págs. 287-301.
Nogués, J., «María Zambrano y Simone Weil: un modo diferente de pensar la tradición filosófica», en *Claves de la razón poética. María Zambrano: un pensamiento en el orden del tiempo,* C. Revilla (ed.), Madrid, Trotta, 1998, págs. 91-98.
Ortega Muñoz, J. F., «María Zambrano y la filosofía de la pasividad», en *María Zambrano, 1904-1991. De la razón cívica a la razón poética,* J. Moreno Sanz (ed.), con la colaboración de F. Muñoz, Madrid, Residencia de Estudiantes/Fundación María Zambrano, 2004, págs. 459-466.
Ossola, C., «Caminos de la mística: siglos XVII-XX», en *Mística y creación en el siglo XX,* V. Cirlot y A. Vega (eds.), Barcelona, Herder, 2006, págs. 13-62.
Peinado Elliot, C., «Cercada por las tentaciones. El descenso de Antígona a las sombras», *Actas del I Congreso Internacional del Centenario de María Zambrano: II Crisis cultural y compromiso civil en María Zambrano,* Fundación María Zambrano, Vélez Málaga, 2005, págs. 329-344.
Pertile, M., «"Nadar sabe mi alma el agua fría". Por la historia de dos amigas: María Zambrano y Cristina Campo», en *María Zambrano, 1904-1991. De la razón cívica a la razón poética,* J. Moreno Sanz (ed.) (y la colaboración de F. Muñoz), Madrid, Residencia de Estudiantes/Fundación María Zambrano, 2004, págs. 153-174.
Porete, M., *El espejo de las almas simples,* B. Garí (ed.), trad. de B. Garí, Madrid, Siruela, 2005.
Prezzo, R., «Imágenes del subsuelo: las figuras femeninas en la Antígona de María Zambrano», *Aurora,* 1, marzo de 1999, págs. 104-112.
Prieto, S., «Los caídos de nuevo al mar», *Archipiélago,* «María Zambrano: la razón sumergida», 59, 2003, págs. 81-88.
Ragué, M. J., *Lo que fue de Troya. Los mitos griegos en el teatro español actual,* Madrid, Asociación de Autores de Teatro, 1992.
Rensoli Laliga, L., «Antígona y Sócrates o el precio de la sabiduría», 1996, (en http://www.aafi.filosofia.net/ALFA/alfa7/ALFA7F.HTM).

REVILLA, C., «Verdades en estado naciente: la recepción de María Zambrano en el pensamiento filosófico femenino» en *María Zambrano, 1904-1991. De la razón cívica a la razón poética*, Moreno Sanz (ed.), con la colaboración de F. Muñoz, Madrid, Residencia de Estudiantes/Fundación María Zambrano, 2004, págs. 505-520.

RIUS, R., «La voz de otras miradas», *Aurora*, 3, febrero de 2001, págs. 82-84.

ROMERO ESTEO, M., «Una fiesta bárbara llamada "Antígona"», *El Público*, 17, febrero de 1985, págs. 41-42.

SANTA MARÍA FERNÁNDEZ, M.ª T., *El teatro en el exilio de José Bergamín*, tesis doctoral, Universitat Autònoma de Barcelona, 2001 (http://www.tdr.cesca.es/TESIS_UAB/AVAILABLE/TDX-0327107-160203/mtsmf1de1.pdf).

SANTIAGO BOLAÑOS, M.ª F., «Recursos del lenguaje en el pensar zambraniano: a propósito de *La tumba de Antígona*», en *Pensamiento y palabra*, J. L. Mora García y J. M. Moreno Yuste (eds.), Valladolid, Junta de Castilla y León, 2005, págs. 225-238.

SCHNEIDER, M., *El origen musical de los animales-símbolo en la mitología y la escultura antiguas*, Madrid, Consejo Superior de Investigaciones Científicas, Instituto Español de Musicología, 1946.

SÓFOCLES, *Tragedias. Antígona-Electra*, texto revisado y traducido por Ignacio Errandonea, Barcelona, Alma Mater, 1965.

— *Tragedias*, introducción y versión rítmica de Manuel Fernández-Galiano, Barcelona, Planeta, 1985.

STEINER, G., *Antígonas. Una poética y una filosofía de la lectura*, trad. de A. L. Bixio, Barcelona, Gedisa, 1987.

— *La muerte de la tragedia*, trad. de E. L. Revol, Barcelona, Azul, 2001.

TOMMASI, W., «Pensar por imágenes: Simone Weil y María Zambrano», *Aurora*, 4, febrero de 2002, págs. 74-80.

TRUEBA MIRA, V., «*La sierpe que sueña con el pájaro* (algunos apuntes sobre María Zambrano, dramaturga)», *Aurora*, 11, 2010, págs. 103-116.

— «*Una muerte de luz que me consuma:* María Zambrano en el espejo de Federico García Lorca», *Bulletin Hispanique*, 114, 1, 2012.

ULLÁN, J. M., *Esencia y hermosura. Antología. María Zambrano*, selección y relato prologal de José-Miguel Ullán, Galaxia Gutenberg/Círculo de Lectores, Barcelona, 2010.

VALENTE, J. A., *«Variaciones sobre el pájaro y la red» precedido de «La piedra y el centro»*, Barcelona, Tusquets, 1991.
— *Las palabras de la tribu*, Barcelona, Tusquets, 2002.
— *La experiencia abisal*, Madrid, Galaxia Gutenberg/Círculo de Lectores, 2004.
VATTIMO, G., «Dialéctica, diferencia y pensamiento débil», en *El pensamiento débil*, G. Vattimo y P. Aldo Rovatti (eds.), Madrid, Cátedra, 2006, págs. 18-42.
VILCHES, M. F., «Mitos y exilios en la construcción de la identidad colectiva: Antígona en el teatro español contemporáneo», *Hispanística XX*, 24, 2006, págs. 71-93.
WEIL, S., *Echar raíces,* presentación J. R. Capella, trad. de J. C. González Pont y J. R. Capella, Madrid, Trotta, 1996.
— *Intuiciones precristianas,* trad. de C. Ortega, Madrid, Trotta, 2004.
YOURCENAR, M. *Fuegos,* trad. de E. Calatayud, Madrid, Suma de Letras, 2000.

La tumba de Antígona

Índice[1]

Prólogo
Antígona
La noche
Sueño de la hermana
Edipo
Ana, la nodriza

---

[1] Este Índice presenta algunas variantes en el manuscrito M-249. «En orden de su aparición en escena», Zambrano enumera, del siguiente modo, a los personajes: «Antígona. Ismene (sombra de sueño). Edipo. Ana, la nodriza. La sombra de Yocasta. Una harpía. Etéocles y Polinices. Hemón. Creón. Dos desconocidos». En el manuscrito M-343, Zambrano escribe las siguientes notas: «Antígona-viva». «Madre-sombra, dentro del alma de Antígona proyectada por ella». «Ismene-soñada, después real». «Edipo-muerto transformándose *in via*». «Creonte-sombra, después vivo en presencia». «Hemón-muerto, presencia fatal». «Ana, la nodriza-muerta viva». «Polinices-muerto que sufre todavía. Etéocles-muerto que no siente». «Diosas: Artemisa-con la luna. Atenea: como diosas dotadas del poder de hacerse presentes donde quieran».

En el manuscrito M-343 se encuentran asimismo indicaciones de otro tipo de personajes o elementos determinantes de la obra, los «seres» y los «sonidos». En relación a los seres, Zambrano subraya literalmente los siguientes: «un rayo de luz que se filtra», «una estrella plateada caída», «una piedra azul», «un cantarillo de agua que se llena a medida que se bebe: "el agua niña no te faltará"», «un pan pequeño, blanco, redondo que no [se] come y que brilla en algún momento», «un pez, la huella de un pez que ella descubre en la roca», «una araña que teje su tela», «una lagartija viva que sale y entra», «el canto de un pájaro, que se posa sobre la tumba».

La sombra de la madre
La harpía
Los hermanos
Llega Hemón
Creón
Antígona
Los desconocidos

A continuación, Zambrano se detiene en los sonidos, y aclara: «Una flauta, rumor de hojas, de palmas movidas por el viento, rumor del mar, quizás de pasos, música débil e indefinida, ¿una canción?, que ella cantará antes de llegar Hemón y al borde de la muerte. Una canción que le cantará Ana, la nodriza». La importancia concedida por Zambrano a la música se observa asimismo en la siguiente declaración situada un poco más adelante: «Música antes de levantar el telón y entre cada cuadro. La música marcará las pausas de la acción».

El manuscrito M-440 ofrece más información sobre el elemento musical: «Hay que encantar. La obra dramática es un encanto». A continuación, añade Zambrano el siguiente párrafo: «La obra toda ha de ser una orquesta con sus diversos instrumentos —las voces de los personages [*sic*]— y cada personage [¿evoca?] diversas voces, especialmente Antígona. Hay que crear música con las palabras. De haber un instrumento será una flauta. La esencia de la tragedia es musical: apolínea, lumínica. La sustancia de la tragedia es un sacrificio a la luz. La materia y forma primera, la sustancia primera, la consumida, la sufriente es dionisíaca, vida, la vida-muerte. La consumación de la tragedia libra 1.º de la mancha, permite purificación».

A Laurette Séjourné[2]
y a mi hermana[3]

---

[2] Laurette Séjourné (1911-2003) fue una importante arqueóloga y etnóloga francesa, especialista en religiones prehispánicas, sobre todo en la figura de Quetzalcóalt. En marzo-abril de 1964, en *Cuadernos Americanos*, Zambrano publica el trabajo «El camino de Quetzalcóalt», haciéndose eco de las investigaciones de Séjourné sobre Teotihuacan y admirando el periódico renacimiento de la ciudad de los dioses.

[3] Ya se ha hablado en la Introducción de la importancia de Araceli en la obra y la vida de Zambrano, quien la llega a identificar en ocasiones con la misma Antígona; otras veces es la misma Zambrano la que se asimila a la figura trágica.

Portada de la primera edición de *La tumba de Antígona*, México, Siglo XXI, 1967.

Prólogo

Antígona, en verdad, no se suicidó en su tumba, según Sófocles, incurriendo en un inevitable error, nos cuenta[4]. Mas, ¿podía Antígona darse la muerte, ella que no había dispuesto nunca de su vida? No tuvo siquiera tiempo para reparar en sí misma[5]. Despertada de su sueño de niña por

---

[4] En una parte de M-249 titulada por Zambrano «Paráfrasis preliminar», se halla la siguiente variación del texto: «Antígona no se suicida en su sepulcro, según Sófocles, incurriendo en un formado error nos cuenta. Suicidarse no podía; hubiera sido la acción más transgresora de su destino y de su naturaleza, ya que en los héroes trágicos la naturaleza es la encarnación del destino; su naturaleza no les asiste nunca para escapar a él, tal como a los comunes mortales sucede; su naturaleza, su alma, su invisible ángel que parece abandonarles en la hora decisiva siempre. // No tienen escapatoria, y si alguna vez intentan huir en el dintel mismo, alguien, un acontecimiento, una sombra, una nada, basta para hacerles volver a la hoguera, al sepulcro, a la arena de donde querían escapar. // Suicidarse era extraño a la naturaleza de Antígona, porque es una acción violenta y ella ninguna cometió a lo largo de su vida. Era también contraria a su destino de víctima de sacrificio; un singular sacrificio de seguir viviendo indefinidamente entre la vida y la muerte».

[5] El tiempo es esencial en esta obra y en el conjunto de textos de Zambrano sobre Antígona. El tiempo es lo que permite al personaje cobrar conciencia del conflicto y de su participación en él, para, así, poder después morir de otro modo a como lo hacía en la obra clásica: se trata ahora de morir re-naciendo. El tiempo que Zambrano concede a la heroína supone, por lo tanto, un tránsito, el cual Zambrano asociará más

el error de su padre y el suicidio de la madre, por la anomalía de su origen, por el exilio, obligada a servir de guía al padre-ciego, rey-mendigo, inocente-culpable, hubo de entrar en la plenitud de la conciencia. El conflicto trágico la encontró virgen y la tomó enteramente para sí; creció dentro de él como una larva en su capullo. Sin ella el proceso trágico de la familia y de la ciudad no hubiera podido proseguir ni, menos aún, arrojar su sentido.

Pues que el conflicto trágico no alcanzaría a serlo, a ingresar en la categoría de la tragedia, si consistiera solamente en una destrucción; si de la destrucción no se desprendiera algo que la sobrepasa, que la rescata. Y de no suceder así, la Tragedia sería nada más que el relato de una catástrofe o de una serie de ellas, en el cual, a lo más, se ejemplifica el hundimiento de un aspecto de la condición humana o de toda ella. Un relato que no hubiese alcanzado existencia poética, a no ser que fuera un inacabable llanto, una lamentación sin fin y sin finalidad, si es que no iba a desembocar en la Elegía —lo que es ya otra categoría poética—.

Entre todos los protagonistas de la Tragedia griega[6], la muchacha Antígona es aquella en quien se muestra, con mayor pureza y más visiblemente, la trascendencia propia del género. Mas a cambio de ello le fue necesario el tiempo —el que se le dio y otro más—. Sobre ella vino a caer el tiempo también: el necesario para la transformación de Edipo desde ser el autor de un doble crimen «sacro» hasta ser un «fármacos» que libera y purifica.

Y mientras tanto, el proceso destructor ávidamente proseguía devorando. La guerra civil con la paradigmática muerte de los dos hermanos, a manos uno de otro, tras de

---

adelante en este Prólogo al acto de «adormirse», imagen después fundamental en *Claros del bosque* (1977).

[6] En M-249 Zambrano matiza entre corchetes: «y resulta todavía un tanto problemático el que haya otra».

haber recibido la maldición del padre[7]. Símbolo quizá un tanto ingenuo de toda guerra civil, mas valedero. Y el tirano que cree sellar la herida multiplicándola por el oprobio y la muerte. El tirano que se cree señor de la muerte y que sólo dándola se siente existir.

La muerte de Antígona deja ciertamente sin posibilidad de rescate al tirano arrepentido, o más bien forzado a volverse atrás. Y de la contienda entre los hermanos sólo ha podido salvar la honra debida al cadáver del vencido. Quedaban flotando el arrebatado final de Edipo, la asfixia de Yocasta, la inesperada muerte del pálido Hemón, y aun la vida no vivida de la propia Antígona, cuya posibilidad sólo se actualizó en el llanto, camino del sepulcro. Como si solamente ella cumpliera enteramente el llanto ritual, la lamentación sin la cual nadie debe de bajar a la tumba.

Se revela así la verdadera y más honda condición de Antígona de ser la doncella sacrificada a los *ínferos*[8], sobre los que se alza la ciudad[9]. Pues que los antiguos no ignoraban

---

[7] La guerra civil española y el posterior exilio constituyen el telón de fondo de esta obra. Entendemos entonces que el tema de la fraternidad, fundamental en el pensamiento de Zambrano, devenga aquí, como ella misma escribirá más adelante en este Prólogo, protagonista naciente y verdadero redentor.

[8] «Ínfero» es palabra italiana para referirse a los dioses o lugares de ultratumba en el paganismo. También para Tertuliano es el lugar donde los justos del Antiguo Testamento esperan la resurrección. Agustín Andreu explica que el sentido de Zambrano se relaciona con el neoplatonismo y la gnosis. Véase A. Blaise, *Dictionnaire latin-français des Auteurs chrétiens,* Brepols, 1954, al que remite el mismo Andreu (2002, 302).

[9] La reflexión sobre la ciudad es recurrente y fundamental en toda la obra de Zambrano desde 1928, año en que publica «Ciudad ausente» en el segoviano *El Manantial,* núms. 4-5 (pág. 16). Aquí debemos entenderlo como sinónimo de «Estado», al cual le es siempre inherente, a juicio de Zambrano, un determinado sentido sacrificial, como en tantos sitios afirmará. La ciudad aparece en su obra como espacio de la historia donde tienen lugar los pactos que dotan a la existencia humana de su dimensión ética y política. Véase el núm. 2 de la revista *Aurora* (2000), dedicado al tema de la ciudad en el pensamiento de Zambrano.

que toda ciudad está sostenida sobre el abismo, y rodeada de algo muy semejante al caos. Su recinto, pues, había de ser doblemente mantenido, sin contar con la otra dimensión, la de los cielos y sus dioses. Una ciudad se sostenía entre los tres mundos[10]. El superior, el terrestre y el de los abismos infernales. El mantenerla exigía sacrificio humano, cosa ésta de que los modernos no podrían ciertamente extrañarse. El sacrificio de una doncella debía de ser un antiguo rito. Y ello tampoco, en verdad, debería suscitar asombro. El sacrificio sigue siendo el fondo último de la historia, su secreto resorte. Ningún intento de eliminar el sacrificio, sustituyéndolo por la razón en cualquiera de sus formas, ha logrado hasta ahora establecerse. Inevitablemente la figura de Juana de Arco se presenta consumida por el fuego, forma típica de sacrificio sagrado en toda su violencia[11]. Y esa cadena de santas, doncellas enmuradas,

---

[10] En M-249, escribe Zambrano: «Una ciudad, como todo lo humano mas en grado eminente, estaba entre los tres mundos».
[11] La mención a Juana de Arco debe relacionarse con la cristianización de la figura trágica que lleva a cabo aquí Zambrano. La cristianización del mito griego en ciertas obras del Renacimiento, en especial la de Robert Garnier, abrió el camino hacia la asociación de Antígona con los mártires cristianos, entre ellas Juana de Arco o Margarita Moro (véase Santa María Fernández, 2001, 486). George Steiner relaciona a Juana de Arco con Antígona, en cuanto a sus acciones desafiantes, consentidas en el caso de la primera por su dimensión religiosa con que aparecieron revestidas: «lo sobrenatural, esta vez positivo, —escribe Steiner— es aparentemente el único medio lícito para la mujer que practica la política: es lo único que permite a Santa Juana de Arco emprender su heroica acción y desafiar a los jueces en términos que recuerdan a los de Antígona» (Steiner, 1987, 119).

Juana de Arco fue objeto de reflexión asimismo en Simone Weil, quien la relaciona con un sentimiento muy zambraniano: la compasión. En el polémico texto *Echar raíces* (1943), cuyo manuscrito ayudó a ordenar Albert Camus, Simone Weil cita en diversos momentos a Juana de Arco para referirse a la «grandeza de los oprimidos» y a la compasión por la patria (Weil, 1996, 36, 92, 137). Se trata, para Weil, de llorar la patria por su vulnerabilidad, por su posibilidad de destrucción, como se trata de llorar,

ofreciendo durante un tiempo que no acaba su pureza a la pureza de la fe, del amor que rescata y trasciende.

Pues que la acción del sacrificio ha de cumplirse en los tres mundos: en la tierra, sosteniendo o preparando una arquitectura al par humana y divina o, por lo menos, sagrada; en los abismos, aplacándolos y salvando de ellos algo que pueda salvarse y clame por ser incorporado a la luz, por ser dado a la luz y a la vida; en los cielos, en su forma más trascendente, el humo que puede ser también fragancia, aroma, del sacrificio que asciende más alto que la palabra, que la palabra sola, al menos. Y en ciertas palabras proferidas por el que oficia el sacrificio cuando la víctima es enteramente pasiva, paciente, y por la víctima, cuando ella se ofrece, llegan arriba como la corroboración del sacrificio, como su perfección total, pues que declaran al par el sufrimiento y su sentido. Son expresión y revelación humanamente sacras.

Ninguna víctima de sacrificio pues, y más aún si está movida por el amor, puede dejar de pasar por los infiernos. Ello sucede así, diríamos, ya en esta tierra, donde sin abandonarla, el dado al amor ha de pasar por todo: por los infiernos de la soledad, del delirio[12], por el fuego, para acabar

---

de sentir compasión, por todo aquello frágil y perecedero. Véase en relación a estas reflexiones de Weil, Alessandro Dal Lago (2006, 128-168).

El mismo Louis Massignon, que tanta influencia ejerció sobre Zambrano como se ha dicho aquí, se ha referido numerosas veces a Juana de Arco, quien tiene, a su juicio, un carácter «criptezésico», de celadora, guardiana del pensamiento popular, de ahí, sostiene Massignon, «la resonancia espiritual creciente del mundo» a su llamada. En un texto recogido en *Palabra dada*, escribe Massignon las siguientes palabras, poniendo en relación a Juana de Arco precisamente con Antígona: «Santa No Abjuradora de las Leyes no escritas: despierta a las almas nobles que —como la joven Antígona— no se sienten hechas para compartir la vida en el odio, libera a Francia y a Inglaterra de los tratantes del esclavismo económico, hazles reencontrar tu corazón» (Massignon, 2005, 131).

[12] Véase la Introducción para la fundamental significación del «delirio» en el pensamiento zambraniano.

dando esa luz que sólo en el corazón se enciende, que sólo por el corazón se enciende. Parece que la condición sea ésta de haber de descender a los abismos para ascender[13], atravesando todas las regiones donde el amor es el elemento, por así decir, de la trascendencia humana; primeramente fecundo, seguidamente, si persiste, creador. Creador de vida, de luz, de conciencia.

Pues que el amor y su ritual viaje a los *ínferos* es quien alumbra el nacimiento de la conciencia. Antígona lo muestra. Sócrates lo cumplió a su modo[14]. Ellos dos son las víctimas de sacrificio que «el milagro griego» nos muestra, nos tiende. Y los dos perecen por la ciudad, en virtud de las leyes de la ciudad que trasciende. Por la Nueva Ley, diríamos. Por esa Nueva Ley que guía y conduce, consume, «flagela y salva, conduce a los *ínferos* y rescata de ellos» a ciertos elegidos, a ciertos pueblos enteros en algunas ocasiones, inolvidables en esta nuestra tradición occidental. Pues se diría que la raíz misma del Occidente sea la esperanza de la Nueva Ley, que no es solamente el íntimo motor de todo sacrificio sino que se constituye en Pasión que preside la historia.

Antígona es una figura, un tanto profética —del profetismo griego—, de esta pasión. Su sacrificio, por ser obra

---

[13] Palabras próximas a las del Evangelio de Juan (3,13) de las que se hacía eco Margarita Porete en el siglo XIII: «nadie ascenderá sino sólo aquel que ha descendido» (Porete, 2005, 184). Véase el trabajo de Blanca Garí acerca de la mística del descenso en las fundadoras en el siglo XIII del «nuevo misticismo» (entre ellas Mechthild von Magdeburg o Margarita Porete) y Zambrano (Garí, 2006, 162). La paradoja, recurso místico por excelencia, es recurrente en Zambrano, como también en un poeta próximo a su sensibilidad, José Ángel Valente, quien en el poemario *Mandorla* (1982) escribió: «Caer fue sólo la ascensión a lo hondo».

[14] Sobre la relación Antígona-Sócrates, véase el trabajo de la escritora y ensayista cubana, Lourdes Rensoli Laliga de 1996, que interpreta a Antígona como personaje socrático en versión femenina, cuya sabiduría la inclina a la verdad y, por tanto, a una muerte inevitable.

de amor, abarca los tres mundos en toda su extensión. El de los muertos, a los que su piedad la lleva[15]; una piedad-amor-razón que le dice que ha de estar entre ellos más que entre los vivos, como si su vida sobre la tierra se le apareciese como una efímera primavera; como si ella fuera una Perséfone sin esposo que ha obtenido únicamente una estación: una primavera que no puede ser reiterada[16]. El mundo propiamente terrestre donde ha nacido en el laberinto de unas entrañas como sierpes; en el laberinto de la guerra civil y de la tiranía subsiguiente, es decir: en el doble laberinto de la familia y de la historia. Y al realizar ella su sacrificio con la lucidez que le descubre la Nueva Ley, que es también la más remota y sagrada, la Ley sin más, llega hasta allí donde una humana sociedad exista. Su pureza se hace claridad y aun sustancia misma de humana conciencia

---

[15] La piedad es un sentimiento que recorre toda la obra de Zambrano, como se ha comentado en la Introducción, y con el que identifica a su hermana Araceli en muchos sitios. Entre los muchos textos que dedicó a la piedad, destaca la «Carta abierta a Alfonso Reyes», del 23 de septiembre de 1954 en *El Nacional* de México, donde define con claridad el sentido que ella le confiere: «Saber tratar, sí, con lo diverso, con los distintos planos de la realidad que al ser armonía ha de ser múltiple. Saber tratar con lo cualitativamente diferente: tender puentes entre los abismos existenciales, que hoy se diría. Saber tratar con la mujer, el loco, el enfermo; saber tratar con el mundo que es siempre "lo otro" —el no-yo—. Saber tratar con lo sagrado, poniéndose una máscara cuando hace falta callar a tiempo; saber de conjuros y de exorcismos; poder descender a los infiernos una y otra vez, y hasta saber morir en vida todas las veces que haga falta. Saber tratar con los muertos y con sus sombras. Y sobre todo, sobre todo, saber tratar con lo "otro" en sentido eminente: "El Otro"» (Zambrano, 1995b, 489).

[16] El mito de Perséfone y su asociación con la primavera es una constante en la obra zambraniana. Perséfone pertenece a la copiosa estirpe de vencidos a la que Zambrano se sintió siempre pertenecer, obligados a descender a lo más hondo y terrible de la existencia. Lo importante es después su regreso, su re-nacimiento, algo que Zambrano relacionará con su idea del hombre como un ser nacido a medias, precario en su condición, que requiere de un segundo nacimiento para ser completamente.

en estado naciente. Es una figura de la aurora de la conciencia[17].

Por todo ello no podía darse la muerte, ni tampoco morir como el común de los mortales. Ninguna víctima de sacrificio muere tan simplemente. Ha de vivir vida y muerte unidas en su trascender. Que este trascender no se da sino en esta unión, en estas nupcias.

Y el suplicio al que Antígona fue condenada parece dado adrede para que tenga tiempo, un tiempo indefinido para vivir su muerte, para apurarla apurando al par su vida, su vida no vivida y con ella, al par de ella, el proceso trágico de su familia y de su ciudad. Y esa última dimensión de su condena, la que caracteriza a la tragedia griega, resplandeciente hasta el extremo en Antígona: el abandono, el abandono total de sus dioses. Pues que en la tragedia *Antígona* de Sófocles, los dioses no intervienen. Ningún oráculo divino le ha señalado a esta muchacha su destino. Apolo nada le dijo y quizá por ello ni él ni su hermana Atenea se preocuparon de su suerte. Bien es verdad que Edipo tuvo el anuncio de su destino y ninguna potencia divina bajó en su auxilio a la hora de la desdicha. Tal vez por eso fuese «el más desdichado de los hombres». Mas la tuvo a ella, a Antígona, y se le dio el tiempo del exilio en su compañía, siendo arrebatado por las potencias terrestres, como lo fue Heracles, como un héroe o un semidiós prometido a superior vida. Mientras que Antígona estuvo sola. Se le dio una tumba. Había de dársele también tiempo. Y más que muerte, tránsito. Tiempo para deshacer el nudo de las entrañas familiares, para apurar el proceso trágico en sus diversas dimensiones. Y un morir, un género de morir conveniente para que dejara algo, la aurora que portaba, y para que saliera purificada de lo que fue al mismo tiempo infierno

---

[17] Es la definición más precisa de Antígona, «aurora de la conciencia». Todo el pensamiento de Zambrano quiere ser, de hecho, auroral, en tanto nacido a la luz desde las entrañas más oscuras de la existencia.

y purgatorio, hacia su destino ultraterrestre, tal como siglos después dijera alguien de sí mismo: «Puro e disposto a salire alle stelle»[18].

Resplandece en Antígona uno de los más felices hallazgos de la conciencia religiosa griega: la pasión de la hija. No se dice con ello que sea el único lugar donde tal pasión aparezca. Mas en nuestra tradición occidental es la Tragedia griega donde se nos ofrece. Ya que el Islam, que podría mostrarnos la figura de Fátima, la hija adolorida del Profeta, sólo bajo el velo del incógnito en tantos casos ha estado presente en la tradición occidental —Fátima «la resplandeciente», a quien sus desventuras de madre llegaron por ser hija, la hija que llegó a «ser madre de su padre», según la expresión del propio padre—.

Es en la Tragedia griega donde, naturalmente, la pasión de la hija puede ofrecer el modo propio de este género, donde lo divino se entremezcla a lo humano. En lo solamente humano se da el drama, la comedia, cierto tipo de novela y cierto tipo de historias. Mas en verdad, cuando

---

[18] Son los conocidos versos de Dante, con los que se da fin a la estancia en el *Purgatorio* (XXXIII, 145). La asociación Antígona-Beatriz está también en un autor muy próximo a Zambrano, José Bergamín, quien termina «El pozo de la angustia» (1941) evocando las mismas palabras. Se trata de un trabajo sobre la angustia desde el punto de vista del existencialismo, de ahí las referencias, partiendo de los místicos, a Kierkegaard, Unamuno o a Heidegger. La última parte la dedica Bergamín a la Antígona de Kierkegaard, y es aquí donde escribe: «Antígona reflexionada, cristianizada en su reflejo, nos ofrece en el pensamiento cristiano con que Kierkegaard la desenmascara de sí misma, su íntima, melancólica autenticidad desnuda. El romántico pensador cristiano, despertándola de entre los muertos, la saca del infierno. Para reintegrarla, enteramente, a su trágico ser. Para abrirle su purgatorio. Esta dulce figura se parece, entonces, más que a sí misma, a la celeste imagen de la Beatrice dantesca. Como a ella —beatificada, santificada— nos la muestra el desnudo pensar cristiano de Kierkegaard, frente a los cielos: "pura, dispuesta para comparecer ante los astros" (Pura e disposta a salire alle stelle!)» (Bergamín, 1976, 179-180).

todo ello alcanza la dignidad suprema de su propia categoría, quedan siempre flotando, por oculto que esté Dios, los dioses. Por cerrado que sea el silencio de lo divino, en un remoto horizonte se abre una cierta llamada, un solo punto al que todo el conflicto se remite. Y sucede también que, cuando el silencio es la única respuesta para el humano clamar y la humana alabanza, llega a adquirir consistencia, casi entidad. Y es entonces más, mucho más que un personaje con su voz.

La pasión de Antígona se da en la ausencia y en el silencio de sus dioses. Se diría que bajo la sombra del Dios desconocido a quien los atenienses no descuidaron de erigir un ara. Como se sabe, San Pablo al pie de ella anunció la resurrección ante el silencio de los atenienses. La vertiginosa promesa creó un silencio en vez de una ciega precipitación, de las muchas en que se engendra la historia apócrifa —no por ello menos cierta— que recubre la verdadera.

Y así la historia apócrifa asfixia casi constantemente a la verdadera, esa que la razón filosófica se afana en revelar y establecer, y la razón poética en rescatar. Entre las dos, como entre dos maderos que se cruzan, sufren su suplicio las víctimas propiciatorias de la humana historia. Ya que en el símbolo de la cruz podemos encontrar el eje vertical, que señala la tensión de lo terrestre hacia el cielo, como la línea más directa de influjo del cielo sobre la tierra, eje igualmente de la figura de la humana atención en su extremada vigilia, y de la decisión en su firmeza. Y en el eje horizontal, la dirección paralela al suelo terrestre en que el mismo suelo se alza y aprisiona los brazos abiertos, signo de la total entrega del mediador; de esa entrega completa de su ser y de su presencia, en virtud de la cual el ave puede ser capturada, supliciada (René Guénon, *Le symbolisme de la Croix*)[19].

---

[19] *Le symbolisme de la Croix*, en Editions Véga de 1954, se conserva en la biblioteca de Zambrano. La imagen de la cruz es esencial en el pensa-

Y la historia misma apócrifa se encarga de que tal figura, sin dejar de ser una cruz, se desfigure y sea un aspa. Pues que en la cruz aspada los dos ejes aparecen con el mismo valor y se ha abolido, además, la dirección vertical, que es la que a los servidores de la historia apócrifa más les desasosiega. Y a la víctima fijada en ella se le hace girar, ir recorriendo todas las posibles posiciones según el viento que corre, según las intenciones y conveniencias de quienes disponen de ella. Y el movimiento tanto puede ser de izquierda a derecha como de derecha a izquierda. Y si se queda quieta, el aspa tiene la figura de una equis, de una incógnita[20].

---

miento de Zambrano, lo mismo que en el de Simone Weil. Se ha referido a ello Joan Nogués, quien advierte que, si bien Zambrano «se queda a las puertas del abismo en una contemplación catártica del dolor», contrariamente Weil «se zambulle de lleno en él». Y recuerda Nogués la asimilación de Weil a una figura crística en tanto la cruz (el más bello de los árboles para ella) es el único destino de su pensamiento (Nogués, 1998: 98).

Zambrano dialogó, aunque críticamente en ocasiones, con una de las corrientes simbólicas y metafísicas más potentes en el siglo XX: la representada por el Círculo Eranos, nacido en 1933 en Suiza con Carl Gustav Jung. A esta Tradición (la *philosofia perennis*) pertenecen algunos de los maestros de Zambrano como Louis Massignon, y otros autores de los que toma determinadas ideas o imágenes, como Henry Corbin o el mismo René Guénon. Una buena introducción a las relaciones de Zambrano con la Tradición se encuentra en Jesús Moreno Sanz (2004, 209-251). Véase también el trabajo de María Pertile acerca de la relación de Zambrano con la escritora italiana Cristina Campo, precisamente con motivo del vínculo de ambas con la Tradición, en especial con Massignon y Corbin (2004 y 2005).

[20] Podría recordarse aquí la importancia que la «cruz» y la «equis» tienen en un pintor con quien Zambrano, igual que José Ángel Valente, colaboró: Antoni Tàpies. Los cuadros de Tàpies son cuadros escritos, atravesados por una escritura cuyos signos apuntan a un simbolismo compartido con Zambrano. La «T» y la «X» son parte fundamental de esos signos. Tàpies persigue desde mitad de los cincuenta la contigüidad entre materia y figura, y de ello da buena fe, entre otros, el motivo de la cruz, precisamente por su eje vertical y su eje horizontal que apuntan a la superación de la dualidad.

Pues que todo parece indicar que los lugares precedan a las funciones que desde ellos se cumplen. Y así la función de mediador se encuentra hoy sin lugar adecuado alguno para ejercerse, y el llamado a ese oficio, sin medio alguno de visibilidad. Y así, la acción primera, originaria y primordial de los primeros mediadores y, huelga decirlo, del Mediador sobre todos, ha debido de consistir en abrir espacio, el espacio propio, cualificado donde su función divina, en un caso humana, mas siempre bajo el peso de lo divino, en algún modo se verifica. La ambigüedad en la actitud y el gesto, el equívoco, la tergiversación en la palabra es la primera barrera que circunda el espacio donde la acción y la figura del mediador aparecen.

La Tragedia griega es un espacio privilegiado para que la figura de una cierta especie de mediador aparezca. Un mediador que cumple o ha de cumplir una hazaña fuera de lo común; un robo a los dioses en favor del hombre, una serie —zodiacal— de fatigas por las que monstruos ambiguos y amenazadores quedan vencidos; crímenes obligados, realizados bajo un mandato irresistible depositado en la conciencia del actor o bajo ella. El protagonista, en su acción llevada a cabo en una verdadera pasión, es ya un actor y con él todos los que le rodean, salvo el adivino y el coro, que saben y profieren un juicio ya moral y a veces moralista, que el protagonista, poseído por su pasión, no puede tomar en cuenta. Pues que la moral está en otro plano que a él no le toca. La moral, la razón viene después y sólo después que él ha apurado su padecer activamente. Diríamos que la moral es la herencia que el padecer del protagonista deja, gracias precisamente a esa *hybris* que le reprochan. Pues que sin ella, sin el delirio correspondiente, las acciones extraordinarias, entre los dioses y los hombres, entre el destino y la naciente libertad, no se cumplirían. Dioses y hombres necesitan de esas máscaras bajo las cuales lo humano y lo divino se entremezclan para después dividirse según una medida justa, o a lo menos válida, para la posibilidad de lo

Algunos de los participantes de los coloquios sobre «Los sueños y las relaciones humanas», entre otros, Roger Caillois o Henry Corbin. Abadía de Royaumont, Francia, junio de 1962.
María Zambrano, sentada, la tercera por la derecha. Uno de los motivos principales de Zambrano para asistir a estos coloquios —además de su interés en esta época por el tema del sueño— es la posibilidad de conocer a uno de sus maestros, Louis Massignon.
No puede ser, Massignon está ya muy enfermo y muere a principios de noviembre de ese mismo año.

humano. Los dioses se agotan en la lucha antes de dejar la herencia a su heredero, y procuran devorar al protagonista, al portador de esa profecía llamada *hombre,* tal como entre sí hicieron. Urano mantenía encerrados dentro del seno de la madre Gea a sus propios hijos. Cronos, mediador primero entre los dioses, los libera. Libera y oculta, tal como el tiempo ya humano seguirá siempre haciendo, y devora y restituye tal como la historia rehacía a los humanos designios y prosigue haciendo ante nuestros ojos. Zeus, padre de todos, parece traer la estabilidad simbolizada por la piedra provocadora, depositada al pie del monte que sirve de morada a los dioses. Piedra que simboliza un término y un comienzo, un límite por tanto, la primera piedra del cerco que circunscribe lo humano, ara de un posible y necesario pacto. Pues que sólo un pacto que señala un límite entre el ilimitado empuje de los dioses y la no menos ilimitada pasión de ser del hombre puede aportar la estabilidad —la siempre amenazada y exigua estabilidad de las humanas construcciones—.

Mas la avaricia y el temor de Zeus —este padre que parece traer la estabilidad— harán pagar a Prometeo su «crimen» en favor de los mortales, a los que solamente algo proveniente de los dioses y de su mundo —fuego, artes— puede mantener en su mortal vida aquí sobre la madre Tierra. Pues parece que la pasión de estos dioses fuese que sus propios hijos, dioses también, quedaran sepultados en el seno de la madre, o bien ocultos en el pecho del padre, y la no menos enconada de que el hombre no acabase de nacer. A esta luz, el error de Edipo se aparece como un paso más en la procesión que Hesíodo nos da a ver en su *Teogonía.* Y la pasión de Antígona, la pasión de una hija, era ineluctable, porque lo era igualmente el que los varones herederos fueran dos y muriesen, entremuriéndose tanto como entrematándose. La doble culpa de Edipo, como padre y como rey, había de repartirse entre su prole, aunque no como repetición del hecho culposo, sino simplemente como ceguera, la ceguera propia del que está naciendo, que le impide ver el límite, sacro en este caso. Sobre ellos, varones, cayó en verdad la herencia del rey, de aquel ímpetu primero que cegó a Edipo en ansia de querer coronarse sin mirar, sin detenerse a mirar siquiera el modo que el destino tan fácilmente le ofrecía —sin sospechar siquiera que bajo la naturalidad con que el destino ofrece un don se agazapa, paradójicamente, la máxima trasgresión a la ley natural—.

Mas al caer sobre la hija, una sola, Antígona, la herencia de Edipo-hombre más que la de Edipo-rey[21], cayó sobre ella algo esencial que no puede dividirse y por ello no tenía por qué caer sino de refilón sobre la otra hija, Ismene, que

---

[21] Obsérvese el interés de Zambrano en destacar la dimensión metafísica y existencial del conflicto de Antígona, frente a la mayormente política de sus hermanos. Lo que cae sobre los hombros de Antígona es la ignorancia de su propio padre, que no se conoce a sí mismo, una precariedad existencial que, en el universo zambraniano, se resume en que el padre no ha nacido todavía del todo. En «El personaje autor: Antígona» de *El sueño creador*, Zambrano vuelve a referirse a ello con estas palabras: «Para Edipo la cuestión era la de ser, ser hombre, pues que de ser rey obligación no tenía, a no ser que este afán de coronarse, esta superhombría, se considere como fatalidad inherente de la humana historia» (Zambrano, 1986c). Ver también «Delirio 2.º» dentro de «Cuadernos de Antígona» (M-264), un parlamento íntegramente dirigido a Edipo.

Es Antígona, pues, la que debe asumir la «blandura» de Edipo. En la escena dedicada a «La noche», es la misma Antígona la que dice haber sentido los «pasos blandos» de la desdicha, esa blandura que es la de Edipo, quien se definirá en su diálogo con Antígona como «nube blanda», aludiendo también a sus «pies blandos que nunca me sostuvieron». En el último monólogo, la sensación de blandura vuelve a aparecer en relación a la figura del exiliado: «el que se encuentra un día sin nada bajo el cielo y sin tierra; el que ha sentido el peso del cielo sin tierra que lo sostenga», afirmará Antígona. Pues bien, a Edipo le ayudará a nacer de verdad, paradójicamente, su hija Antígona, aurora de la conciencia. Lejos, como se ve, se encuentra esta lectura del personaje de la interpretación freudiana. Véase asimismo «Cuadernos de Antígona» (M-264).

sólo en tanto que hermana tuvo parte en la tragedia. No podía desdoblarse esta esencia en dos contrarios que luchan entre sí. Esta esencia era sustancia, materia prima de sacrificio que el sacrificio solo puede consumir. Mas para que el sacrificio se consume eficazmente hace falta la presencia operante de algo puro, Antígona en este caso, que por su sacrificio logra no sólo rescatar la culpa familiar sino que por su pureza —su humana pureza— se haga trascendente.

Y mientras, del lado del poder la lucha de los hermanos hace ver la persistencia de un algo que frente a la pureza y a la ley de Antígona se torna en pasado, en pasado a sepultar: la antigua pretensión de poder ciega de los dioses y de los reyes-tiranos que llega siempre desde afuera, o desde adentro, y si es así, desde muy adentro, para ensanchar la ciudad y adensar el poder sobre ella.

Hoy, desde tan lejos, podemos suponer que el hermano que llegó desde afuera —exógamo— sobre Tebas viniera a rescatarla traído por ese sueño en que se concreta la esperanza de liberar la ciudad del excesivamente denso poder ensombrecido por la endogamia llevada más allá de toda ley. El hermano de Antígona, que la condujo irresistible, fatalmente a la muerte, no pudo llegar, según las paradojas de la tragedia, más que en ansia de llevarla, a ella y a su ciudad, hacia la vida. Y así, aunque ninguna alusión encontremos en el texto de Sófocles ni, que sepamos, en ninguna leyenda, llega a la mente la idea de un cierto parentesco, de una cierta analogía entre Polinices, el hermano de Antígona que llega sobre Tebas, y Oreste, el hermano de Electra, el hermano absoluto, por así decir, el que llega vengador-liberador para rescatar al par el poder ensombrecido y la hermana víctima de los errores encadenados de todo un linaje. Las diferencias de situación y aun de la acción que se desencadena por la llegada del hermano absoluto son tan evidentes que no se hace necesario el señalarlas. Lo que sí salta a la vista por el contraste entre las dos trágicas situaciones es que se trata de la fraternidad, de una fraternidad que se debate bajo la fatalidad sombría, que es la fraternidad la verdadera protagonista entre las tinieblas legadas por el reino del padre y de la madre, de la madre que no supo ver en el caso de Yocasta lo que Edipo no veía, sustraerse al mal que los excesos de Agamenón le aportaron, hiriéndola en su condición de madre y de mujer, en el caso de la oscura, entrañable Clitemnestra.

Es la fraternidad, sin duda alguna, lo que aflora, lo que se presenta como naciente protagonista, como necesario protagonista redentor, lo que va a desatar el nudo del mal; es la relación entre una hermana sufriente, fiel, esclava y un hermano que regresa portador de la libertad, heredero sin duda, al menos en su pretensión, de la autoridad del padre según una nueva ley nacida de la luz que se insinúa. Mas de la luz que exige lo incomprensible, en el caso de Oreste de un modo inapelable y manifiesto. Y se nos aparece así esta relación fraternal como crucificada entre la sombra heredada, la maldición que se arrastra en las tinieblas, y la luz que se anuncia, la luz prometida.

Emerge intermitentemente esta relación de la pura fraternidad, como el voto secreto del hombre que se debate en el laberinto de los lazos de la sangre atraída por el poder o, más bien, por el anhelo de poder que ciega y enajena. Sólo después de una cadena de culpas, de errores, de delirios llega el instante del reconocimiento, de la identificación: el protagonista se reconoce como sujeto de su culpa, se libra con ello de ser el objeto, el simple objeto sobre el que ha caído el favor o la condenación del destino que planea sobre los hombres y sobre los dioses.

Y así, en este instante que viene a ser como un punto, la balanza señala la equidad: dioses y hombres aparecen igualados. Igualados también el privilegio y la culpa, y el ser y no-ser de la condición humana se revela inversamente al ser y no-ser de los dioses. En el hombre, el ser sujeto de culpa produce un exceso, un cierto exceso que bien podría llamarse *trascendencia*, que le sitúa como protagonista absoluto, por encima de los mismos dioses; se hace en torno suyo un vacío hasta entonces desconocido; la ciudad no lo acoge; no encuentra lugar alguno ni entre los vivos ni entre los muertos; se le revela su soledad. Una soledad que únicamente el Dios desconocido, mudo, recoge. Paradójicamente, el fruto de la fraternidad es esta soledad, lo que aparece con evidencia en el caso de Antígona —la misma hermana, la hermana absoluta «autoadelfa», como dice el texto de Sófocles[22]—. Es en ella, en Antígona, en la que se cumple hasta el fin el proceso de la *anagnórisis*, en que una humana criatura sin culpa propia, singular, se convierte en sujeto puro, diríamos, de profética soledad. Abandonada por los dioses, aun por aquella Atenea muchacha como ella, como ella hija del padre: atención desvelada en que la conciencia se revela, claridad que comienza a desprenderse del combate entre la luz y las sombras: aurora. Mas Atenea no compareció, según hace para asistir a Orestes, manchado por la culpa que Apolo provocó y que su luz no podía desvanecer. Bien es verdad que Oreste había bajado ya al último de los abismos cuando Atenea interviene, más que para salvarle, para establecer la sagrada asamblea, el Areópago, balanza de los mismos dioses obligados a pesar y a medir, a pesarse y a medirse ellos mismos, saliendo así ellos mismos del dominio del destino para hacerse responsables en obediencia a la ley. Y si Oreste hubiera quedado entregado a las furias de venganza inacabable, todo habría quedado ahí, en la venganza que no cesa y que por lo mismo, como toda ven-

---

[22] En los «Apuntes sueltos» (fechados a 14 de enero de 1964 en La Pièce) del dossier M-343, Zambrano escribe este breve diálogo entre Ismene y Antígona, en el que ésta le dice a su hermana: «¿No ves? Nosotras, las dos, como esas plantas, las adelfas, una roja, otra blanca». También en «Delirio de Antígona» de 1948, Antígona sostiene, dirigiéndose a ese interlocutor que no acaba de definirse: «nunca te atreviste a cortar el ramo de la adelfa porque en su dulzura había un veneno espeso y en su cáliz, un secreto que nunca te atreviste —rubia abeja macho— a desflorar».

ganza que no cesa, no alcanza a ser historia. Pues que la historia, ella, ha de pasar también por su *anagnórisis,* ha de identificarse en la ley para no despeñarse en una simple historia de perdición, o en la historia de una perdición.

Mientras que Antígona sin mancha manifiesta la misma ley, la ley siempre nueva, siempre reveladora, la ley sepultada que ha de ser resucitada por obra de alguien humanamente sin culpa. Es la ley dejada atrás, caída en olvido, sepultada a veces: el perenne principio más allá, por encima no sólo de los dioses —de aquellos dioses— y de los hombres, sino del mismo destino que parecía planear sobre ellos, mudo, incognoscible. La ley en que el destino se configura y, por ello mismo, se rescata. Pues que la hazaña ha de ser ésa: rescatar la fatalidad.

La fraternidad ha quedado sacrificada, casi desvanecida. En su lugar lo que aparece es la soledad humana. Mas, ¿podía quedar ahí la cuestión para Antígona?, ¿podía ella venir a ser simplemente la victoriosa Antígona? Una nueva tragedia se le abría al entrar en su tumba todavía viva; viva sin hermano y sin nupcias.

Se presenta entonces la tragedia propia de ella, de Antígona, en este su segundo nacimiento que coincide no con su muerte, sino con ser enterrada viva —perfecta contraposición de aquel su destierro cuando se abría a la vida—. Un segundo nacimiento que le ofrece, como a todos los que a esto sucede, la revelación de su ser en todas sus dimensiones; segundo nacimiento que es vida y visión en el *speculum justitiae.* Y Antígona, la doncella, se conoce y aun antes se siente como lo que es: un ser íntegro, una muchacha enteramente virginal. Lo que se le presenta como lo que era, como una promesa de perfectas bodas, ya no las tendrá; es lo que ella ve, pues que es la finalidad no alcanzada lo que al inocente condenado se le revela, lo que a la víctima verdadera de sacrificio se le aparece. Víctima digna de sacrificio es, al modo humano, quien no ha andado en busca de ello, quien no ha dispuesto de su propio ser y de su propia vida yendo en busca de sacrificio, tan frecuente en los tiempos modernos que, en esto al menos, sí parece que estén ya pasando. Este tiempo aún palpitante, poblado de víctimas en busca de sacrificio, por no saber qué hacer del ser y de la vida, por vértigo del tiempo, por espanto de ese «tienes frente a ti toda la vida» —que al adolescente angustiado se le repite desconociendo que es eso justamente lo que le espanta, tener frente a sí toda la vida, toda como una esfera compacta, inaccesible como un absoluto del vivir instante a instante. Por anhelo también de realizar el ser inasible, de ver el rostro verdadero que cada hombre siente escondido y por ver, a lo menos en algunos casos, el rostro resplandeciente, la verdadera y santa faz, la única. Mas Antígona, aurora de la humana conciencia, no la tuvo tan siquiera de su sacrificio. Por ello no tuvo que usar la ironía como no pudo por menos de hacer Sócrates. La conciencia en ella refleja un rayo de luz a la que enteramente se remite sin sufrir por un instante la tentación de querer verse a sí misma. Camina a tientas en la luz como si no fuese, como suelen, los mortales, acompañada de su sombra movediza —y precedida de su imagen.

Como si nunca se hubiese mirado en espejo alguno entró en su tumba. Tenía todo su ser con ella. Lloró por sus bodas, esas sus bodas en las que no parecía haber reparado nunca anteriormente; por el tiempo que se le quitaba, inevitablemente por ella misma, porque en ese instante se sentía y veía por primera vez. Nacía así entrando en la cueva oscura, teniendo que ir consumiéndose sola, entrándose en sus propias entrañas. A la que objetiva, impasible declaraba la verdadera ley sobre la pasión, se le impuso muerte por entrañamiento. Diáfana, sin sombra y sin imagen, se la hacía entrañarse, morir como si se suicidara desde adentro y, mientras se consuma verse, estar frente a su imagen por primera vez. ¿Iría a aceptarlo? Sófocles no podía admitirlo, no podía dejarla morir de este modo. Halló para ello el recurso del suicidio desde afuera, de ese suicidio que consiste en matarse por librarse del otro, del tenerse que ir muriendo, entrándose en las propias entrañas hasta encontrar el punto donde la boca de la muerte se abre y deslizarse en su angostura hasta ser por ella bebida, tal como la víbora, su tótem tebano, hace al embeberse en la tierra.

No era posible que Antígona, que había trascendido la ley de su propia ciudad y la misma familia y sus dioses, tuviera que seguir en su modo de morir el paradigma del tótem ancestral del terruño natal; el sólo haber andado en el destierro le dispensaba de morir así, según la mandaban. Mas tampoco podía darse la muerte, según Sófocles dice. En verdad, no podía morir de ninguna manera Antígona. A no ser que se acepte un modo de muerte que es tránsito; ir dejándose aquí la vida y llevándose el ser, mas no tan simplemente. Pues que en criatura de tan lograda unidad, ser y vida no pueden separarse ni por la muerte. La vida lo es de un ser afectado, sin duda, por la muerte. Un modo de muerte que lo revela y con ello le da una nueva vida. Pues que la muerte oculta a ciertos «seres» cuando les llega, y revela a otros revelando la vida inextinguible: en la historia y mas allá, en un horizonte sin término. Un trascender revelador al que es preferible llamar tránsito, cuya imagen más fiel es el adormirse[23].

La ocultación se produce de otra manera en esta clase de seres —personajes y excepcionalmente humanas criatu-

---

[23] Esta reflexión anuncia la de *Claros del bosque*, donde Zambrano escribe lo que sigue: «Hay que dormirse arriba en la luz. Hay que estar despierto abajo en la oscuridad intraterrestre, intracorporal de los diversos cuerpos que el hombre terrestre habita: el de la tierra, el del universo, el suyo propio. Allá en "los profundos", en los *ínferos* el corazón vela, se desvela, se reenciende en sí mismo. Arriba, en la luz, el corazón se abandona, se entrega. Se recoge. Se aduerme al fin ya sin pena. En la luz que acoge, donde no se padece violencia alguna, pues que se ha llegado allí, a esa luz, sin forzar ninguna puerta y aun sin abrirla, sin haber atravesado dinteles de luz y de sombra, sin esfuerzo y sin protección» (Zambrano, 2002c, 39).

ras—: una tumba cuando se les da y un tiempo de olvido, de ausencia como en el sueño. Con este olvido se les da tiempo. El tiempo que se les debe, que coincide con el tiempo que los humanos necesitan para recibir esa revelación, claros que se abren en el bosque de la historia.

Ya que el bosque, dicho sea de paso, se configura más que por los senderos que se le pierden, por los claros que en su espesura se abren, aljibes de claridad y de silencio. Templos. Cuando el hombre quiera saber de estos claros en lugar de seguir el imperativo de recorrer sus senderos, la historia, el pensamiento comenzará a desenmarañarse. Los claros que se abren en el bosque, gotas de desierto, son como silencios de la revelación.

La ocultación es tiempo nocturno del que todos los seres vivientes de acá necesitan para seguir viviendo. La discontinuidad dentro del dominio, del simple vivir prefigura la discontinuidad de la historia. Tiempo de germinación en la oscuridad debido, más que a nadie, a quienes actualizan de algún modo la promesa de la resurrección, como individuos, y a la ley de la reaparición que modula la historia. Sin discontinuidad la historia quizá no existiría, o sería muy diferente: acumulación o duración sobrepuesta a la vida.

La tumba en que Antígona fue encerrada viva la guardó durante un tiempo —el que se le debía— viva, consumiéndose en la última etapa de su vida —una vida en que gracias a un ser sacrificado se recapitula la historia de un linaje, de una ciudad en forma de que el trascender, a modo del humo, del sacrificio se eleve y al elevarse haga visible y asequible su sentido universalmente, para todo linaje y aun más todavía, para toda ciudad. Un sacrificio vivificante, como todos los de verdad. En este caso gracias a la palabra poética, virginal también ella.

Y así aparece la muchacha Antígona imposibilitada también de darse muerte ante todo, y aun de morir al modo común, como suele suceder a los personajes en quienes la verdad encarna hasta hacerse poesía. Bien es cierto que la verdad es siempre profecía y que por ello resulta tan indecible, por inefable o por dicha antes, del tiempo en que no cuesta ya el decirla. Y por inagotable.

Corre la verdad la suerte de sus mantenedores; con ellos desaparece en un instante de entre las cosas visibles y entra con ellos en la tumba, lugar entre todos apropiado para la germinación.

Aquí, en la historia, lo que en estas tumbas de la verdad germina y trasciende no es visible sino en ciertos momentos, en otros no se ve y nunca acaba de verse. Nunca puede ser apresada en un concepto, ni en una idea, como toda verdad en estado naciente. Y la humana criatura que la mantiene, al par que ostenta una indestructible unidad, ofrece variaciones en su forma que, ciertamente, no la alteran. Como la aurora, como la fragancia de la flor recién abierta, como ellas se trasfunde sin perderse. Y su única manera de ceder es desaparecer nuevamente, creando con ello una angustia y una mudez que se van anudando conforme dura el tiempo de la ocultación.

Es una estirpe la que Antígona funda o a lo menos nos da a ver. En el lenguaje de hoy, un arquetipo[24]. Hace reco-

---

[24] La palabra «arquetipo» remite a Jung y a los contenidos del inconsciente colectivo, como principio organizador de la conciencia. Muchos de los símbolos que Zambrano emplea en su obra, incluida *La tumba de Antígona*, pertenecen a este imaginario. Ya desde 1939 hay un acercamiento serio tanto a Freud como a Jung y la psicología de la forma, de donde nacerá «El freudismo, testimonio del hombre actual» y los cursos sobre Unamuno en Puerto Rico en 1940 (Moreno Sanz, 2008, I: 83). Desde ahí, Zambrano va perfilando, en contraposición a la idea de «sistema», su teoría de la visión y la figura, que adquirirá una formulación en *La "Guía" forma del pensamiento* de 1943 *(ibídem*, 100). La influencia de Jung será notoria a partir de los años cuarenta y es visible en «Eloísa o la existencia de la mujer». Zambrano se siente más cercana a Jung que a Freud, por lo que el pensamiento de aquél supone de proyección en el futuro y no sólo de mirada al pasado: «lo que la une a Jung es una similar —escribe Moreno Sanz—, aunque no igual, concepción de las funciones

nocibles a personajes poéticos y a humanas criaturas conduciéndolas, como ella se conduce, más allá y por encima de sí misma. Es la estirpe de los enmurados no solamente vivos, sino vivientes. En lugares señalados o en medio de la ciudad entre los hombres indiferentes, dentro de una muerte parcial, que les deja un tiempo, que los envuelve en una especie de gruta que se puede esconder en un prado o en un jardín, donde se les ofrece un fruto puro y un agua viva que les sostiene ocultamente: sueño, cárcel a veces, silencios impenetrables, enfermedad, enajenación. Muertes aparentes. Lugares reales y, al par, modos con que la conciencia elude y alude, se conduce ante estas criaturas. Y ellas se ocultan y reaparecen según números desconocidos. Vuelven en una aparición que progresa al modo de la aurora. Trescientos años durmieron en su caverna los siete Santos Durmientes[25] hasta resucitar visiblemente, cayendo luego en definitiva muerte. En Éfeso se despiertan cíclicamente en las conciencias devotas, según el muy

---

anímicas y psíquicas y su capacidad de proyectar símbolos en que el futuro se hace presente. Por el contrario, para Freud, todo está en el pasado, y los símbolos son siempre proyecciones desde él. Es esta fijación de Freud en el pasado lo que justamente Zambrano quiere hacer pasar hasta el ancho presente con su razón poética que es, toda ella, una *simbolé* hacia lo inédito y transformado, trans-cendido» *(ibídem,* 163). La espiritualidad jungiana, su saber del alma, no está muy lejos por otra parte de la religión de luz de Zambrano, que encuentra su arraigo en el cristianismo *(ibídem,* 191).

[25] Es recurrente la mención de Zambrano al tiempo concedido a los Siete Sabios Durmientes. El tema es antiguo, e informa del hombre que cae dormido y años después despierta encontrándose un mundo totalmente diferente. En el siglo VI se encuentran ya formas cristianas de la leyenda, la cual aparece evocada asimismo en la Azora coránica XVIII (9-25). Esta leyenda puede tomarse como metáfora del pensamiento entero de Zambrano, quien se ha permitido resucitar a la Antígona clásica para hacerla morir, pero de otro modo, plenamente, consciente de su historia. Zambrano le ha ofrecido, pues, otra vida o, mejor, otra muerte, le ha concedido tiempo para, como escribe en «Delirio de Antígona» de 1948, «revelarse y aun rebelarse».

eminente Louis Massignon[26], al despertarlos ahora, nos cuenta[27].

Simplicidad, pureza, nitidez sellan a estas figuras haciéndolas recognoscibles. Lo que en ellas se afirma y resplandece es su condición de criatura —figuras, palabras del primer Poema; memoria despierta del *Fiat Lux,* al que se les ha dado responder con el *Fiat mihi* de la criatura primera, sin que ellas siempre lo sepan—. Criaturas virginales de larga vida, pues que cuando se les acorta, se les da un tiempo propio, inalienable. Dice Dilthey a propósito de Hölderlin: «Existe la vieja creencia de que los dioses se manifiestan y revelan el porvenir de las cosas en las almas vírgenes. En este estado de pureza de alma y de impoluta belleza de su ser, piadosamente guardado vivía Hölderlin»[28]. Profetas pues, estas almas, mas no sólo y no tanto de las cosas

---

[26] Louis Massignon, como le escribe la propia Zambrano a Lezama Lima el 23 de octubre de 1973 desde La Pièce, «es el único maestro que desde hace larguísimos años he encontrado» (Zambrano, 1996a, 227). Jesús Moreno Sanz ha llamado la atención sobre la temprana fecha, los años veinte, en que Zambrano se siente impactada por el pensamiento de Massignon. En 1932, Zambrano lee de Massignon en *Revista de Occidente* «Los métodos de realización artística de los pueblos del Islam», cuya parte final reproducirá como epígrafe en la primera edición de 1939 de *Filosofía y poesía,* y que, incomprensiblemente como señala Moreno Sanz, se eliminó en las ediciones sucesivas (2003, 40). Véase para una precisa exposición en español del pensamiento de Massignon la introducción de Moreno Sanz a la edición de *Palabra dada* (2005).

[27] Véase el apartado en esta edición, «La datación del texto», para la importancia que tiene este «ahora» para la fecha de escritura de este «Prólogo».

[28] Wilhelm Dilthey y Ernst Cassirer fueron los primeros en estudiar a Friedrich Hölderlin en su faceta de pensador desde el ejercicio poético. Más tarde lo haría Martin Heidegger. No es ajena tampoco a Zambrano la reflexión sobre el poeta alemán. La referencia zambraniana aquí de Dilthey es *Vida y poesía* y su capítulo dedicado a Hölderlin, que se inicia precisamente con estas palabras pertenecientes a la traducción de 1945 y 1953 de Fondo de Cultura Económica (México-Buenos Aires, pág. 340), debida a Wenceslao Roces, con prólogo y notas de Eugenio Imaz. Por lo demás, es la edición conservada en la biblioteca de Zambrano.

del porvenir, sino del ser del hombre que en ellas resplandece como una profecía.

Lo más humano del hombre, al menos como se nos sigue apareciendo hoy, es la conciencia. Y es la conciencia la que alumbra Antígona, la aurora que reitera en cada una de sus reapariciones. Sin duda esta Tragedia de Sófocles es, entre todas las que de este autor y de todos los demás conocemos, la más cercana a la filosofía, aunque no haya sido por motivos estrictamente filosóficos por los que haya atraído a Kierkegaard; él era, a su modo, de la especie «Antígona» por su destino de hijo, por su búsqueda, ya que el filósofo ha de buscar siempre del estado inicial en que se es, sin más, criatura; por su apetencia de fraternidad —su conflicto había de resolverse en el mundo de los hermanos, en el del Hijo—; por su soledad insalvable. Tampoco ha atraído a poetas como Hölderlin por la acabada poesía en que su ser diáfanamente se logra. La vocación de Antígona —o la vocación «Antígona»— precede a la diversificación entre filosofía y poesía[29], está antes del cruce en que el filósofo y el poeta con tanto desgarramiento en algunos se separan. Cuánto esfuerzo para no volver la vista atrás. Inútil esfuerzo en ciertas etapas de la historia, ya que en ellas este pasado se revela como el principio, como el origen asimilable a la patria primera del hombre ya en la Tierra.

Mas lo que el sacrificio de Antígona ofrece es la conciencia, sí. Una conciencia en estado naciente que se desprende del sacrificio de un alma, de un ser más bien, en su integridad. Una conciencia que más tarde en la filosofía aparecerá como nacida de un sujeto restringido, de un «yo» que por ella cobra existencia. El sujeto llegará a ser el «sujeto puro», mas sin que se haya purificado como convendría o, al menos, sin que se nos haya enseñado cómo se ha ido

---

[29] Contra esa «diversificación» se alza todo el pensamiento de Zambrano y su apuesta más decisiva: la de una «razón poética».

purificando. Y nada tiene de extraño el que desde esta pureza, el «yo» en la conciencia a él confiada, se haya ido haciendo cada vez menos puro y más «yo», se haya ido hundiendo hasta coincidir con el «yo empírico» hoy llamado «ego» y aun más abajo. Así va el hombre hoy, aunque justo es decirlo, no sin avidez a veces exasperada de *anagnórisis,* de reconocerse en un nítido espejo, que no le arroje su condena.

Mientras que la conciencia en «estas almas vírgenes» no depende de ningún «yo». El sujeto es todo el ser que se ha ofrecido más allá de la vida y de la muerte, que ha dado su respuesta única, en un *Fiat* que en un solo instante ha tomado para sí todo el tiempo. La conciencia nacida así es claridad profética que la aurora inexorablemente nos tiende, un humano *Speculum Justitiae* en que la historia se mira. Sería mortal riesgo mirarse en el *Speculum Justitiae,* si no viniera del sacrificio. Si no fuese al par que profético, vivificante[30].

A Antígona, pues, le fue dado y exigido al par un tiempo entre la vida y la muerte en su tumba. Un tiempo de múltiples funciones, pues que en él tenía ella que apurar, aunque en mínima medida, su vida no vivida y, más que en la imaginación —a ella tan extraña—, ofreciendo a todos los personajes envueltos por el lazo trágico, a todos los encerrados en el círculo mágico de la fatalidad-destino el tiempo de la luz, el tiempo de que la luz necesaria penetrase en sus entrañas. Ya que el círculo mágico era el cerco de un laberinto, del laberinto de las entrañas familiares vueltas sobre

---

[30] Los siguientes párrafos hasta el final del Prólogo se eliminaron de la edición de *Revista de Occidente*. Las dos últimas frases de este párrafo aparecen en la redacción de *Revista de Occidente* con variaciones que deben ser aquí subrayadas. Las reproducimos a continuación: «La conciencia nacida así, claridad profética de la aurora, inexorablemente nos tiende un humano "speculum justitiae" en que la historia se mira. Y sería mortal riesgo mirarse en el *Speculum Justitiae,* si no naciera del sacrificio, amor vivificante».

sí, y de la revuelta constitución de la ciudad. Más bien, de los cimientos de la ciudad, sus *ínferos*.

Antígona en su tumba es una presencia. En la vida común la persona, en el mejor de los casos, llega a hacer esa su máscara un tanto transparente y al par animada, pues que no hay que olvidar que de luz de vida estamos tratando. Mas en la vida de una persona humana, por dada que sea a la luz, hay siempre una oscuridad y en ella algo que se esconde; la persona resiste a la luz en los mejores casos tanto como la busca. Sólo por el sacrificio se deshace esta resistencia —sacrificio no visible en muchos casos y en otros cumplido en instante violenta y visiblemente, mas incubado desde un principio—.

Y así, la persona nunca está del todo presente ni para su propia conciencia, y a veces para ella menos aún que para la de ajenos ojos. La presencia íntegra la logra sólo el desposeído de ese núcleo de oscuridad reacio a hacerse visible. El desposeído que es también el desenajenado. Y poco importa que a quien esto ha llegado le sigan doliendo sus heridas y sienta que se le abre y ensancha esa herida formada por la juntura imposible de su ser y de su no-ser; de lo que ha sido y de lo que podría haber sido, de su posibilidad y de la realidad impuesta. La visión de la vida no vivida atormenta a la víctima en trance de desposesión o de desenajenación. Pues que solamente la libertad, cuando se acerca, hace visible la esclavitud; únicamente cuando la identidad del ser que nació humanamente se aproxima, la enajenación en que vivió se apura, se consuma dándose a ver.

Antígona entró en su tumba, según Sófocles, lamentando sus nupcias no habidas. Entra delirando. Y sólo entonces vislumbra, aunque el poeta no lo manifieste, que no le fue consentido tener esposo para que en ella, por su total sacrificio, se deshiciera el nudo familiar y quedase para siempre de manifiesto la diferencia entre la ley de los hombres, la de los dioses y la ley verdadera que se cierne sobre ellas: la ley por encima de los dioses y de los hombres, más antigua que ellos, y de la que ellos solamente son profecía diáfana, como en Antígona, o en deformada imagen como en toda forma de poder que a ella no se pliegue. Supo entonces que no se le habían consentido las humanas nupcias porque había sido, desde que nació, devorada por el abismo de la familia, por los *ínferos* de la ciudad. Y entonces se desatan al par su llanto y su delirio. Llora la muchacha, como lloró Juana camino de la hoguera, como han llorado sin ser oídas las enterradas vidas en sepulcro de piedra o en soledad bajo el tiempo. Y el delirio brota de estas vidas, de estos seres vivientes en la última etapa de su logro, en el último tiempo en que su voz puede ser oída. Y su presencia se hace una, una presencia inviolable; una conciencia intangible, una voz que surge una y otra vez. Mientras la historia que devoró a la muchacha Antígona prosiga, esa historia que pide sacrificio, Antígona seguirá delirando. Mientras la historia familiar, la de las entrañas, exija sacrificio, mientras la ciudad y su ley no se rindan, ellas, a la luz vivificante. Y no será extraño, así, que alguien escuche este delirio y lo transcriba lo más fielmente posible[31].

---

[31] Es la propia Zambrano la que nos transcribirá a continuación el delirio de Antígona, de Araceli y de ella misma. Ese delirio definirá, en verdad, el lenguaje de toda la obra.

Antígona

Vedme aquí[32], dioses, aquí estoy, hermano. ¿No me esperabas? ¿He de caer aún más bajo? Sí, he de seguir descendiendo para encontrarte. Aquí es todavía sobre la tierra[33]. Y ese rayo de luz[34] que se desliza como una sierpe, esa luz

---

[32] En M-343 Zambrano introduce alusiones al espacio que Antígona habitará a lo largo de la obra, puntualizando en este sentido: «Cámara sepulcral. Una habitación alargada paralelamente al espectador. Un poco regular. Las esquinas nunca serán visibles enteramente [así q. será como una elipse a la vista]. Del lado Oeste izquierda de la escena, estará la puerta cerrada, de piedra también; los muros de piedra rugosa, sin desbastar, un hueco excavado en la roca, con dos paredes nada más, pero rústicas, de piedra y un techo de grandes piedras por cuyas junturas entrará aire, insectos, gotas de lluvia, estará menos expresamente separado del cielo que del contorno. El suelo será pedregoso, no de piedra enteramente, habrá huecos con tierra y alguna débil yerba [*sic*] crecerá en ellos».

[33] Se inicia aquí la primera de las acotaciones dramáticas: «Una pausa» (acotación de M-249).

[34] Obsérvese en toda esta parte la contraposición entre la avasalladora luz del Sol y la reconfortante luz de la Aurora. En el manuscrito M-343 Zambrano le concede una importancia explícita a la luz, un elemento que participa decisivamente del sentido último del texto. Las siguientes son las aclaraciones de Zambrano al respecto: «Por la rendija de la puerta entrará un rayo de luz solar del lado Oeste, pues, a la tarde, y medirá el ocaso del día. Comienza la escena primera a la hora del ocaso. Del lado Este, una ranura alargada paralela al suelo dejará entrar no el sol, pero sí la luz del alba y de la mañana —lado derecho del escenario—. La pared del fondo frente al espectador será el Sur, pues. En algunos trozos por ser

que me busca, será mi tortura mayor. No poder ni aun aquí librarme de ti, oh luz, luz del Sol, del Sol de la Tierra.

¿No hay un Sol de los muertos? Has de perseguirme hasta aquí, Sol de la Tierra, he de saber por ti si es noche, si es día; si el Sol va a romper, avasallando la Aurora, si se está hundiendo por fin el Mar, he de seguir sabiéndolo... siempre. Eso yo no lo había pensado[35].

Y mientras te vea, luz del Sol, me seguiré viendo y sabré que yo, Antígona, estoy aquí todavía, al estar aquí, y al estar todavía sola, sí, sola en el silencio, en la tiniebla, perseguida aún por ese Sol de los vivos que todavía no me deja. Sola y perseguida por ti, luz de los vivos, la de mis propios ojos que sólo a ti y a mí misma estarán viendo.

Y ¿qué me dices tú, luz del Sol? Sí, ahora lo sé, todos los amaneceres iba a tu encuentro, luz pura de la mañana, te ponías rosa, roja a veces, eras la Aurora. Yo esperaba de ti la palabra, y sólo me dabas el Sol, día tras día, el Sol. Nunca llegué a oírte; de aquel silencio tan blanco de tu ser nunca vi nacer la palabra. Te encendías, no para darla, te encen-

---

menos espesa —roca y pared— se calentará por el sol de mediodía y Antígona en algunos momentos se pegará a esa parte de la pared caldeada para sentir el calor de la vida; en otros momentos huirá y se sentirá por este calor atormentada. La zona cercana al proscenio será por tanto la del Norte, la más fría». A continuación, sigue puntualizando Zambrano: «La atmósfera de la tumba tendrá una tonalidad grisácea verdosa, de acuario, a veces; terrosa, atrás, en los momentos que se señalen. Blanquecina en otros momentos. Al final, la claridad se irá intensificando como derramada desde arriba y desde el lado Este hasta hacerse luz blanca, pero sin brillo ni resplandor. Terminará en blanco, en luz blanca, tendiendo a ser compacta. La luz se irá espesando mientras muere. Quizás haya una parte del escenario, al Oeste, un espacio donde aparecerán algunos personage [*sic*], Creonte, algunos ciudadanos. Dentro de la tumba aparecerá una araña en su tela, una largartija, un pájaro estará intermitentemente sobre la tumba, invisible para ella. Una cabra [¿topará con?] la puerta queriendo entrar».

[35] En M-249, el texto dice ahora: «Esta sumisión, sí, yo no creía que me aguardase».

días sólo por el Sol..., sólo por el Sol te encendías, sólo el Sol me dabas.

Y ahora ¿vienes a decirme algo, luz del Sol? Si al fin te oyese, si me dieras esa palabra, una sola, que viniera derecha al fondo de mi corazón, allí donde, ahora lo sé, ninguna palabra, ni la de mi juez, ni la de mi hermana, ni la del amor, nunca ha llegado; donde no entró palabra alguna, ni llanto ni gemido, donde ni siquiera llegaron los ayes del hermano penando por sepultura, ni voz alguna de criatura viviente: ni el mugido del toro, ni el canto de la alondra, ni el poderoso arrullo del mar llegó nunca, ni nada de la vida. Tu palabra, luz, sin que yo la entienda, dámela, luz que no me dejas. La palabra nacida en ti, y no ese Sol[36].

Pero ahora que abro los ojos, Aurora, que cerré para invocarte, ya no estás; ni tampoco tú, la sierpe del Sol poniente. Luz cambiante ¿me oyes, me has oído y huiste? ¿Eres tú así? ¿Así eres tú?

Ahora sí, en la tiniebla completa y ya sin sombra, al menos. Pero arriba, sobre la tierra y no dentro de ella estoy; yo creía que iba a entrar en el pueblo de los muertos, mi patria. Pero no, estoy fuera, afuera. No en el corazón de la noche sintiendo el latir del corazón de la eterna madre tierra. Allí bebería del agua, de la raíz oscura del agua. Pero no, seca la garganta, el corazón hueco como un cántaro de sed, estoy aquí en la tiniebla.

Porque ahora conozco mi condena: «Antígona, enterrada viva, no morirás, seguirás así, ni en la vida ni en la muerte, ni en la vida ni en la muerte...»[37].

---

[36] «Una pausa» y la variante «Un silencio» (acotación de M-249).

[37] «(Lo repetirá cada vez más bajo, hasta acabar en una voz ahogada)» (acotación de M-249). «Cada vez más bajo, hasta acabar en su voz ahogada de paloma» (acotación de M-440).

La noche

Cuánto rumor en el silencio, noche, cuánta vida en mi muerte, cuánta sangre en mis venas aún, cuánto calor en estas piedras[38].

Y mi corazón, como siempre, corre al encuentro de la sombra, como en la vida. Entonces, durante el día, anhelaba la noche, respiraba hacia ella. Sólo la mañana era para mí el presente, un ancho, hermoso presente, como el centro de un río; sólo en ella el latir del tiempo se acordaba con el de mis sienes, estas sienes que me avisaban con su latido del galopar del infortunio que llegaba.

La desgracia golpeó con su martillo mis sienes hasta pulirlas como el interior de una caracola, hasta que fueron como dos oídos que sentían los pasos blandos de la desdicha, su presencia; esos pasos blandos con que la desdicha mucho antes de desatarse entra en nuestra cámara y viola el recinto del sueño sin mirarnos siquiera. Se presenta y está ahí fija, se queda exhalando terror, un terror que llega a ser como una túnica, ésta[39], ésta que me pusieron ya de niña,

---

[38] «(Recorre la celda tocando las piedras con las manos, y en algún momento acerca la cara)» (acotación de M-249).

[39] Es la única alusión al aspecto externo de Antígona en la versión editada. No obstante, en los manuscritos conservados se encuentran otras referencias a la indumentaria de Antígona, asociada con frecuencia a la propia luz de la tumba. «Antígona vestida de blanco envuelta en un

y que ha ido creciendo conmigo hasta ser como mi propia piel.

Ni el agua lustral, ni la corriente del río, fueron bastante potentes para arrancarme esta piel de terror. Nunca estuve desnuda; mi piel fue deshojada por este parásito. Un día me vi de repente y me dio sobresalto. ¿Era yo esa larva sin cuerpo, sin más espesor que el necesario para ser visible? Impalpable como las figuras de los sueños, como un recuerdo. Y era ese mi cuerpo, sustraído desde siempre al despertar[40].

No, tumba mía, no voy a golpearte. No voy a estrellar contra ti mi cabeza. No me arrojaré sobre ti como si fueras tú la culpable. Una cuna eres; un nido. Mi casa. Y sé que te abrirás. Y mientras tanto, quizá me dejes oír tu música, porque en las piedras blancas hay siempre una canción.

Quise oírla siempre, la voz de la piedra, la voz y el eco, esos dos hermanos que son la voz y el eco; hermana y hermano, sí. Mas las humanas voces no me dejan oírlas. Porque no escuchan, los hombres. A ellos, lo que menos les gusta hacer es eso: escuchar. Pero yo, mientras muero, quiero oírte a ti, mi tumba, quiero oíros a vosotras, piedras de esta tumba mía, blanca como la boca del alba[41].

---

chal azulina. La celda en penumbra en la que entra por una hendidura del lado que se considere el Oeste un rayo de luz solar amarillo azafranado y caído en el suelo como una serpentina» (acotación de M-249). El color del vestido de Antígona podrá cambiar al igual que la luz, tal como Zambrano indica en M-343: «Al comienzo túnica blanquecina, chal azul-flor azulina». «Luego, túnica blanquecina y chal violeta-flor violeta». «En la escena de amor, túnica rosada, chal amplio blanco, sandalias blancas». «En la muerte: túnica y chal dorados, flor de luz», y a continuación indica Zambrano: «el peinado muy natural, pelo castaño».

[40] «(Pausa)» y «(Se acerca a la pared, la toca, pasa la mano con horror y suavemente, mas en poco tiempo, el horror va siendo ganado por la ternura)» (acotación de M-249).

[41] «(Pausa, calla fatigada a punto de desvanecerse, mas se mantiene en pie y sigue)» (acotación de M-249).

Y tampoco a ti, puerta de mi destino, te golpearé, ni te pediré que te abras. Estás ahí, obedece: obedece como yo. Como yo, sé infranqueable.

Ni a ti, muerte, te diré de venir. La muerte que entró en mí al escuchar mi condena no está aquí ahora. Y a la muerte de verdad nada le digo. Mucho hablé de la muerte yo, mucho de los muertos, ¿dónde están ahora? Estoy aquí sola con toda la vida. Pero no te llamaré, muerte, no te llamaré. Seguiré sola con toda la vida, como si hubiera de nacer, como si estuviese naciendo en esta tumba.

O acaso, ¿no nací dentro de ella, y todo me ha sucedido dentro de la tumba que me tenía prisionera? Dentro siempre de la familia: padre, madre, hermana, hermano y hermano, siempre, siempre así[42].

¿Dónde está mi amor? Ahora es de noche. Mi amor, mi amor ¿adónde? ¿Adónde, mi amor, adónde?

Nací para ti, amor; me devora la piedad de piedra.

La piedad sin dioses. ¿Dónde los dioses, dónde? ¿Adónde se fue el amor, y los dioses, adónde? Y ahora es de noche, la noche. Ahora es la noche.

Iré a nacer aquí, ahora. Me han devuelto a la prisión de donde no había salido nunca, prisionera yo de nacimiento.

¿Cómo iba yo a nacer, a nacer como todo el mundo, hija de mis padres? ¿Podían ellos engendrar hijos más que en una tumba?

¿Cómo iba yo a ser novia; eso: una novia, la novia?[43].

En la muerte y sin tierra. Nunca se me dieron juntas, como es sabido. Pude enterrar a mi madre, eso sí, y me dio mucha confianza. A mi padre, vivo aún, lo devoró la tierra; se abrió aquella cueva. ¿Gime todavía vivo como yo, o era acaso un pobre dios burlado por la condición humana?

---

[42] «(Pausa)» (acotación de M-249).
[43] «(Pausa)» (acotación de M-249).

¿A quién volver los ojos, a vosotros, dioses, que me dejasteis sola con la piedad?

Y ahora no siento ya piedad alguna, no siento nada, como si no hubiese ni tan siquiera comenzado a revolverme en el vientre de mi madre.

Sombra de mi vida, sombra mía. Una muchacha yo, nada más que eso. Y ¿lo fui? ¿He sido alguna vez solamente eso, una muchacha? ¿Por qué veo esa sombra?, ¿es la mía? ¿Hay luz de nuevo aquí? No, no es de ahora, no puedo ser esa muchacha de quien es la sombra; ligera, alta, fragante. No lo fui nunca. Y ahora hay otra sombra. ¿Eres tú, hermano mío, que más dichoso que yo, recibido por la tierra al fin, vienes a buscarme? ¿Me traes el agua, los aromas, me darás tu mano para llevarme del otro lado?

Eres tú, mi hermano. ¿Mas cuál, cuál de los dos, cuál hermano?

Sueño de la hermana

No estabas allí ni aquí, Ismene, mi hermana. Estabas conmigo. Y era esta tumba; pero no, ya no era una tumba. Estábamos, sí, apartadas; podíamos salir, faltaba todo un muro, y una grande claridad se derramaba dentro, y una luz blanca afuera, que no era en verdad afuera, sino un lugar abierto que seguía.

Aquí, de este lado *(señalando a un lugar)*[44], un corredor estrecho, y allá, al fondo, una escalerita.

Algunos hombres, no sé quiénes, pasaban por ahí sin entrar sabiéndonos aquí, juntas y aparte, vestidas de blanco las dos. Algo nos había sucedido. Estábamos como entregadas, como habiéndolo reconocido todo, un todo que nos pedían reconociésemos; pero algo más pusimos por nuestra cuenta, algo que nadie sabía: nuestro secreto.

Porque, hermana, nosotras tenemos nuestro secreto, lo tuvimos siempre. De niñas, cuando jugábamos, y cuando nos peleábamos —«no quiero jugar ya más contigo»— ese secreto estaba entendido.

Nuestro secreto. Todos sabían que lo teníamos. Pero nosotras nunca aludíamos a él. Y ahora, yo no sabría tampoco decírtelo. No es de decir. Eso es. Era de jugar, de jugar nuestro juego interminable. Después era de hacer, de hacer

---

[44] Es la única acotación en propiedad de todo el texto editado.

eso que yo sola hice: acompañar a nuestro padre; después ir a lavar a nuestro hermano maldecido. Y tú no viniste; y después, sí, ya me acuerdo: tú quisiste morir conmigo.

Pero yo no te dejé. Y él, el hombre ese del poder, el que mandaba —¿todavía está ahí mandando?—. El que manda para condenar pareció obedecer a mi voluntad— pues que en algo me tenía que obedecer él a mí—. Y no te condenó a muerte, quiero decir: te condenó a vivir sin mí —él condena siempre— y con la angustia de haber perdido el secreto, como un anillo que se rompe y ya no le sirve a nadie.

Pero no, Ismene, no, hermana. Tú no tenías que venir conmigo a lavar a nuestro hermano sin honra, porque mira, ya está claro, la lavandera soy yo.

Esto debía de estar dentro del secreto sin que lo supiéramos.

Porque un secreto de verdad es un secreto para todo el mundo, y más todavía para aquellos a quienes liga. No, nosotras no sabíamos y sabíamos, sentíamos nuestro secreto, el de nosotras solas, solitas[45]. Un secreto nuestro de hermanas solas. Hermanas siempre, Ismene, ya lo ves. Yo fui, tú no fuiste. Pero eso estaba en el juego, ¿te acuerdas? En el juego yo era la que pisaba más veces raya y siempre perdía, por eso, por eso sólo. En todo lo demás era avisada, pero pisaba siempre raya, y siempre estaba yendo y viniendo. Ana, nuestra Ana, me lo decía: «Niña, niña, que no vayas y vengas tanto, que eso no está bien». Yo pasé la raya y la traspasé, la volví a pasar y a repasar, yendo y viniendo a la tierra prohibida. Le hubieras visto, hermana[46]. Estaba

---

[45] Obsérvese el verbo con el que se define la relación entre las hermanas, «sentir», y su contraposición al verbo «saber». En este mismo parlamento, pero más adelante, Antígona indica que «sentir» es ya «saber»: «haciéndome sentir, saber», sostendrá. La identificación es básica para entender la metafísica experiencial en que se fundamenta buena parte del pensamiento zambraniano.

[46] Empieza aquí un momento climático del texto, debido al despliegue del potente simbolismo del agua y la sangre.

sobre una roca, roja de su sangre, la sangre hecha ya piedra, y yo derramé mucha agua, toda la que pude sobre ella, para lavarla, a ella, a la sangre, y que corriera. Porque la sangre no debe quedarse dura como piedra. No, que corra como lo que es la sangre, una fuente, un riachuelo que se traga la tierra. La sangre no es para quedarse hecha piedra, atrayendo a los pájaros de mal agüero, auras tiñosas que vienen a ensuciarse los picos. La sangre así, trae sangre, llama sangre porque tiene sed, la sangre muerta tiene sed, y luego vienen las condenas, más muertos, todavía más en una procesión sin fin. Eché agua, toda la que pude, para calmar su sed, para darle vida y que corriera viva hasta que se empapara la tierra, hasta embeberse en la tierra. Porque de la tierra luego brota. Que la sangre quiere brotar. Brota en un manantial, en una fuente donde los pájaros, también los de mal agüero, beben y se lavan el pico, y con él se alisan las plumas y entonces se vuelven buenos. Lo rojo de la sangre, la tierra se lo queda para dárselo a las flores, esas que nacen porque sí, las azulinas, las violetas, las amapolas que nacen donde menos se las espera. La Tierra lo arregla todo, lo distribuye todo. Bueno, quiero decir estas cosas, si la dejan. Pero no la dejan, no. No la dejan nunca ellos, los que mandan. ¿La dejarán alguna vez que haga su trabajo en paz? Le sustraen los muertos, o se los echan con una maldición atada al cuello. Y luego, ¿me ves aquí?, le echan criaturas vivas, vivas como yo lo estoy, más viva que nunca, viviente de verdad.

Pero, oye hermana, tú que estás todavía arriba sobre la tierra, óyeme: ¿me dirás cuándo la pelusa de la primavera nace sobre esta tumba?[47]. Dime, cuando nazca algo, dime

---

[47] Es ésta la primera referencia a la primavera y a su asociación con la hermana. Recordemos que en esta estación del año nacieron en la realidad las dos hermanas, María y Araceli, lo hizo también la II República española; es el momento también en que Perséfone regresa de las profundidades de los *ínferos*. Es, pues, un período de especial carga simbólica en el pensamiento zambraniano.

si me lo vendrás a decir. Estoy aquí, en las entrañas de piedra, ahora lo sé, condenada a que nada nazca de mí. Virgen era, me trajeron no a la tierra, a las piedras, para que de mí ni viva ni muerta nazca nada. Pero yo estoy aquí delirando, tengo voz, tengo voz...

Es abril, sigue siendo abril, el toro celeste marcha por el cielo y envía la lluvia. La tierra se esponja, hasta aquí huele a tierra mojada. Ahora no luce ya el Sol, y comienza a estar claro, tan claro.

Qué claridad sin brillo, mejor así, el Sol no deja ver, ahoga la claridad. Ahora es como si comenzara a ver, se está poniendo todo tan claro. Y ahora que se está poniendo claro, vete. Me tenderé aquí como si estuviese ya muerta para ver, a ver...

¿Hay una estrella aquí? Lo parecía, pero no. El Sol de la noche, ese que no me dejaba, ¿vuelve?

El que me desvelaba haciéndome esperar la llegada de alguien, de alguien, de él, haciéndome sentir, saber, al mismo tiempo, que no llegaría nunca.

Pero esta luz brilla, hay una vida aquí dentro, una vida más fuerte que la mía.

Un dios, ¿eres un dios? Te esperaba. Pero, ¿cómo te atreves? No tienes sangre, ya lo veo. Ni aún así serás tú tampoco puro. Porque sangre, mírame, a mí me queda ya poca, siempre fui pálida[48]. Y tú nunca la tuviste. ¿Eres por eso puro?

---

[48] La palidez es atributo frecuente en el texto «Delirio de Antígona» de 1948, aplicado a los diversos interlocutores de Antígona en su monólogo y a ella misma. Más adelante en *La tumba de Antígona* es la Harpía la que reconoce por dos veces que Hemón «era tan pálido», y ello porque Antígona hizo de él «su sombra». Asimismo en «Delirio de Antígona», Antígona se refiere a la araña que la acompaña en la tumba con el mismo adjetivo: «... la tela hecha por la araña, mi única compañera, tan pálida y exangüe como yo...». En «Cuadernos de Antígona» (M-264), Antígona dice también: «qué huecas, pálidas son las razones de los hombres», y en «Delirio 1.º» del mismo dossier: «Nunca me senté ante el espejo, estéril y pálido como una luna cercana que me devolvía mi imagen».

Pero mi historia es sangrienta. Toda, toda la historia está hecha con sangre, toda historia es de sangre, y las lágrimas no se ven. El llanto es como el agua, lava y no deja rastro. El tiempo, ¿qué importa? ¿No estoy yo aquí sin tiempo ya, y casi sin sangre, pero en virtud de una historia, enredada en una historia? Puede pasarse el tiempo, y la sangre no correr ya, pero si sangre hubo y corrió, sigue la historia deteniendo el tiempo, enredándolo, condenándolo. Condenándolo. Por eso no me muero, no me puedo morir hasta que no se me dé la razón de esta sangre y se vaya la historia, dejando vivir a la vida. Sólo viviendo se puede morir.

Edipo

Ah, ¿entonces eres un dios?, mas pareces un hombre, ¿eres un hombre? ¿Eres tú, tú, el hombre?

EDIPO.—Antígona, Antígona, niña...

ANTÍGONA.—Niña... ¿entonces eres mi padre? Creí que eras un dios.

EDIPO.—No. No lo sé, soy Edipo.

ANTÍGONA.—¿Se te ha borrado ya que eres mi padre? Pero me ves, me ves, ¿sí? Ahora ya ves.

EDIPO.—Sí, ahora ya veo. Y te veo a ti, aquí sola. Lo veo todo ahora y no sé nada. Veo y no sé. Empiezo a verme a mí mismo.

ANTÍGONA.—Ah padre, sí eres tú, te reconozco, siempre preocupado contigo mismo, viéndote a ti mismo solo, solamente. Tan solo que estuviste siempre, padre.

EDIPO.—No; allá en Colonna y aun antes, en verdad desde que me quedé ciego y me cogiste de tu mano, no estuve solo. Tú me llevabas, y yo me dejaba conducir por ti. Entonces comencé a ver que no había hecho sino correr sin moverme del mismo sitio; que no me había movido ni un solo paso. Quise ascender, subir, trepar como la yedra. Una raíz que trepa, eso fui yo.

No me casé en verdad. Siempre me olvidaba de ella. Ella...

ANTÍGONA.—Tengo también que escucharte esto, que me hables de ella, de ella. Ella, ¿no lo sabes? Era mi madre, y lo será siempre. ¿O es que me quieres dejar sola? Sola para que sólo sea tu hija. Porque eso sí. Siempre fue así. Me tratabas como si solamente fuera yo hija tuya. Sola, sí, me querías. Pero entonces sola de verdad, si yo me quedara sola de verdad, sería Antígona.

Edipo.—Pero es que ella...

Antígona.—Sí; me hablabas siempre de ella, aunque no la nombraras. Ella, siempre ella. Pero ella no era mi madre. De mi madre, la mía, nunca me hablabas. Siempre era ella, la tuya, la tuya. De ella me hablabas siempre.

Edipo.—Eres cruel, Antígona, desde niña lo fuiste.

Antígona.—Así es como me reconoces mi existencia; cuando dices que soy cruel, entonces me llamas Antígona. Pero es que sale de mí la verdad una vez más sin culpa mía. Ella, la verdad, se me adelanta. Y yo me la encuentro de vuelta, cayendo sobre mí. La verdad cae siempre sobre mí.

Edipo.—Sí, hija, tienes que cargar con ella.

Antígona.—¿Con cuál, con cuál ella, con tu madre y la mía, con la verdad? La verdad para ti sigue siendo ella.

Edipo.—Con todas, Antígona, con las dos. Por eso estás aquí todavía. Ahora que ya veo, veo que únicamente contigo no me equivoqué.

Antígona.—¿Cómo puedes decir eso? Hija soy del error. A solas estoy aquí bajo el peso del cielo y sin tierra. ¿Hasta cuándo? No puedo vivir sin vida, ni puedo morir sin muerte. ¿Cómo me engendraste, dime, ya que has venido aquí? No sabes quién soy, no lo sabes. Y es el padre quien ha de decirnos quiénes somos. O quizá no, quizá sería el esposo, el esposo mío, quien me habría de decir quién soy. El que se queda solo, peor aún, sola, bajo el cielo y fuera de la tierra, como una sierpe, ésa, sí, tendría que tener un padre, un padre de verdad. O quizá un hermano, uno que le diera su nombre. Un hermano, y yo tengo dos...

Edipo.—Hija, no lo sé. Me haces desesperar de lo que nunca creí poder tener que desesperarme: de ti, mi única verdad, rosa a la luz más allá de la vergüenza. Eras tú mi cumplimiento, tú mi corona. Sin ti no tengo ni siquiera infierno.

Porque tú naciste, sí, de mi pensamiento.

Tú eres mi razón[49].

Mira, hija, yo era sólo una nube, una nube blanda, cálida, llevada por el viento. Y tuve que ser hombre.

ANTÍGONA.—Un error.

EDIPO.—Siempre un error. De yerro en yerro toda mi vida fui, y también ahora en mi muerte. ¿Será todo errar en el hombre; ni una brizna de razón habrá en mí? Hija, yo te veía crecer y, casi sin saberlo, te esperaba para que tú cumplieras mi promesa, porque tú eras, eres, sí, mi promesa. Y si...

ANTÍGONA.—Si... ¿Cómo sabes? ¿Qué es lo que sabes?

EDIPO.—Que eres tú, que tú eres mi palabra sin error. Tú el espejo donde un hombre puede mirarse, y no ella, aquélla, la Quimera. Iba yo sin poder todavía andar, con estos pies blandos que nunca me sostuvieron. Sufría al andar con ellos sobre la tierra. Dura es la Tierra para el hombre recién nacido; de repente se encuentra enredado, en su raíz; despedido de la madre Tierra...

Tierra, Madre, ¿qué haces conmigo, con el hombre? Lo dejas salir, al aire habría de ser; pero no, lo retienes al mismo tiempo que lo expulsas, tú, su cueva, donde vivía sin ver envuelto en tus entrañas, sus raíces, en la oscuridad del paraíso primero, tu tiniebla.

Un hombre, un hombre tuve que ser. Y yo era como un sueño. Yo era apenas el despertar de una luciérnaga, el parpadear de una llama, un poco de aliento, un palpitar de un corazón pálido. Yo no era casi nada. Era casi, era apenas, y tuve que ser eso: un hombre. Así era, y tú me hablas de la

---

[49] En M-343 escribe Zambrano: «(Acercándose a ella, pasándole la mano derecha por la frente como para apartar algo de ella, la izquierda con la palma hacia abajo, en el aire, el brazo casi horizontal)».

verdad, me dices la verdad. No ves que no había nacido y me obligaron a ser. Acompáñame, Antígona, hija, no me dejes todavía. Condúceme, asísteme aunque ahora vea, no puedo quedarme solo.

Antígona.—Ahora veo yo un poco también.

Edipo.—Así fue, y tuve que seguir como una nube de esas que se quedan olvidadas después de una tormenta, cuando ya brilla el Sol, al que ofenden como una objeción a su victoria. Y no, no era eso. Era yo el olvidado, el dejado ahí sin acabar de ser, y sin ver apenas nada. Estaba yo hecho de olvido. Un hombre o un dios acaso. No sé. No me acuerdo...

Antígona.—No te acuerdas siquiera de si ibas a ser sólo un hombre, o si un dios te dejó ahí, como su sombra.

Edipo.—No, ni siquiera ahora sé quién soy, quién iba a ser, si un hombre o un dios. Mi padre me abandonó. Y fue el pastor quien se compadeció de mí y cambió mi suerte, mi condena a muerte en condena a vivir abandonado. Y yo iba, como una nube suelta, olvidado de mi padre. Y así, dejado, ¿qué iba yo a hacer? Si hubiera sabido, no habría hecho nada, lo que se dice nada, antes de volver a mi casa, a encontrarme con mi padre. Eso, ahora, tan tarde ya, es cuando lo sé.

Porque no hay que hacer nada sin haber vuelto a la casa del padre.

Antígona.—Pero yo, padre, yo que nunca me fui de tu casa...

Edipo.—Saliste de la casa, acompañándome como un cordero y me alegrabas en mi destierro, desterrada ya tan niña, y sin culpa alguna, tú.

Antígona.—Y ahora me han dado tierra, aunque estoy enterrada. Esto es.

Edipo.—Oh, Antígona, tengo yo que decirte dónde estás, cuando es tan claro; todo esto es tan claro. Estás en el lugar donde se nace del todo. Todos venimos a ti, por eso. Ayúdame, hija, Antígona, no me dejes en el olvido errando. Ayúdame ahora que ya voy sabiendo, ayúdame, hija, a nacer[50].

ANTÍGONA.—¿Cómo voy a poder yo? ¿Cómo voy a poder hacerlos nacer a todos? Pero sí, yo, yo sí estoy dispuesta. Por mí, sí; por mí, sí. A través de mí.

---

[50] En M-343, apunta Zambrano: «(Sale, mas bien se borra como una presencia que se desvanece sin moverse apenas, anda difícultamente [*sic*])».

Ana, la nodriza

ANTÍGONA[51].—Ahora me he quedado yo sin ver, es como si nunca hubiera visto nada. No hay luz fuera de mí, ni dentro, ni más allá.

¿Eres tú, muerte? ¿Eres eso, ésa?

ANA.—Niña, mi Niña, ya ves cómo vengo y te traigo un poquito de agua en tu cantarillo. Y una ramita de albahaca.

ANTÍGONA[52].—Ana, ¿de dónde vienes?, dime, dímelo de dónde vienes. Te perdí de vista entonces. Desde aquello, ya no te vi más. Y nadie me dijo de ti nada, y yo no sabía si...

ANA.—Yo, Niña, tú sabes, soy una de esas personas de las que nadie sabe nada, de las que nadie puede saber ni dar ninguna noticia. Yo nunca fui a ninguna parte: ni salí ni entré, y pocos fueron los que me vieron. Ni siquiera cuando me tenían delante de los ojos me veían. Aun de mocita era así, no sé si por mi culpa. Como yo estaba cierta de que no me veían, ¿a qué me iba a hacer presente? Cuando hablaba o canturreaba un poco me escuchaban, entonces sí. Me escuchaban y hasta se hacía corrillo cuando cantaba un poco más alto y seguido, sin darme cuenta, y cuando hablaba más largo. Yo decía lo que tenía que decir sin detenerme más que lo preciso. Mira, no te preocupes por mí, si

---

[51] «(Se lleva las manos delicadamente, sin aspavientos a los ojos)» (acotación de M-343).

[52] «(Coje [*sic*] la albahaca, la huele)» (acotación de M-343).

estoy viva o muerta. Estuve siempre junto a ti, sin que tú me vieras y sin poder nada, viéndote sin descanso. Viéndote a ti sin descansar nunca tú, porque yo no tengo de qué descansar ni dónde tampoco, ni podré hacerlo mientras tú, Niña, no descanses de todas tus fatigas. Que no vas a descansar tan pronto. Porque a ti te espera otra cosa, otra cosa mejor que el descanso.

Antígona.—¿Qué me dices, Ana? Tú, que siempre me distraías. Oyéndote se me iban las horas, se me iba el sueño, cuando tú lo que querías era adormirme. Pero el sueño se iba de mí y yo me quedaba como un caballito del diablo sobre una hoja o debajo de la hoja, verde como ella y sin peso, cerca del agua al borde de la acequia o del cántaro.

Ana.—Sí, Niña, así estabas siempre pegada al agua y luego con el cantarillo, siempre a vueltas con el agua como si fueras del agua y no de la tierra; del agua, del aire. Y luego te volvías callada y apenas se te veía; desaparecías como si te metieras por una rendijilla entre las piedras, aquellas tan blancas, tan lavaditas, cómo te gustaba. Se veía que tú, por delgada que fueses, no podías escurrirte entre aquellas piedras, pero sucedía así. Y por la arena blanca también te escurrías y luego se te volvía a ver, y venías oscura, negruzca, gris, yo qué sé. Yo no sé nada. Pero te veía, te he ido viendo siempre sin descanso. Te metías entre los juncos de la acequia, te encaramabas al borde del cantarillo...

Antígona.—Ana, Ana, eres la de siempre.

Ana.—Pues claro está que soy siempre, siempre igual. Porque nunca fui nadie, nada.

Antígona.—Ana, tú eres el único ser que he conocido, iba a decir: la única diosa.

Ana.—¿Cómo se te ocurre? Eres tú, que siempre te vi así, a vueltas con los dioses, por eso te ibas al agua, te querías ir de aquí, de donde estamos todos los mortales. Y por ese pensamiento no has podido nunca descansar. Ese pensamiento te ha hecho penar más que todo lo que te pasaba, que lo que te pasa.

Antígona.—Pero a mí, entonces, ¿qué me pasaba?

Ana.—Entonces, entonces nada. Eres así tú también, somos las dos de esa gente a la que nunca les pasa nada, nada más que lo que les está pasando a los demás, libres como el agua, encadenados por el amor y por la pena de verlos sufrir y equivocarse día tras día. Y eso es todo lo que nos ha pasado a las dos: estar viendo, lo que se dice viendo sin poder remediarlo, lo que está pasando, lo que va a pasar; lo que les está pasando ya sin que ellos lo sepan, ni quieran.

Antígona.—Pero yo no sabía nada de lo que les pasaba a ellos. Yo sentía sólo aquel peso, esta oscuridad, este encierro ya desde entonces. Eras tú quien lo sabía todo por mí, y por eso no me dejabas ni un instante.

Ana.—Nunca pude nada por ti, ni siquiera ahora que te he podido traer tan sólo ese cántaro con un poco de agua a la que ya no te asomas, ni la bebes.

Antígona.—Esa agua, de la fuente que viene, ya no es para mí, Ana mía.

Ana.—Y tú ¿qué sabes de qué fuente viene esta agua; de qué fuente viene el agua? Te lo decía, te lo decía yo: Niña no quieras saber, bebe. Bebe ahora. Duérmete ahora. Yo pude llegar hasta ti y ahora tengo ya que irme.

Antígona.—Y, como siempre, sin responderme a lo que te pregunto, sin contarme el cuento; el cuento que nunca me acabaste de contar del todo. Era así como ahora, empezabas y a mí se me iba el sueño, la sed y a ti se te iba el cuento.

Ana.—Y luego tu hermana te decía: «Cuéntame el cuento de Ana, que a mí ella no me cuenta nada». Y era al revés. Porque yo a tu hermana sí que le contaba cuentos y hasta le cantaba. Era ella la que luego no se acordaba, mientras que tú tenías que acordarte de lo que no te decía, de lo que no te contaba. Y yo bien sabía la historia, la historia que te esperaba a ti, a ti solita, niña. ¿Cómo te la iba yo a contar?

Antígona.—Pero no, Ana, la historia no me esperaba a mí sola. También la aguardaba a ella, a mi hermana.

Ana.—La historia, niña Antígona, te esperaba a ti, a ti. Por eso estás aquí, tan sola. Por la historia.

Antígona.—La historia, ¿cuál?, ¿la de mis padres, la de mis hermanos, la de la Guerra o la de un principio?

Dime, Ana, dímelo, respóndeme, ¿me has oído? ¿Por qué historias estoy aquí: por la de mis padres entre ellos, por la historia del Reino, por la guerra entre mis hermanos? O por la historia del mundo, la Guerra de Mundo, por los dioses, por Dios...[53].

Dime, Ana, respóndeme, ¿me oyes acaso?... Ahora se me presenta esta pregunta, nunca se me había presentado, parecía que todo, tan monstruoso, fuese tan natural. Y ahora necesito saber el porqué de tanta monstruosa historia. Contigo me olvidé de estar aquí, y me limpié de todo. Ana, sin tocar tu agua, tú me has lavado. Estoy limpia, limpia. Tú me has lavado. Y ahora necesito lavar.

Ana.—Limpia siempre lo fuiste.

Antígona.—Lo fui, limpia, ya lo sé, pero no estaba limpia. Todos los que me rodeaban, mi hermana, ella, no, estaban tan manchados o se fueron manchando, de sombra mis padres, de sangre mis hermanos, que yo no podía estar limpia. Y ahora... Y no me respondes. No me respondes, Ana. Tú, sólo tú, podrías hacerlo. Me hace falta saber. Habiendo hecho lo que hice, viendo todo lo que vi y todo lo que veo...

Ana.—Eso es, que cuando se ve tanto no se puede saber.

Antígona.—Me dejas sola con mi memoria, como la araña. A ella le sirve para hacer su tela. Esta tumba es mi

---

[53] «Silencio, calla como ausente, lejana» (acotación de M-343).

telar. No saldré de ella, no se me abrirá hasta que yo acabe, hasta que yo haya acabado mi tela⁵⁴.

Ana, ¿te fuiste, te fuiste ya? Ah, sí; me dijiste, o como si me lo hubieras dicho, que me esperabas junto a la fuente.

---

⁵⁴ «Ana se va, se ha ido ya» (acotación de M-343). Antígona ha aparecido ya como lavandera, ahora lo hace como tejedora. También en «En personaje autor: Antígona» de *El sueño creador*, Zambrano dice de ella que «como una lanzadera de telar, fue lanzada para entretejer vida y muerte», y más adelante: «Fue la tejedora que en un instante une los hilos de la vida y de la muerte, los de la culpa y los de la desconocida justicia, lo que sólo el amor puede hacer» (Zambrano, 1986c). En ese mismo texto, Antígona queda asociada directamente a la araña, como en este fragmento: «Podría Antígona ser representada llevando un hilo entre las manos; como una araña hilandera lo ha extraído de sus propias entrañas que han dejado así de ser laberínticas».

La sombra de la madre[55]

Ay, eres tú, Madre, vuelves[56]. Vuelves aquí también. No has encontrado reposo.

Olvida. Si pudieras volver a ser niña, muchacha sin casamiento, sin saber de novio. Vuelve a ser niña, doncella, y no te cases. No, a eso no vuelvas, ni a tener hijos[57].

Ah, sí, ya veo. Ansías que yo sea tu hija, solamente y del todo. Pues que, tal como ha sido, es como si fuese tu hija a medias y doblemente a la vez; hija dos veces y sin padre. Era así, aunque aún tú no lo supieras, como si fuéramos tus hijos inacabablemente y como si nuestro padre estuviese siempre yéndose de su sitio, del lugar del Padre. Lo mirábamos, nos empujabas tú a mirarlo como a un hermano, un hermano que llegó no se sabe cómo.

Nos hacías sentir que nuestro Padre era un hombre que había llegado un día, que se te había presentado: que no era nuestro Padre desde siempre, desde un principio, como ha de ser el Padre. No le conducías a su puesto, al trono del

---

[55] «La Madre será una sombra grande, densa, oscura, que no habla. Cifra de la fatalidad, suplicante a veces» (acotación de M-249).
[56] «(Aovillada en el suelo se yergue un poco y levanta la cabeza para mirar llevándose las manos a los ojos como para despejarlos, como en el despertar a medias de un sueño ligero)» (acotación de M-249). En M-343, el parlamento se inicia así: «No, no quiero verte».
[57] «(La Madre la mira suplicante)» (acotación de M-249).

Padre, mientras que lo izabas al trono del Rey. Y así nunca conocimos la cólera del Padre ni esa densa ternura que la envuelve y embebe. No le dejabas, rey como era, ceñirse la corona propia del Padre, cuando la justicia recorre la casa y se pasea por todos los rincones y escondrijos; cuando en la casa no hay nada escondido, sólo el misterio de la cámara nupcial, donde los padres penetran silenciosamente como el sacerdote que porta la espiga de Eleusis[58]. Y los niños no nos preguntábamos, qué es o qué pasa allí dentro. Es el viaje misterioso de los Padres, los vemos partir más allá de todo, hacia más allá de los confines de la vida, sabiendo que volverán, que volverán con nosotros siempre y

---

[58] En diversos sitios Zambrano se hace eco de esta vieja y enigmática tradición, confundida con el propio culto a Dioniso y a Orfeo, que terminaba en la antigua Grecia con la exposición de una espiga de trigo. La tradición eleusina se configura como una de las formas de las religiones mistéricas que a partir del siglo VI a.C. compiten en Grecia con la noción homérica de la muerte como fin de todo. Zambrano conocía bien esa tradición, y siempre lamentó lo poco que se habló de ella, aunque celebró que algunos disidentes —Clemente y Orígenes— la transmitieran. Ya en *Filosofía y poesía* cita el capítulo VIII dedicado a Eleusis de la polémica obra *Psique (El culto de las almas y la creencia en la inmortalidad entre los griegos)* de Erwin Rohde (Zambrano, 1987a, 58, 59), donde el autor defendía el culto de las almas como la forma más antigua de religión en todos los pueblos, incluido el griego y a pesar de los poemas homéricos.

De la tradición eleusina importa destacar ahora el proceso de germinación del grano enterrado en tierra, que puede interpretarse como metáfora de la propia Antígona que, en este sentido, recordaría a esas mujeres murales de la pintora Maruja Mallo que portan precisamente el mismo grano. Mallo fue una de las principales compañeras de Zambrano en los años republicanos. Después de las festivas *Verbenas* y las terribles *Cloacas* Mallo llegará a la pintura ordenada y monumental de las series *Arquitecturas* (minerales, vegetales, humanas), una pintura con la que quiere dar voz a la nueva sociedad encarnada en las redes de los pescadores (y pescadoras) o en las hoces de los campesinos (y campesinas), una sociedad en la que el pueblo es protagonista. Fue en esa época cuando brotó para Mallo el trigo como el cereal universal, el alimento primero, la generosidad de la tierra.

Maruja Mallo, *La tierra,* 1938.

que nos traerán algo precioso, que nosotros no tendríamos si ellos no se fueran tan lejos.

Has venido, sí, yo sé, porque tienes esa costumbre y porque lo necesitas. Eras así. Mira, una Madre, porque tú ya eres para siempre una Madre, tenías que haberte refugiado cuando supiste ya sin velos, en esa tu majestad, majestad de Madre, aun con su mancha. Y ¿es que hay alguna Madre pura del todo, alguna mujer pura del todo que sea madre? Tú sabes que no. Esa pureza de la Madre es el sueño del hijo. Y el hijo, a fuerza de amar su oscuro misterio, la lava. Y ella se va purificando con tierra, pues que de la tierra es y a ella se parece. Y la Tierra es negra y tiene en sus adentros, en sus entrañas, luz. Tiene entrañas de luz la Tierra. Y en la Madre de vida, de vida nuestra, por negra que sea la mancha que haya caído sobre ella, por caída que ella misma esté, cuando ya no puede hundirse más abajo, como tú, que tocaste el fondo de la negrura y del peso, entonces se quiebra y deja ver y da, da algo a la luz. No es como decía antes; no tiene la Madre entrañas de luz, aunque algún día de algún modo alguna haya de tenerlas. Hasta ahora todas han sido por dentro oscuras también, como tú. Pero dan algo, algo vivo a la luz. Dan vida a la luz. Eso. Y eso tú, madre nuestra, lo hiciste.

Vete ahora tranquila. Húndete en la tierra, ya que te la dieron, vete al encuentro de las Madres que te esperan, que te acogerán, que lavarán en la inmensidad de su Manto tu mancha y tu infortunio.

Ellas, las Madres, te recibirán.

Y Ella, la Madre-fuerza, la de los Dioses, te abrirá su firmamento, ese abismo. Y el Mar y los Infiernos de la maternidad no tendrán secretos para ti, porque en ellos encontrarás al fin tu secreto desplegado, la razón sin nombre de la Vida.

Pues que todas las cavidades de la Tierra, del Cielo y de los Mares, aun sin nombre, donde están los seres sin nacer y los muertos, reposan en el seno de la Grande Madre. Su regazo abraza todo lo que ha nacido, bien o mal, por eso. Sólo porque nació. Y luego, sí, así lo creo, luego lo dejará nacer otra vez. Se los entregará a la luz. Mas antes, tenemos que volver a Ella, otra vez. Allá abajo en la Tierra.

Vete, Madre, a tu Reino, criatura, hija también tú. Ahora que ya te he llamado Madre y también hija, sabiéndolo todo.

Si al saberlo todo, tú nos hubieses llamado hijos, hijos míos, no se te habría enredado a tu cuello el cordón resbaladizo de la muerte. Porque no fuiste tú, tú no fuiste; fue ella, la serpiente la que se te enroscó. Ahora ya no está a tu lado. Te librarás del todo yéndote para no volver por estas tierras de dolor ya estériles para ti, para todos nosotros; tierras de sal.

Vete, Madre, hija tú también, tú también nacida de la Madre inmensa, negra como tú.

Ay, Madre, inmensa sombra...

Ay, Luz, señora nuestra. ¿Irás a ser algún día tú, nuestra Madre? Postrada estoy aquí ante las dos, sola entre la Vida y la Muerte, postrada ante ti, Sombra, y ante ti, Luz.

¿Cuándo?, decidme, dime tú, Luz, ¿cuándo seréis las dos una sola?

La sombra de mi Madre entró dentro de mí, y yo, doncella, he sentido el peso de ser madre. Tendré que ir de sombra en sombra, recorriéndolas todas hasta llegar a ti, Luz entera.

Y ahora, ahora no sé qué me aguarda. Purificada por la sombra de mi Madre, atravesada en mí, sigo estando aquí todavía.

La harpía[59]

Harpía.—No me miras tan siquiera, niña. Ya nos hemos visto una vez, por lo menos. Yo, sí, te he visto a ti. Tú a mí, no me miraste siquiera.

Antígona.—Mirarte... no eres cosa de mirar, tú.

Harpía.—¿Tanto te repugno?

Antígona.—Eres de las que buscan ser oídas, de las que se deslizan por los laberintos, cuchicheando.

Harpía.—Pero si tú me hubieras oído en tu laberinto. Ahora que estás encerrada en él, óyeme, aunque no me veas. Nadie me quiere ver. Pero me sueñan. En eso soy como la belleza, que es lo que cuenta. Me sueñan como a ti. ¿Eres tú el sueño de alguien? ¿No te has pasado la vida soñando, soñando a alguien sin reconocerlo? Y ahora, aquí, ¿sabes si contigo sueña alguien?

Antígona.—Quieres decirme que nadie me ama, ni me teme. En cambio a ti...

Harpía.—A mí, me temen. A ti, alguien te ama. Es lo mismo.

---

[59] Al inicio de esta escena, Zambrano anota en uno de los manuscritos: «La harpía avanza como una araña oscura, sin color, desde su rincón, detrás de donde está ella, a su espalda. Como A. mira al Este, llega deslizándose desde el rincón del N.O. Se pone frente a ella, + siempre en ángulo, nunca enteramente de frente, suavemente y como si entrara de visita según una vieja costumbre, cautelosa y familiarmente» (M-343). La harpía fue la única compañía de Antígona en «Delirio de Antígona» de 1948.

Antígona.—No, es todo lo contrario. La Ley del Amor es muy distinta de la Ley del Terror y ni siquiera se puede decir que sean todo lo contrario[60].

Harpía.—Hablas en vez de oírme. Y si me hubieras oído cuando eras joven, cuando estabas viva.

Las muchachas no me quieren ver. Por eso me acerco tanto, pegándome a sus oídos o hablándoles desde un rincón descuidado de su alma, pues que hay tan pocas que mantengan aseados todos los rincones.

Antígona.—Como una araña. Ah, vieja, ya te conozco.

Harpía.—Porque al fin eres prudente, como una araña tú también.

Antígona.—Eres el primer ser, la primera voz que me lo dice. Prudente yo, yo prudente, como una araña. ¿Y mi hilo? ¿Y la tela? ¿Yo, tejedora?

Harpía.—Sí. Tú, tejedora, yendo y viniendo de una tierra a otra tierra. Yendo y viniendo de los vivos a los muertos. De esa Ley de Amor, que tú sola conoces, a la del Terror que todos, míralo, sábelo, acatan. Y ahora ¿qué tienes ya por tejer?

Antígona.—Ahora, ahora sólo tengo que morirme.

Harpía.—Pero no puedes. Me has llamado vieja, dándome mi nombre y no como insulto según hacen otras que se exasperan, cuando al fin me miran y se ven en mí como

---

[60] Obsérvese que Antígona no está dispuesta a defender un pensamiento que funcione sobre la base de contrarios. La misma idea es la que transmitirá más adelante a Etéocles al reprocharle que no sea capaz de evitar el enfrentamiento de unas cosas contra otras. Vuelve a aparecer la reflexión en el último monólogo. En M-264 destaca en este sentido el concepto de «hermandad», el cual rectifica esencialmente el enfrentamiento: «La hermandad aparece sólo como un caso de relación entre los hombres, una más. Su privilegio consiste en ser la relación que puede envolver a todas las demás, aún a su contraria. Y aquello que puede abrazar su contrario es lo más universal y último límite, o más bien la ruptura de todo límite y lo que desde el principio está propuesto: el *a priori*».

en un espejo. Me acerco a las muchachas cuando todavía es tiempo, no soy tan mala, yo, cuando están en flor para que me oigan y, más aún, para que me sientan y me entiendan. Voy a prevenirlas.

Antígona.—Pero yo, amiga, no tendré vejez. Creo que no tuve nunca ese fantasma. Soy ahora lo que fui siempre; una muchacha sin futuro. Y ¿podrías decirme si estoy todavía en la vida, o dónde estoy, ya que no puedo morir?

Harpía.—Pues eso es que nadie lo sabe. Te viniste aquí, fuiste tú la que inventaste esa historia, esa condena...

Antígona.—Cómo te equivocas, vieja harpía. Nunca he inventado nada yo. Todo me lo fueron dando, me lo dieron ya desde el principio. No he venido aquí, ni fui por los caminos, peregrina, de tierra en tierra, inventando historias. Fui con mi Padre, con él, por él. Por él y por sus hijos, mis hermanos. Óyelo bien, desde el principio.

Harpía.—Y si tan segura estás de ese principio, como tú lo llamas —porque tienes tú, tu lenguaje[61]—. Si es que no te viniste aquí, no hiciste nada para que no te trajeran, tan fácil que te hubiera sido: una palabra tuya, una sola a tu Juez, y ya estaba. O haberte callado, y haberte puesto a llorar, según es uso de mujeres. Él estaba deseando, porque al fin eres su sobrina, y la novia de su hijo, y una muchacha, ¿sabes? Y los hombres son hombres siempre.

Antígona.—Los hombres... Yo de eso sí que no sé nada, los hombres frente a una niña, quieres decir.

Harpía.—Sí; frente a una niña y frente a una mujer también, si es joven.

Antígona.—No había nada que hacer, ni yo tenía que hacer nada. El juez tenía que condenarme pues que su ley es ésa, condenar. Y yo lo sabía cuando hice lo que hice.

Harpía.—¿Por qué lo hiciste, entonces, si lo sabías?

---

[61] A partir de ahora, serán frecuentes en el texto las alusiones al diferente o particular lenguaje de Antígona por parte de los personajes que, hasta el final, serán ya personajes masculinos.

Antígona.—Ya lo dije. Porque hay otra Ley, la Ley que está por encima de los hombres y de la niña que llora, como yo cuando lloré.

Harpía.—Lloraste tarde, tenías que haber llorado antes.

Antígona.—No, tú lo ves todo al revés; todo lo tuerces, tú. Lloré cuando me acordé de mí; cuando me vi, cuando me sentí.

Harpía.—Y ¿cómo no te sentiste antes? Mira, yo lo sé todo, os conozco a las muchachas. Sé que os da miedo la boda, miedo el hombre, así, sin nada por en medio. Sí, no tienes que recordármelo. Yo te oí cuando te lamentabas. Pero a mí no me engañas tú, ni ninguna otra.

Si tú hubieras querido boda, la tuya, tu boda, no habrías hecho aquello, librándote así de esa historia. Si le hubieses amado a él, a tu novio. Ibas a su lado con el pensamiento en vuelo. O ¿era él quien no supo? Era tan pálido.

Antígona.—Cállate, vete, déjame.

Harpía.—Uy, uy. He puesto el dedo en la llaga. No me quieres oír. Porque tú eres como yo, de las que hablan, de las que son —como me decías— no para ver, sino para oír. Tu belleza pasaba desapercibida mientras no hablabas. Esa inteligencia que por castigo pusieron en tu cabecita, tan redonda, tan cerrada que tienes, ese talento para una muchacha es un castigo. Eso ha sido tu condena. Si en lugar de darte a pensar, si en lugar de ponerte a pensar...

Antígona.—No, no, vieja, amiga, araña, lo que seas, yo no me he dado a pensar.

Harpía.—No, te diste a ver. El pensar te lo dieron.

Antígona.—En eso dices algo cierto. Mas no me di a ver, a que me vieran. Y si me di a hablar es porque me encontré en ello, teniendo que hacerlo. Pero darme, lo que se dice darme, no me he dado a nadie, a nada.

Harpía.—Eso te digo, que no quisiste darte a nadie y por eso bajaste aquí sin esposo. Y él, ¿no lo sabe?

Antígona.—Él, él estuvo lejos de donde yo estaba en mi hora.

Harpía.—Ah, no sabes. Él vino tras de ti, te siguió hasta la misma puerta; no le dejaron franquearla y se lo llevaron muerto. Él mismo se dio la muerte para ir a encontrarte en ella. Y mientras, tú, aquí, viva. Los dos aquí tan cerca, sólo esa puerta os separa. Igual que allá arriba, siempre una puerta de por medio. Dime ahora, si te atreves, que no es verdad, tú que te has pasado la vida con ella a vueltas, con la verdad, sin amor.

Y ahora estás aquí abandonada del amor. Y es justo, tú, la de la justicia.

Porque no fue tu vida lo que diste por la verdad y por la justicia; diste tu amor. Y el suyo, el de ese hombre, ese muchacho, pálido porque hiciste de él tu sombra; te seguía como una sombra sin encontrarte nunca; siempre estabas en otra parte. Y ahora él te busca entre los muertos y estás aquí todavía, viva. Sí, estás todavía viva.

Antígona.—Vete, razonadora. Eres Ella, la Diosa de las Razones disfrazada. La araña del cerebro. Tejedora de razones, vete con ellas. Vete, que la verdad, la verdad de verdad viva, tú no la sabrás, nunca. El amor no puede abandonarme porque él me movió siempre, y sin que yo lo buscara. Vino él a mí y me condujo.

Harpía.—No, te movió la piedad. Son dos cosas.

Antígona.—Dos cosas, eso es lo que tú querías, te llamo ahora por tu nombre, enredadora, razonante Harpía. Vete, que en mí no puedes entrar.

Harpía.—Sí. Ahí te dejo con tu vida y tu verdad.

Antígona.—Sí, sí, sí. Yo creo. Seguiré viva entre los muertos hasta que el Amor y la Piedad, uno sólo, lo quiera.

Los hermanos

Antígona.—La verdad, la verdad a solas. Todavía.

Etéocles.—La verdad, dices. Antígona, mientras ¿qué? ¿Cómo íbamos a saberla entonces? Si nos deteníamos a buscarla, entonces, ¿quién iba a gobernar, a poner orden, a vivir? Y teníamos que vivir. Si nos paramos a mirar las cosas como son, entonces se nos van de la mano.

Polinices.—Tal pienso, tal pensaba yo también: que las cosas se nos iban de las manos.

Antígona.—Se os fueron las manos.

Etéocles y Polinices.—¿Qué íbamos a hacer? Se nos iba la vida; nos iba la vida.

Antígona.—¿Y ahora? ¿En qué vida estáis? Si queríais de verdad vivir, había que dejarle un instante, aunque fuera uno solo, a la verdad, a la verdad de la vida. Un poco de tiempo[62].

Etéocles y Polinices.—La vida no deja ese tiempo. Teníamos...

Antígona.—Sí, teníais que morir y que mataros. Los mortales tienen que matar, creen que no son hombres si no matan. Los inician así, primero con los animales y con el

---

[62] Ya se ha señalado la importancia del tiempo en el pensamiento zambraniano sobre Antígona. De ello dan fe las siguientes y contundentes declaraciones del personaje. Es uno de los parlamentos más decisivos de la obra por lo que respecta a su dimensión ética y política.

tiempo y con ese grano de pureza que llevan dentro. Y en seguida con otros hombres. Siempre hay enemigos, patrias, pretextos.

Creen que matando van a ser los Señores de la Muerte. El Rey, no lo es si no ha matado, si no mata, si no sigue matando. Y luego el Juez que no mata... pero él no, manda matar porque él está ya en el reino de la razón pura, la ley.

Y no basta. Hay que matarse por el poder, por el amor. Hay que matarse entre hermanos por amor, por el bien de todos. Por todo. Hay que matar, matarse en uno mismo y en otro. Suicidarse en otro y en sí con la esperanza de ser perdonado por tanto crimen, por tanta muerte expandida.

El Señor de la Muerte tiene que matarse al fin, si algo tiene dentro vivo en la esperanza del perdón.

Para eso hay tiempo, todo el que haga falta. Para vivir no hay tiempo.

Polinices.—Hermana, hermana mía, mi única hermana, ¿por qué nos dejaste?, ¿por qué no nos destruiste a tiempo?, tú que sabías, tú que veías, tú, hija del Tiempo, hermana desde antes, desde siempre hermana, hermana...

Creo lo que dices, todo, creo en ti, en ti. Entenderte, no sé, no; aquí, en el corazón, sí te entiendo, pero no veo. Tus palabras, tu presencia, tu voz, me deslumbran.

Etéocles.—¿Crees que ella es solamente hermana tuya, y mía no? Yo que he venido aquí a buscarla, como tú, y me la quieres arrebatar como hiciste siempre. Ella, tu hermana, la tuya única hermana.

Antígona.—¿No podéis querer alguna cosa sin dividirla queriéndoosla llevar toda, sin dejarle nada al otro?

Etéocles.—Es él, él.

Polinices.—Eres tú, hiciste siempre lo mismo. Y por eso nunca pude entenderme contigo, cuando tanto lo quería.

Antígona.—Y yo, sí, soy hermana vuestra, de los dos como he probado.

Etéocles.—No, Antígona, eso no. Que tú estás aquí bajo tierra consumiéndote como hermana suya. Como hermana mía irías cubierta de gloria en el carro de mi victoria.

ANTÍGONA.—¿Cuál victoria? No puede ser llamada con ese nombre la destrucción de la Patria, su caída. Ya no existe Tebas, ¿lo sabes?, Tebas es sólo la tierra suya, propiedad de él; el que os venció a los dos y a todos, sin ser por ello victorioso.

Sí, yo sé que todas las victorias se alzan sobre el llanto, y que la sangre, por mucho que sea su caudal, no ablanda los corazones de los vencedores. Vencedores solamente, pues que tan pocos son los victoriosos en las historias que nos cuentan.

La Victoria tiene alas, según la vemos. No han de ser hijos suyos quienes se las quitan, y la asientan sobre los cráneos de los muertos y sobre las cabezas de los vivos, y le ofrecen como exvoto un corazón de piedra, mientras el corazón de carne, ese que palpita como una mariposa, pierde sus alas. Y su voz y su palabra.

Todo se vuelve pesado bajo los vencedores, todo se convierte en culpa, en losa de sepulcro. Todos vienen a ser sepultados vivos, los que han seguido vivos, los que no se han vuelto, tal como ellos decretan, de piedra[63].

POLINICES.—Pero nosotros teníamos que ganar.

ANTÍGONA.—¿Por qué no hicisteis, si tan justa era, de vuestra ganancia una gloria?

Y de haber sido así, si la gloria resplandeciera sobre la ciudad, aunque yo estuviese aquí, sería diferente. Yo estaría

---

[63] En M-517, Zambrano reflexiona sobre el tema de la victoria en términos similares. Éstas son sus palabras: «[...] la victoria es siempre cosa de justificar. No basta, no ha bastado nunca el vencer; hay que convencerse de que es lo justo. Y así por fuerza, la ley que emana del vencedor ha de ser injusta, pues que emana de este adjudicarse la absoluta justicia para poder estar tranquilo. Y luego, y antes, la *Ybris*... la sierpe de la historia. Desde este punto de vista, Creón no fue particularmente injusto, aunque sí algo peor: despiadado. Siguió la ley, la ley de la fatalidad de la historia que la sierpe, la *Ybris*, extiende a imitación de como la razón se extiende».

aquí caída al pie de mis hermanos más altos que yo, erguidos sobre su muerte.

Como aquella violeta que se me cayó de las manos una tarde que cogía flores; la violeta se escurrió nada más cortarla y se quedó tendida al pie de sus hermanas. La dejé allí, y me la quedé mirando, sintiendo, comprendiendo, pues que es en esas cosas en las que yo he estudiado. Y me supe yo así, pero no me dejan, mis hermanos sin gloria, caídos al pie de nada. Y más infortunados que yo, errantes sin centro adonde encaminarse.

Oh, Muerte, no vengas todavía, hasta que no se pacifiquen, hasta que yo sepa dónde llevarlos, si es que no vamos al mismo sitio.

Sí, yo soy vuestra hermana. Pero vosotros dos ¿sois hermanos míos?

¿Sois hermanos de alguien? ¿Le habéis permitido a la hermandad que inunde vuestro pecho deshaciendo el rencor, lavando la muerte, esa que ahora tenéis, y que cuando llegue la otra, venga limpia, de acuerdo con la ley de los Dioses?[64].

ETÉOCLES Y POLINICES.—Es que, Antígona, todo viene de nuestro Padre. Nuestro Padre...

ETÉOCLES[65].—Él nos maldijo. Acuérdate.

POLINICES[66].—Malditos del Padre. Cuando no hacía falta; lo estábamos ya de nacimiento.

ETÉOCLES.—Y por eso, todo lo que nos ha pasado ha sido a causa de nuestro Padre, de él, y nada más que de él.

ANTÍGONA.—En eso no os equivocáis, pues que sin padre no hubiésemos nacido.

ETÉOCLES.—Mas pudo ser él de otra manera; no haberse equivocado tanto, no haber caído tanto, no haber sido tan ciego.

---

[64] «(Los mira imponiéndoles silencio con su silencio, fija, sin dureza, mas inquebrantable)» (acotación de M-343).

[65] «Con voz blanca» (acotación de M-343).

[66] «Con desesperación que no estalla» (acotación de M-343).

ANTÍGONA.—Y si no se equivoca, si no se ciega, no seríamos hijos de su madre. No seríamos. Queréis el poder, el trono que os venía de él, de ella, ese sí lo quisisteis; el poder sí, mientras que del ser renegáis.

POLINICES.—El ser estaba maldito.

ANTÍGONA.—¿Y el poder no lo estaba, no lo está?

ETÉOCLES.—El poder es siempre necesario, debe de haberlo. Y este poder era mío, me correspondía de hecho y de derecho.

POLINICES.—¿Tuyo sólo? ¿Y yo? ¿Ves, Antígona, lo ves? Me desposeyó desde el principio. El poder era todo para él.

ETÉOCLES.—Tú siempre mirabas hacia afuera, por encima de las fronteras de la patria. Los muros de la casa te oprimían.

Criticabas, juzgabas los actos de nuestro padre, el Rey. Tenías pensamientos encerrados en tu frente; pensabas. Se te veía. Tenías ideas. Ideas que nacían y crecían dentro de tu pecho. Andabas siempre pensando. No lo niegues. Mientras que yo no. Yo no pensaba. Yo era el orden, el de nuestro padre, el de su trono. Yo era la Patria[67]. Yo, la Patria...

POLINICES.—Tú eras la Patria, pero ¿la Patria no estaba devastada? ¿No había peste en la ciudad, no se hacían invocaciones a los Dioses inútilmente? Todo era vano, las ofrendas, los sacrificios y el agua que había de purificarnos estaba maldita también. Maldito el aire, la tierra, el fuego, los Dioses.

---

[67] Contrasta este concepto autoritario de patria con el del último monólogo de la obra, en el que la patria aparece como «el mar que recoge el río de la muchedumbre», expresión que más tarde recordará Zambrano en su conocido artículo «Amo mi exilio» de 1989, recogido en *Las palabras del regreso*. En el manuscrito M-264, escribía asimismo Zambrano: «patria, como el lugar donde es posible crecer, desarrollarse alcanzando la verdadera forma». Fundamentales son asimismo las palabras de «Carta sobre el exilio», donde la patria (el des-exilio) requiere de una cierta continuidad, para que, en verdad, «sea Patria y no un lugar ocupado por los que llegan».

Etéocles[68].—No te permitiré...

Antígona.—No. Ahora ya no. Ahora a él, como a ti, como a mí, nada nos está permitido. Ya nada tenemos que hacer que no sea mirar, mirarnos, mirarlo todo. Yo no me acuerdo de nada, no me hace falta, porque todo, lo que se dice todo, aquello que viví y lo que pude vivir también, todas mis vidas, están presentes ante mis ojos.

Etéocles y Polinices.—Pero hay que hacer algo. Tenemos que hacer algo para salir de aquí.

Polinices.—Salir, salir de aquí. Pero yo vine para entrar y quedarme aquí hasta llevármela a ella, a la hermana mía. Sin ella no puedo irme. Vine para llevármela conmigo. Cállate, Etéocles, que tú no sabes de eso. Vine para llevármela de esta tierra maldita y por eso peleé, y ahora, muerto, es así con mayor fuerza de razón.

Vengo a buscarte, vine a buscarte, Antígona, hermana, para irnos a una tierra nueva, libre de maldición; a una tierra fragante como tú, para empezar la vida de nuevo. Ojalá nos hubiésemos ido los dos cuando éramos todavía niños, cuando no había pasado todavía nada. Antes de que hubiera caído sobre nosotros la ceguera de nuestro padre, la locura de nuestra madre. Ella, ¿desde cuándo se había vuelto loca? Y él, ya antes de cegarse estaba sordo. Era así. El padre sordo, la madre enloquecida hablando sola por las galerías, por los patios, por los rincones, delirando. Aparecía por todas las puertas, en ningún lugar, a ninguna hora del día o de la noche estábamos seguros de no verla aparecer, llena de cólera por nada, o desfalleciente pidiendo auxilio sin dirigirse siquiera a uno. Pedía auxilio como si nadie hubiera, como si estuviese sola, aunque bien sabía que uno, yo, el más perseguido por ella, estaba allí. Y hasta allí había llegado buscándome. Pero no se dirigía a mí. Pre-

---

[68] «(Hace ademán de hablar y de lanzarse sobre el hermano)» (acotación de M-343).

gonaba sus quejas como los oradores del pueblo en la plaza pública. Hacía de todo pública protesta. Y protestaba sin haber sacrificado a los Dioses del cielo, y sin haber invocado siquiera a los Dioses de la sangre. Pero yo no recuerdo que en nuestra casa, en el palacio del Rey, sacrificase nadie a los Dioses, hasta que llegó la peste.

Antígona.—No se podía ya sacrificar. Los Dioses no se satisfacen con sacrificios, en algunas ocasiones. Los sacrificios no bastan a la hora de la verdad, cuando ha de lucir la verdad.

Etéocles y Polinices.—La verdad...

Polinices.—La verdad no es una Diosa.

Antígona.—La verdad es a la que nos arrojan los Dioses cuando nos abandonan. Es el don de su abandono. Una luz que está por encima y más allá, y que al caer sobre nosotros, los mortales, nos hiere. Y nos marca para siempre. Aquellos sobre quienes cae la verdad son como un cordero con el sello de su amo.

Etéocles.—Oh, Antígona, siempre con esos discursos. Mejor habría sido que, como en otros tiempos, se hubieran contentado los Dioses con el sacrificio y que todo hubiera permanecido oculto. Mejor habría sido sacrificar a media ciudad, con todos sus habitantes. Yo mismo lo hubiese hecho; sí, yo mismo: para que todo siguiera en orden y que la verdad no se diera a conocer.

Y yo digo que nuestro Padre fue débil; que faltó, pues que de haber ofrecido el sacrificio que digo yo, todo estaría como estaba, en orden y sin verdad.

Polinices.—¿Ves ahora, hermana, como la única salida era, es la mía? ¿Por qué no nos fuimos nosotros dos? A éste le dejábamos con el poder, con el que tú y yo no tenemos que ver nada. Ya que el orden que él dice, con el orden de verdad no tiene que ver nada. Se trata solamente de que no salten ciertas verdades. Y a ella, a Ismene, le habría quedado el amor, el amor de mujer. Y tú y yo hermana y hermanos del todo y para siempre.

Antígona.—Polinices, hermano, fuiste tú el que se fue, me dejaste sola, sola, sí.

Polinices.—Porque tú no querías dejarlos solos. Te respeté. Como él, tu novio; tampoco él te llevó consigo. No te casaste...

Antígona.—Sí, yo tenía que quedarme.

Etéocles.—Ella tenía que quedarse para saber. Era todo lo que quería: saber.

Antígona.—¿A qué llamas tú saber? Dices saber como si fuera posible no saber. Yo no elegí, sabedlo: no elegí.

Dices «saber» como si no costara nada. Ese saber que no busqué se paga. Cada gota de esa luz, de ésta que venís a beber ahora ya muertos, cuesta sangre. A mí también me la llevaron, la sangre. Mi sangre fue, todavía más que la vuestra, sacrificada: a ese poco de saber, a esa brizna de luz[69].

Polinices.—Antígona, yo no te he dicho nada de eso. Siempre le contestas a él. A mí no me has contestado. Yo quería, quise sacarte de allí para irnos a otra tierra: a una tierra virgen y fundar la ciudad nueva, los dos[70].

No me respondes, hermana. He venido ahora a buscarte. Ahora, no tardarás ya mucho en salir de aquí. Porque aquí no puedes quedarte. Esto no es tu casa, es sólo la tumba donde te han arrojado viva. Y viva no puedes seguir aquí; vendrás ya libre, mírame, mírame, a esta vida en la

---

[69] Esta parte del parlamento de Antígona guarda muchas semejanzas con el último párrafo de «Carta sobre el exilio» de 1961, que se inicia con los conocidos versos de León Felipe pertenecientes al poema «Oferta», escrito en los años de la guerra civil. La temática de Zambrano ha girado en torno a la «verdad» de que es portador el exiliado en esa «vida póstuma» que le ha correspondido. Transcribimos a continuación el último párrafo de la «Carta»: «"Toda la sangre de España por una gota de luz", escribió el poeta León Felipe desde el fondo mismo de la tragedia. Lo que quiere decir que sólo cuando ese poco de luz que permite la humana historia se haga visible y circule, se reparta, sólo entonces no será necesario que vuelva a correr la sangre».

[70] Antígona: «Impresionada, va a hablar y no puede» (acotación M-343).

que yo estoy. Y ahora, sí, en una tierra nunca vista por nadie, fundaremos la ciudad de los hermanos, la ciudad nueva, donde no habrá ni hijos ni padres. Y los hermanos vendrán a reunirse con nosotros. Nos olvidaremos allí de esta tierra donde siempre hay alguien que manda desde antes, sin saber. Allí acabaremos de nacer, nos dejarán nacer del todo. Yo siempre supe de esa tierra. No la soñé, estuve en ella, moraba en ella contigo, cuando se creía ése que yo estaba pensando.

En ella no hay sacrificio, y el amor, hermana, no está cercado por la muerte.

Allí el amor no hay que hacerlo, porque se vive en él. No hay más que amor.

Nadie nace allí, es verdad, como aquí de este modo. Allí van los ya nacidos, los salvados del nacimiento y de la muerte. Y ni siquiera hay un Sol; la claridad es perenne. Y las plantas están despiertas, no en su sueño como están aquí; se siente lo que sienten. Y uno piensa, sin darse cuenta, sin ir de una cosa a otra, de un pensamiento a otro. Todo pasa dentro de un corazón sin tinieblas. Hay claridad porque ninguna luz deslumbra ni acuchilla, como aquí, como ahí fuera.

ETÉOCLES.—Si era eso lo que llevabas en tu frente, ¿por qué te casaste, di?, ¿y por qué volviste a la ciudad vieja a disputarme el gobierno, mi gobierno? ¿Y tu esposa?

POLINICES.—Es que yo también me equivoqué, hijo de mi padre al fin. Volví a causa de Antígona, ella estaba en la ciudad vieja del Padre. Ella, la hermana, hermana entre todas, me llamaba. Todas las noches en el entresueño oía su voz, su voz me llamaba: «Polinices, Polinices». Y entonces, eso sólo bastaba, oír mi nombre en la voz de mi hermana, para que todo lo que me rodeaba se me borrase. Ella me llamaba por mi nombre de verdad. Y con ella al lado, si tú me hubieras dejado entrar, en la ciudad vieja, aquí en la tierra, aquí en nuestra tierra hubiéramos edificado la ciudad nueva: la de los hermanos.

Etéocles.—Pero tenías que haber contado conmigo, o ¿es que yo acaso no soy vuestro hermano? Y con la otra, también.

Antígona.—¿La otra?

Etéocles.—Ismene, tu hermana, nuestra hermana. Ella es la única que no está aquí. ¿Por qué no viene?

Antígona.—Ella es la única de nosotros que tendrá su propia vida. Y, por lo demás, ella está siempre conmigo; irá conmigo donde yo vaya[71].

---

[71] En M-249 esta escena acaba de la manera siguiente: tras indicársenos que ambos hermanos «caen muertos del todo», Antígona alza la voz y enuncia: «Ahora sí, ya estáis muertos. Os la he dado al fin, hice que os la dieran muerte de verdad, muerte en paz (coje [*sic*] el cantarillo de la nodriza y les vierte el agua). Os doy agua, mi agua, el agua que me había de beber, el agua de vida, de mi vida. Para vosotros, mis hermanos, muertos ya en la paz».

Llega Hemón

HEMÓN.—Heme aquí yo también. Mas veo que conmigo no cuenta nadie. Empezó mi padre por no contar conmigo al condenarte, Antígona, y ni siquiera tú misma, cuando te decidiste a todo, y tampoco ahora. Sí, ya sé que lloraste viniendo hacia aquí nuestras frustradas bodas. Pero no sé si sabes que yo soy, entre todos tus muertos, el único que ha muerto por ti, por tu amor. Los demás, estos también, han ido a la muerte por otra cosa, por sus sueños o por sus principios, sin ver a la muchacha Antígona, a la que han devorado. Y yo te amaba a ti, a esa muchacha. No sé si me maté o si es que no pude seguir sin ti viviendo[72].

ANTÍGONA.—¿Vienes también tú por tu parte?

HEMÓN.—Vengo por ti, por ti toda entera, como hace el esposo[73].

---

[72] Acotación referida a Etéocles y Polinices: «(Repentinamente unidos, se retiran dos o tres pasos hacia atrás, como en orden de combate y de acusados al par)» (en M-249 y M-343).

[73] En M-343 hay diversas variaciones del diálogo que tiene lugar a continuación hasta el final de la escena. Hablan entonces los hermanos: «Pero nosotros». Afirma Hemón después dirigiéndose a ambos: «Sí, estáis a su lado como siempre, cercándola, apartándola de mí, como sierpes, con vuestros escudos. Siempre en guerra. Dejádmela ya». Los hermanos responden: «¿Y ella?». Hemón: «Sí, no, ella no, tú Antígona, no me esperabas, no sabías nada de mí». Antígona responde: «Sí, sabía, pero no te esperaba. No podía esperarte. Creí que me esperarías tú hasta el fin, has-

Antígona.—Como hace el esposo... Tengo que ser toda para el esposo. Pero es que yo toda, yo únicamente para el esposo...

Hemón.—¿No eres, pues, una muchacha, una virgen que nace al mismo tiempo que su esposo, esposa de nacimiento?

Antígona.—Yo soy, yo era una muchacha nacida para el amor de mi esposo a cuya casa iría saliendo de la de mi padre. Y me devoraron no ellos, sino la Piedad; soy yo la ceniza de aquella muchacha. Me deshojé. Y ahora...

Hemón.—Y ahora más blanca que nunca, luz de tu propia luz, ahora que naces, ven conmigo que estoy junto a ti desde el nacimiento; ven a nacer juntamente conmigo que me estoy todavía muriendo. Ellos son sólo muertos que vuelven para llevarte con los muertos.

Etéocles.—Eres tú quien nos quiere del todo muertos. Pero no es así, vivos estamos porque nuestra guerra no se acaba.

Hemón.—Ah, ¿pero no estabais ya de acuerdo?

Etéocles.—Nunca, mientras él, ella, todos no se me sometan. Y tú también, si la quieres; pues que sólo yo puedo dártela. Ella misma lo ha dicho; tiene que ir a ti desde la casa del Padre.

---

ta que todo esté acabado». Hemón responde, aludiendo de nuevo al lenguaje de Antígona: «Oh, Antígona, ¿sabes lo que dices? Lo sabes todo, pero cuando hablas...». Las palabras de Antígona a continuación deben subrayarse en tanto definen su relación con el lenguaje: «Cuando hablo es cuando sé, cuando me escucho decir lo que no sabía, lo que no había pensado. No soy yo cuando hablo porque me obligan a decir cosas tan enormes, tan fuera de mí». Hemón: «Pero deja ya todo, déjales a ellos con su eterna guerra, salte ya. Ves, yo nunca hice guerra ninguna. Soy como tú, soy tuyo, el [palabra ilegible]». Continúan los hermanos: «Nos la dejaste a nosotros, a su padre». Antígona: «A vuestro padre, vuestro también. Y a ese fuisteis vosotros a dejármela. Por eso nunca fui libre, nunca fui yo. Me dejasteis la herencia». Hemón: «Pero deja ya eso, ahora dime, dime esto solo, ¿me amabas, me amas, me has amado, aún sin esperarme?». Antígona: «(calla, se ensimisma sin inmutarse, se hace más como una sombra)».

Polinices.—Pero tú, hermano, tú que no quieres ser nuestro hermano, no eres por eso nuestro padre.

Antígona.—¿Cuándo le daréis paz? Dejadlo ya, a nuestro padre. Se fue de aquí, él también vino y yo le escuché. Y desapareció llevándose consigo su sombra. No lo volveréis a ver ya más. Esa historia ya se ha acabado, por lo menos esa sí.

Etéocles.—Eso es lo que yo quise siempre. Tú dices las cosas mejor. Lo que yo quería, quiero, es que toda la historia se acabe y que comience la vida, la vida sin historia en la ciudad de los hermanos. Hemón: para ti hay lugar en ella, Hemón, ayúdame, deja esa historia del esposo y vente a ser nuestro hermano.

Hemón.—Antígona, seré tu esposo-hermano, ¿no era eso lo que querías?

Etéocles.—¿Y yo, y yo? ¿Y tu hermana Ismene? ¿Estás cierta de que la historia se ha acabado ya? Mientras la haya, tú, Antígona, serás su prisionera. Te rebelaste contra ella y mira dónde estás, cómo estás, condenada en vida. A mi lado habrías sido reina, más aún, consejera de mi poder. Si en tu demencia te queda un rayo de razón, estás a tiempo todavía, porque oigo que Creón se acerca; viene a buscarte. Déjalos a estos dos. Entra en razón. Yo estaré siempre con Creón, este o el que sea. Y tú, mujer al fin, serás mi delegada.

Antígona.—Iros, dejadme sola. Ha de ser así. Yo iré, iré cuando pueda a reunirme con vosotros en esa ciudad que dices, hermano. Esposo mío; espera todavía, espérame.

Creón

Antígona.—¿También tú, tampoco puedes pasarte sin venir a esta tumba?[74].
Creón.—No temas, Antígona. ¿No ves la puerta abierta?

---

[74] En M-343 este diálogo presenta variaciones importantes. En esta escena las palabras iniciales de Antígona son: «Ah, tú, ¿vienes a juzgar? ¿Vienes a juzgarnos a nosotros, los muertos? ¿No ves que tu razón en este reino ya no sirve? ¿A qué nos puedes condenar ahora? Me despertaste de ella, del reino de tu razón. ¿Vienes acaso a rescatarme? Entre nosotros, aquí, tu razón nada puede». Creón responde: «Sigues así como eras, sin medida», y Antígona: «Sin medida, cuando tú me mides». Creón: «¿Quién habla de rescatar? La razón es sólo justicia». Antígona: «La razón, ya lo sabemos, no rescata, no nos rescata al menos a nosotros, los morimos, muertos bajo ella —La verdad es otra cosa». Creón responde: «¿Te hiciste filósofa, Antígona? Ahora después que ya inútil». Antígona: «Inútil sería si tú no vinieras. Tú, los que son como tú, sois los que nos hacéis filosofar. Qué remedio. Si hubiera dioses de verdad, si sólo hubiera hombres inocentes (volviendo la cabeza al lado contrario —al de Oriente— y para sí, como si él no la oyera), si solo hubiera amor, aurora». Creón: «¿Qué dices? No entiendo. Yo estoy aquí, he venido, yo a ofrecerte algo en nombre de la justicia, esa que aún rechazas. Porque yo he de ser justo. Mira, óyeme (Antígona se aleja caminando unos pasos, como si se deslizara). Mírame, vuélvete, Antígona, te deslizas como una sierpe, como una sombra. (Ella sigue siempre alejándose. Ha de dar la impresión de alejarse hasta hacerse inaccesible, invisible). Antígona, vuelve, óyeme, óyeme Antígona, escúchame. Antígona, escúchame... Antígona óyeme. Yo soy el primero que te invoca».

Antígona.—Será para ti. Yo no volveré a pasar nunca por esa puerta.

Creón.—Como siempre, te adelantas: antes a mi justicia, ahora a mi clemencia. Vengo a sacarte de esta tumba. La muerte de mi hijo, precipitado como tú, me impidió sacarte de aquí a tiempo para que celebrarais vuestras nupcias. Yo quería sólo darte una lección.

Antígona.—Ah... ¿No era la ley, que yo bajara aquí para desvivirme a solas como un reptil entre las piedras?

Creón.—Ya empiezas, Antígona, haces que se me olvide lo que venía él a decirte. Sí; se me va de la cabeza. Pero mi decisión es mi decisión y la mantengo por encima de tus palabras. La puerta está ahí, mírala, abierta. Vamos Antígona. Ve delante de mí. Sube tú antes que yo, sube tú, primero.

Antígona.—He subido ya, aunque me encuentras aquí, tan abajo. Siempre estuvimos todos nosotros debajo de ti. Pues eres de esos que para estar arriba necesitan echar a los demás a lo más bajo, bajo tierra si no se dejan. Confórmate con eso, Creón. ¿Qué otra cosa quieres?

Creón.—Quiero, ahora ya no sé lo que quiero. Lo que no quiero es oírte: que te vayas.

Antígona.—Pues ya me estoy yendo.

Creón.—Que te vayas de aquí, arriba, arriba.

Antígona.—Arriba, arriba. ¿Tú sabes dónde es arriba?

Creón.—La tierra de los vivos, y conmigo a lo alto, al poder. Pues que yo, como es justo, he de seguir reinando.

Antígona.—Ya no pertenezco a tu reino.

Antígona pone fin a la escena con sus propias palabras. Antes, no obstante, Zambrano escribe: «(Le mira desde la máxima distancia, serena, como una columna, blanca enteramente blanca)». Antígona entonces afirma ante Creón: «Me invocas. Espera. Espera desde tu tiempo. Cuando se te acabe la razón. Cuando se consuma tu razón, la tuya, si te queda algo estaré todavía viva, te oiré entonces». Y en un margen del manuscrito, Zambrano anota: «Te escucharé cuando tú hayas escuchado».

Creón.—Pues a otro reino, si no quieres estar en el mío.

Antígona.—Estoy ya entrando en un reino. Voy ya de camino, estoy más allá de donde a un alma humana le es dado el volver.

Creón.—No te obstines, Antígona. Quizá crees que ha pasado mucho tiempo. Pero no. Mira, ¿no lo ves? El Sol no se ha puesto todavía, está ahí como ayer cuando bajaste. Sólo te ha faltado el Sol un día, sólo has dejado un día de verlo. Un día. Vamos Antígona, arriba, arriba.

Antígona.—No.

Creón.—¿Y qué diré a tu hermana que te espera?

Antígona.—Dile, si te acuerdas bien, dile —no cambies mis palabras— que viva por mí, que viva lo que a mí me fue negado: que sea esposa, madre, amor. Que envejezca dulcemente, que muera cuando le llegue la hora. Que me sienta llegar con la violeta inmortal, en cada mes de abril, cuando las dos nacimos[75].

Creón.—¿Y cómo yo voy a poder decirle todo eso? Eso son cosas tuyas.

Antígona.—Y cómo voy a decir cosas no mías y a mi hermana, a lo único que de mí dejo en esa vida. Pero no es necesario que se lo digas. Yo sé que será así.

Creón.—Y a los que te lloran, ¿qué les diré? Creerán que no he cumplido mi palabra. Pero no, ya lo ven. Creerán que no quieres volver con ellos.

Antígona.—Ay, Creón, en qué cosas te paras ahora. Me dejarán de llorar, y es bueno que me lloren algún tiempo; eso les lavará. A mí me ha cogido muchas veces la lluvia en el campo cuando iba con mi padre y no teníamos dónde guarecernos. Y era buena esa lluvia, era bueno, aunque duro ir al descampado. Gracias al destierro conocimos la tierra.

---

[75] Uno de los datos más explícitamente autobiográficos del texto, como quedó subrayado en la Introducción. En abril nace María Zambrano, en 1904, y en abril nace también su hermana Araceli, en 1911.

Creón.—No te puedo entender. Pero, óyeme, por última vez te lo digo.

Antígona.—No.

Creón.—Óyeme, niña. Antígona, óyeme. No te vayas así sin mirarme siquiera, como si no estuvieras ya aquí. Escúchame, Antígona. Soy el primero que te invoca.

Dime: ¿Qué es lo que tengo que hacer? Te oiré, te, oh no, iba a decirte: te obedeceré. Y eso no es posible.

Antígona.—A mí no hay que obedecerme. Sigue a quien yo sigo.

Creón.—El Sol ya se ha ido, Antígona, tengo que irme.

Antígona, tienes tiempo aún, mira, mira el Sol: se está yendo.

Antígona.—Ese Sol no es ya el mío. Síguele tú.

Antígona[76]

Podía haber cerrado la puerta, sabiendo, como sabe, que yo ni la he de cerrar, ni la he de abrir; esa puerta de mi condena seguirá así, como la han dejado.

Pues que no es la condena, es la ley que la engendra, lo que mi alma rechaza. Pero veo que comienzo a hablar de mi alma.

---

[76] En M-343 se encuentra otra versión de este parlamento de Antígona, atravesado por el recuerdo a Job, fundamental en los escritos zambranianos. Transcribo a continuación la práctica totalidad de su contenido (con los corchetes vacíos indico una parte del texto de difícil lectura debido a la complicada ortografía de Zambrano; he preferido en estos casos no arriesgar en la interpretación).

«Ahora ya estoy sola definitivamente. Todos se han ido yendo, desligados ya, se han ido a la paz de su sepultura [...]. Mientras que yo me asemejo a los dioses inmortales, al menos en esto de no poder morir. ¿Sois esclavos de ello o, por el contrario, os gusta andar así extendidos sobre la muerte, caminando, andando sobre ella? Porque os falta vida, y os sobra. ¿Nos engendrasteis?, ¿y de ello no guardáis memoria? La memoria es nuestra, de los mortales que nada sabemos de cierto sobre nuestro origen y nos desvelamos por recordar, queriendo acordarnos, y en silencio no os pedimos bajo tanto padecer, otra cosa que un poco de luz para nuestro nacimiento. Dejadnos nacer, si somos algo. Y si no abandonadnos, rechazadnos para siempre, abrid el abismo del que salimos al día. // Nos cerrasteis la puerta cuando nacimos. Atrás quedó nuestro origen y sin luz vamos así, sin luz original, ¿cómo vamos a andar? Todo le pasó a mi padre por no saber de quién era el hijo. Todo su yerro no deshecho todavía fue ese, porque yo estoy aquí todavía, viva o muerta, ya no lo sé. Porque

Y él, claro, él venía a que colaborase con él, y que sea yo su cómplice por huir de la condena, y lo ayude a saltarse la ley sin cambiarla, claro.

Porque ha caído sobre él la desgracia y el oprobio. Y aún espera, sin saberlo, que si yo salgo de aquí todavía viva, su hijo, su hijo, vaya a resucitar. Mas no se resucita así los muertos.

---

ningún dios viene a decirme si estoy viva o muerta, si morir es este delirio sin fin, esta luz implacable que sobre mi ser cae sin deshacerlo [...] Mi padre lo padeció, ese suplicio, tal fue su culpa, amor en la oscuridad ciega del origen, hundirse por amor en su origen. Amar originalmente. Ciego amor anterior al nacimiento. Ciego amor. Y yo, yo, ahora te veo, como estaba despierta, vigilando siempre, [...] Lechuza me llamaban en mi casa. No puede amar porque quería ver antes, saber mi origen y el de él, él, todos. Claramente ver en la claridad el origen de todo, su raíz. Andaba buscando siempre las raíces, más que las flores, y me gustaba arañar la tierra, a ver si de la tierra oscura brotaba una luz, una palabra escondida en ella. Esa palabra que siempre echaba de menos, que me faltaba. Porque en la tierra oscura, la calumniada, despreciada tierra ha de haber una luz, una piedra viva. Algo divino, prisionero, algo que quiera nacer, aparecer, y pide ayuda. Estoy aquí, vine a buscarte, luz, al centro de la tierra. Y he de bajar más todavía para oírte, palabra no dicha, luz escondida, sepultada, luz de las tinieblas. Pero no, no la humillante ley de dioses y hombres me trajo a este sepulcro, infierno de la ciudad [...]. // Mi padre ¿qué iba a hacer? Le negasteis la luz de su nacimiento. No lo conoció, no, como no lo conoce ningún hombre. ¿Quién de vosotros, dioses, puede descubrirnos nuestro origen? O somos hijos vuestros, no reconocidos, somos dioses como vosotros, caídos en desgracia [...]. Y así las acciones que en vosotros son hasta gloriosas, son ignominia y padecer para nosotros. // Edipo, mi padre, era un dios, sí, era un dios a quien fijasteis en la tierra, y él, inocente, creyó, no supo que éste era su destierro y fue siempre más allá de lo que debía. Se excedió, sin saberse. Fue arrebatado. Y su hija fue humillada desde siempre y dejada sin amor, y sin amor tuve que bajar a la tierra que no me abre sus puertas. ¿No es ella, entonces, mi madre? ¿De quién soy hija? Mi padre fue desterrado de su ciudad para saberlo y se llenó de culpa. Yo dejé que me enterraran sin culpa, hice que me enterraran sin culpa y me pregunto como él, como él peno por saber de quién soy hija, dioses, de cual de vosotros soy hija, o sólo de la tierra, como una viborilla sólo de la tierra. Ilusoria es la inocencia y la culpa, sombras igualmente, ilusoria la justicia mientras alguien, un dios, un hombre, o alguien, las dos cosas habría de ser, no nos desvela la luz del

Venía a ascenderme. Eso. Por esa escala. Y yo no sé qué va a ser de mí, pero bien cierta estoy de que no es ésa la escala de mi ascensión y de que nadie, ninguno de los que están ahí arriba, ni de los que por aquí han venido, ávidos de seguir viviendo, me pueden resucitar, si es que al fin muero, o llevarme hacia la luz, esa que nunca he visto, pero que siento según me voy volviendo ciega.

Oh Sol: estás todavía aquí como un reproche, como remordimiento que se arrastra, como una insidia. Ya sé que te veo por última vez, Sol de la Tierra, y que cuando te vayas, mis ojos, estos de la tierra, dejarán de ver, pues que no se abrieron solos, tú los abriste como una herida. Esa herida de la luz en el rostro de los mortales. Sé que yéndote tú, Sol, se cerrarán estas llagas.

Y yo me quedaré aquí como una lámpara que se enciende en la oscuridad. Tendría que ir todavía más abajo y hundirme hasta el centro mismo de las tinieblas, que muchas han de ser, para encenderme dentro de ellas. Pues que sólo me fío de esa luz que se enciende dentro de lo más oscuro y hace de ello un corazón. Allí donde nunca llegó la luz del Sol que nos alumbra. Sí, una luz sin ocaso en el centro de la eterna noche.

Aún luces, aún me hieres con tu reverberar; estoy todavía viva: veo, respiro y toco y, como nadie me llama, no sé si podría oír.

Pues que si el del poder hubiera bajado aquí de otro modo, como únicamente debía haberse atrevido a venir, con la Ley Nueva, y aquí mismo hubiese reducido a cenizas la vieja ley, entonces sí, yo habría salido con él, a su lado,

---

origen, la primera. ¿A quién hemos de amar para no sufrir y caer? ¿Cómo se ha de amar para que ella misma, la justicia, sea amor, amor solo? Porque entre vosotros, dioses todos, ninguno es hermano nuestro [...]. Pero él, el hermano, es el que viene a redimir a la Madre, no a aniquilarla, el que bajará hasta el centro mismo de la tiniebla, donde cielo y tierra se confunden, para repartir el amor. El que está al mismo tiempo arriba en lo alto y abajo en la oscuridad, en la tierra».

llevando la Ley Nueva en alto sobre mi cabeza. Entonces, sí. Pero él ni lo soñó siquiera, ni nadie allá arriba lo sueña.

Con sólo que él lo hubiera soñado, me tendría al lado suyo para vigilar su sueño, para alimentarlo. Porque un sueño así consume y se consume, si no lo cuidan. La vida está iluminada tan sólo por esos sueños como lámparas que alumbran desde adentro, que guían los pasos del hombre, siempre errante sobre la Tierra. Como yo, en exilio todos sin darse cuenta, fundando una ciudad y otra[77]. Ninguna ciudad ha nacido como un árbol. Todas han sido fundadas un día por alguien que viene de lejos. Un rey quizá, un rey-mendigo arrojado de su patria y que ninguna otra patria quiere, como iba mi padre, conducido por mis ojos que miraban y miraban sin descubrir la ciudad del destino, donde estaba nuestro hueco esperándonos. Y yo sabía ya, al entrar en una ciudad, por muy piadosos que fueran sus habitantes, por muy benévola la sonrisa de su rey, sabía yo bien que no nos darían la llave de nuestra casa. Nunca nadie se acercó diciéndonos «ésta es la llave de vuestra casa, no tenéis más que entrar». Hubo gentes que nos abrieron su puerta y nos sentaron a su mesa, y nos ofrecieron agasajo, y aún más. Éramos huéspedes, invitados. Ni siquiera fuimos acogidos en ninguna de ellas como lo que éramos, mendigos[78], náufragos que la tempestad arroja a una playa como un desecho, que es a la vez un tesoro. Nadie quiso saber que íbamos pidiendo. Creían que íbamos pidiendo porque nos daban muchas cosas, nos colmaban de dones, nos cubrían, como para no vernos, con su generosidad. Pero nosotros no pedíamos eso, pedíamos que nos dejaran dar. Porque llevábamos algo que allí, allá, donde fuera, no tenían; algo que no tienen los habitantes de ninguna ciudad, los establecidos; algo que

---

[77] Parlamento esencial de esta obra que recuerda a «Carta sobre el exilio» (1961) y que resonará, entre otros, en *Los bienaventurados* (1979).

[78] La condición de «mendigos» la comparten Edipo y Antígona con el Desconocido de la última escena de la obra, el cual en la versión de M-343 se define precisamente como tal.

solamente tiene el que ha sido arrancado de raíz, el errante, el que se encuentra un día sin nada bajo el cielo y sin tierra; el que ha sentido el peso del cielo sin tierra que lo sostenga.

En nuestra casa crecemos como las plantas, como los árboles; nuestra niñez está allí, no se ha ido, pero se olvida. En nuestra casa, en nuestro jardín, no necesitamos tenerlo todo presente todo el día, y nuestra alma toda en vilo, en vilo todo nuestro ser. No; en ella olvidamos, nos olvidamos. La patria, la casa propia es ante todo el lugar donde se puede olvidar. Porque no se pierde lo que se ha depositado en un rincón. Y basta que un día brille la claridad de una cierta manera para que algo que parecía para siempre borrado se presente, como saliendo del mar, purificado y pleno de vida. Y si es un pesar, se encuentra alivio, dejándolo en algún lugar apartado para ir a buscarlo cuando se tenga alma para soportarlo.

Porque los silencios de la casa y el rumor, ese zumbido de abejas que van y vienen, purifica y acompaña. Y ese tiempo inacabable y renaciente, como el Mar.

Así es la Patria, Mar que recoge el río de la muchedumbre. Esa muchedumbre en la que uno va sin mancharse, sin perderse, el Pueblo, andando al mismo paso con los vivos, con los muertos.

Y al salirse de ese mar, de ese río, sólo entre cielo y tierra, hay que recogerse a sí mismo y cargar con el propio peso; hay que juntar toda la vida pasada que se vuelve presente y sostenerla en vilo para que no se arrastre. No hay que arrastrar el pasado, ni el ahora; el día que acaba de pasar hay que llevarlo hacia arriba, juntarlo con todos los demás, sostenerlo. Hay que subir siempre. Eso es el destierro, una cuesta, aunque sea en el desierto. Esa cuesta que sube siempre y, por ancho que sea el espacio a la vista, es siempre estrecha. Y hay que mirar, claro, a todas partes, atender a todo como un centinela en el último confín de la tierra conocida. Pero hay que tener el corazón en lo alto, hay que izarlo para que no se hunda, para que no se nos vaya. Y para no ir uno, uno mismo haciéndose pedazos.

Tú, Padre mío, no te hiciste pedazos por esos caminos. Te sostuve, te fui sacando de las cuevas donde te metías. Ibas siempre a hundirte en las entrañas de la tierra. Y yo no te dejaba ni siquiera entrar en algunas de esas bocas oscuras que se abren en la tierra como las de una madre ávida. Íbamos andando a la claridad de las estrellas, hacia el alba, hacia el alba siempre. Hacia la aurora, Padre. Y una noche clara y sin estrellas, apareció una, una sola estrella en la bóveda del cielo, en medio. Entonces por primera vez vi un astro, ese Astro que el sol, la luna y las estrellas todas reflejan y encubren, el Astro al que todas las luces remiten, el Astro solo. Y después apareció como naciendo, reluciente y pálida, la Estrella de la Mañana, la mía. Pues que ni el Sol ni la Luna me han guiado apenas; sólo la Estrella. Y ahora está ahí, aquí. La puerta se quedó abierta para que entrara hasta aquí. Ahora esta mi tumba ya está en medio del cielo y de la tierra.

Sin cerrar los ojos, la siento sobre mí, en mí, en medio del cielo y de la tierra señoreando la noche del mundo. Dondequiera que esté, ella es el centro; lo hace sentir y ver, lo establece. Y cerrando los ojos, la veo aún con mayor vida. Un rayo de vida que consume mis vidas todas: la vida que cayó sobre mí, la que surgía cuando me dejaban sola; las vidas que me tendían como una cinta, como un hilo, cada uno de mis hermanos. Pues que yo bien sabía que el uno me quería para que reinase a su lado, aunque se casara, y que el otro, al que yo más amaba, vendría un día a buscarme para irnos lejos a realizar algo hermoso y nunca visto, aunque se hubiera casado ya. Hemón, el novio, estaba siempre ahí, a la espera, ofreciéndome la vida, la vida que corre sin dificultad para todas las muchachas y que para mí estaba más allá, al otro lado de un torrente. Y él, desde la otra orilla, no podía ni siquiera llamarme, pues que sabía que no me era posible atravesarlo. Y a él, algo le impedía arrojarse a él, y atravesarlo, y llegar donde estaba yo y volver a atravesar el torrente conmigo. Allí, del otro lado, estaba nuestra vida, nuestras bodas. Y yo me quería dar aliento diciéndome: «Antígona, tienes novio, estás prometida; celebrarás un día tus bodas». Pero luego se me desvanecía la imagen. Y la vida prometida se me volvía a aparecer sin nombre y sin figura alguna, como un espacio claro. Como un horizonte y como una tierra diferente sin huellas de humanas plantas. La soñaba y entonces la veía. Desierta la sentía, como una llamada que me hacía ir obstinadamente hacia un punto invisible, por senderos que no llevan a ninguna parte. En sueños tenía siempre, para llegar a esa claridad prometida, que atravesar un dintel como ése, que subir tres escalones, como ésos. Pero me quedaba quieta como ahora. Otras veces tenía que atravesar de parte a parte una estancia muy clara, llena de grandes vasos de vidrio muy diáfanos que apenas se veían. Y era obligado el pasar entre ellos sin quebrar ninguno, sin hacerlos temblar[79]. Y así lo hacía. Nunca quebré ningún vaso, ni atravesé el umbral

---

[79] Carlos Peinado ha asociado esta escena de *La tumba de Antígona* al texto bíblico: «... como el Siervo de Isaías —escribe Peinado—, que, renunciando a la violencia y al poder sobre los otros, no ha de quebrar la caña cascada ni ha de apagar el pabilo vacilante, ella llega al final habiendo cumplido su misión: no ha quebrado ningún vaso, no ha roto el cántaro (símbolo de la virginidad, del agua que lava a toda su familia)» (Peinado, 2005, 339).

La asociación de Antígona al elemento agua, y al recipiente que lo contiene, es recurrente en todos los textos sobre el personaje. Recordemos la virginidad de las doncellas en la lírica popular —que tanto valoraba Zambrano—, asociada con frecuencia al cántaro, a la fuente, al agua, a la fertilidad sin mancha. En «El personaje autor: Antígona» de *El sueño creador*, Zambrano insiste de modo explícito en esta imagen: «Y así Antígona es la imagen en la plenitud de su significado de esa figura tan remota, de la doncella que va y viene con el cántaro a la fuente; fuente en verdad ella misma, pues que de ella se derrama la vida sin dispersarse, en forma trascendente» (Zambrano, 1986c).

Aparte, queda en este caso el propio símbolo del cristal, que remite en tantas partes de la obra de Zambrano al «alma». «Cristal de roca» es la expresión que utilizará Zambrano para referirse al alma en san Juan de la Cruz.

estando la puerta abierta. Siempre fue así, en mi sueño y en la realidad. Cuando pasé la raya para ir a lavar el cadáver de mi hermano, el cántaro tampoco se me rompió. Y a la tierra aquella, donde mi hermano estaba, se podía ir, era tierra de esta, de los hombres. No era la tierra prometida, la que se extiende más allá de lo que alumbra el Sol. La Tierra del Astro único que se nos aparece sólo una vez. Y allí todo será como un solo pensamiento. Uno solo. En esta tierra que está bajo el Sol no es posible. Porque todo lo que desciende del Sol es doble: luz y sombra; día y noche; sueño y vigilia; hermanos que viven uno de la muerte del otro. Hermano y esposo que no pueden juntarse y ser uno solo. Amor dividido[80]. Y no hay un lugar donde el corazón pueda ponerse entero. Y hay que irlo a buscar, porque se pierde. Y se cae también el corazón, y hay que alzarlo sin que descanse. No se le puede dejar al corazón que descanse, ni que se aduerma. No hay que permitir que nos deje, ni que se vaya en la noche por su cuenta. Hay que esconderlo a veces, eso sí. Y dejarlo que ayune para que reciba su secreto alimento.

Y seguirlo cuando la oscuridad lo envuelve, entrarse con él en lo más denso de las sombras, reducirse hasta llegar con él a la secreta cámara donde la luz se enciende.

Ahora sí, ha de ser la hora ya. Ahora que está aquí la estrella[81].

---

[80] «(Se arropa con el chal como si la invadiera el frío y la soledad)» (acotación de M-249).

[81] En M-249 se encuentra un folio que contiene unos breves fragmentos bajo el título «Último sueño» referidos a Antígona. No sabemos si pertenece a *La tumba de Antígona,* ni podemos establecer en qué momento de la obra lo hubiera situado Zambrano. Nos parece, no obstante, importante reproducir el siguiente fragmento en el que se relaciona a Antígona con la sierpe: «Antígona es la sierpe que viene de lejos y de lo hondo, del limo, y de ahí su fe en la tierra. La sierpe que asciende hasta la palabra y la luz, la sierpe que sueña con el pájaro, y que es colmada sólo a través del sacrificio: de un ser intacto. Inversamente a Melibea: sacrificio de la virginidad-muerte. Antígona sacrifica en la virginidad-voz, palabra».

Los desconocidos[82]

Desconocido primero[83].—Antígona, despiértate; aún es tiempo[84].

---

[82] «(Entran mientras ella está adormilada al mismo tiempo y suavemente, uno, el más bajo y caracterizado como un hombre por la puerta de la tumba, el otro de mayor estatura y de forma menos humana aparece como si hubiera estado allí invisiblemente)» (M-249). En M-343, Zambrano escribe al inicio de esta escena: «tiene que acabar cuadrando en justicia».

[83] En M-343 no son dos los «desconocidos» sino únicamente uno, al que se denomina, además, «un mendigo». Antígona se refiere a él como «uno de los míos». El diálogo presenta variantes respecto del texto publicado. A continuación reproducimos la práctica totalidad del texto. Antígona: «Ah, al fin vienes, sé que eres tú uno de los míos, aunque nunca te vi [...]». Desconocido: «Yo sí, a ti. Mira lo que haces, lo que hiciste. Cuando sobre la tierra te hablaron de justicia, pedías, pedía, te revolvías por la piedad hasta disolverte en ella. Y ahora, alma que tendías, que pedías piedad para ti, hablas de justicia, clamas por ella». Antígona: «No... Pero sí, ha de ser cierto lo que me dices. Siempre hago lo contrario». Desconocido: «Por vez primera no sabes. Comienzas a creer, veo». Antígona: «Te creo, a ti, porque nunca te vi, ahora apenas te veo, se me va yendo la vista, ella también. Pero quiero saber». Desconocido: «Quieres todavía saber». Antígona: «Sólo esto. ¿Dónde estabas?». Desconocido: «Ahí, a la puerta, como siempre». Antígona: «¿Cómo siempre?». Desconocido: «Siempre estoy a la puerta». Antígona: «¿Pides?». Desconocido: «Vengo a recogerte». Antígona: «¿Me llevas contigo?». Desconocido: «No hace falta. Caíste en mis manos como una hermosa limosna, la que se da toda [...]». Antígona: «Nunca nadie me ha acompañado como tú. Y vas a

Desconocido segundo.—¿Adónde quieres llevarla? La puerta ha estado y sigue estando abierta. De no ser así, tú no habrías entrado, pues que no eres de aquellos que se filtran por las paredes.

Desconocido primero.—¿Y tú, tú?

Desconocido segundo.—¿No me reconoces porque vengo de este modo? ¿Porque no me muestro y nadie ha gritado mi nombre?[85]. ¿No me has visto alguna vez? Suelo pasar muy de prisa, ando atareado: me mandan, me piden.

Desconocido primero.—Nunca te encontré por mis caminos. Veo que no eres un simple hombre como los demás, ni tampoco como yo. Pareces una aparición, una figura de esos sueños que luego nos acompañan. No sé quién eres. Mas si eres más que un hombre, has de saber a lo que vengo a este lugar. Todavía estamos a tiempo. Y yo vengo de otro modo, de un modo muy distinto al que han venido todos los que hasta aquí bajaron, todos los que se filtraron, como tú has dicho, por las paredes. Yo no puedo. Pero a cambio de esa

---

irte. Si he caído en tus manos, llévame contigo, ¿por qué no te quedas conmigo?». Desconocido: «No puedo. Soy un mendigo. Tengo que seguir pidiendo. A los que me dan, los dejo». Antígona: «¿Es cierto lo que entiendo?». Desconocido: «Sí. No lo digas». Antígona: «No, yo no digo nada ya. Soy sólo una semilla, me hundiré (él desaparece), me hundo al fin en... Pero no, ya todo es diferente. ¿Qué luz me has dejado, pasajero, mendigo, amor?». Desconocido: «No mueres todavía más. No te está permitido. Seguimos en ese lugar más allá de la vida y de la muerte. Somos así una voz, una voz tan solo que no se apaga, se acalla, encendida en el corazón oscuro del silencio. Así seguirás mientras el amor, la piedad y la justicia no sean la misma cosa en el mundo de los hombres. Antígona, deja tu voz aquí y sígueme».

[84] «(Al terminar la frase descubre al otro)» (acotación de M-249).

[85] Las dos interrogaciones de la edición de Siglo XXI resultan algo confusas. Son las siguientes: «¿No me reconoces por qué vengo de este modo? ¿Por qué no me muestro y nadie ha gritado mi nombre?». Probablemente se trata de una errata, tanto por la dificultad de esta versión como por la variación del texto que se encuentra en M-249, que nos confirma lo acertado de modificar en este caso la edición de Siglo XXI. El texto de M-249 dice: «Si tú no me reconoces porque vengo así, yo no digo mi nombre a quien no me reconoce. ¿Me has visto alguna vez?».

imposibilidad puedo bajar a los pozos de la muerte y del gemido y puedo subir; entro en el laberinto y salgo. Y siempre de estos lugares de encierro saco a alguien que gime y me lo llevo conmigo. Y lo pongo arriba en medio de las gentes, a que cuente su historia en voz alta. Porque los que claman han de ser oídos. Y vistos. Déjamela. Porque veo que ya es tuya[86].

Desconocido segundo[87].—No. No me pertenece a mí tampoco. Fue vuestra y la dejasteis sola. Apenas unos cuantos la siguieron hasta aquí cuando se lamentaba en voz alta, cuando clamaba. Y antes, cuando partió, niña sola guiando a su padre, el más desdichado de los hombres. Los dejasteis partir creyendo que con ello ya seríais dichosos y que la ciudad quedaba libre de culpa.

Entonces, en la desgracia, era vuestra, como vuestro era el padre en la culpa. Sois así. Rechazáis al inocente en su caída y luego os disputáis su tumba[88].

Desconocido primero.—Pero yo, yo me acerco y aun bajo a las tumbas de otro modo. Ya te lo he dicho. Pero escúchame[89].

Desconocido segundo.—Te escucho.

---

[86] En M-249 hay también variantes en este momento del texto: «Nunca te encontré en mi camino. ¿Cómo voy a reconocerte? Veo que no eres simplemente un hombre como los demás, como yo; pareces una apariencia. Si eres más que un hombre sabrás ya a lo que vengo. Todavía es tiempo».

[87] «(Interrumpiéndole, cortándole la palabra con un leve gesto en la mano)» (acotación de M-249).

[88] «¿Por qué la dejasteis sola? Sola bajo el poder. Apenas unos cuantos de vosotros la siguió desde lejos hasta aquí. Y antes la dejasteis partir a solas con el padre ciego, vuestro rey caído. Era entonces tan vuestra como ahora. En verdad, por si eres capaz de entenderlo te diré que entonces era vuestra; ahora, ahora ya no os pertenece a vosotros, aunque tengáis —grande privilegio— su tumba» (variante de M-249).

[89] «No te entiendo del todo. Entiendo, sí, que nos reprochas a nosotros, sus conciudadanos, el haberla dejado librada...». Después habla el Desconocido Segundo y dice: «(interrumpiéndole, cortándole la palabra con un leve gesto de la mano). El haberla librado a su destino. Aceptarlo, pues, aceptar su destino y el vuestro propio como ella lo ha aceptado». El Desconocido Primero: «Pero, oye, escúchame» (variante de M-249).

Desconocido primero.—No; no es así como tendrías que escucharme. Tendrías que darme aliento. Tendrías que darme la palabra[90].

Desconocido segundo.—No sabes, entonces...

Desconocido primero.—Poco sé ahora. Porque he venido aquí en modo diferente a como he bajado a otros lugares como éste. Querría, quería llevármela viva, a ella, no a su sombra. Que conociera la vida antes de morir.

Desconocido segundo.—No sabes quién es todavía. La amas desde cerca. Tienes que alejarte. Por esta vez te volverás solo. Tienes que esperarla.

Desconocido primero.—¿Tengo que irme así? ¿Sin ella, sin acabar de entender tus palabras y sin que me escuches? Tengo tantas palabras aquí en el pecho, agolpándose en mi garganta[91].

Desconocido segundo.—¿Temes por tus palabras? ¿Temes por Antígona? Por tus palabras no temas, pues que las tienes que dar todas; no son tuyas más que para darlas. Y por Antígona no penes ya más. Todo ha pasado ya para ella. ¿No la ves? Ha tocado esa parte de la vida de donde, aunque todavía se respire, no se puede ya volver[92]. Mas nunca se irá, nunca se os irá del todo[93].

Desconocido primero.—Hablas por enigmas. ¿Quieres decir que va a seguir aquí sola, hablando en alta voz,

---

[90] «No, no es así como me tendrías que escuchar. Tengo tantas palabras aquí en el pecho subiéndose a mi garganta. Todas quieren salir. Mira: nosotros no estamos hechos para entender, nunca brillamos por eso. Y a ella era necesario entenderla, haberla entendido en cada momento. Pero como todavía es tiempo» (variante de M-249).

[91] En M-249, el Desconocido Primero sostiene lo siguiente refiriéndose a Antígona: «Pero veo que se mueve, va a hablarnos».

[92] Esta frase recuerda a Dante en la *Vita nuova* (capítulo XIV), donde se dice lo siguiente: «Io tenni li piedi in quella parte de la vita di là da la quale non si puote ire più per intendimento di ritornare».

[93] En M-249, el Desconocido Segundo contesta: «Oh, por eso no penéis. Os hablará siempre. Mas todavía es pronto. Es tarde para que te la lleves contigo, pronto para que comiences a oírla».

muerta hablando a viva voz para que todos la oigamos? ¿Es que va a tener vida, y voz?

Desconocido segundo.—Sí; vida y voz tendrá mientras siga la historia.

Desconocido primero.—Mientras haya hombres[94].

Desconocido segundo.—Mientras haya hombres hablará sin descanso, como la ves ahora, en el confín de la vida con la muerte. ¿Has entendido?[95].

Desconocido primero.—Sí, no; no del todo. Vendré aquí, me acercaré por la noche para recoger su palabra en el silencio.

Desconocido segundo.—No es eso; no será así. La oirás más claramente de lejos, aunque estés sumergido en otros asuntos. Pues que tú la oirás el primero. Y esas palabras que se aglomeran ahora en tu garganta, saldrán sin que lo notes. Su voz desatará tu lengua. Vete ahora[96].

Desconocido primero[97].—No encuentro nada que decirte. Me voy con tu palabra[98].

Desconocido segundo.—Antígona: ven, vamos, vamos.

Antígona[99].—Ah, sí. ¿Dónde? ¿Adónde? Sí, Amor. Amor, tierra prometida[100].

---

[94] «(Con voz entrecortada)» (acotación de M-249).

[95] «Mientras haya hombre ella hablará sin descanso, encerrada en su tumba, como la ves ahora, sin despertarse. ¿Has entendido?» (variante de M-249).

[96] «No, no es eso. Ya lo entenderás cuando la oigas cuando más lejos estés mas sumergido en tus asuntos. Pues que tú, tú la escucharás el primero. Y esas palabras que se aglomeran en tu garganta, saldrán puras, sueltas como gotas de agua. Su voz desatará tu palabra. Vete ahora; que ella no te vea» (variante de M-249).

[97] «(Retirándose por la misma puerta)» (acotación de M-249).

[98] «(Una pausa durante la cual el Desconocido segundo lentamente se va acercando a Antígona hasta rozar la frente. Y en ese instante el manto formará dos alas en sus brazos)» (acotación de M-249).

[99] «(Suavemente despierta, sin sobresalto dice las últimas palabras)» (acotación de M-249).

[100] En M-343, antes del «Fin», Zambrano subraya estas palabras de Antígona: «La luz está viva dentro de mí y no me quema. El germen de la luz».

Otros textos
sobre el personaje trágico

Delirio de Antígona

A mi hermana Araceli[1]

Prólogo[2]

Antígona, la doncella que muere por rendir a su hermano las honras debidas a los muertos, fue condenada, como es sabido, a ser enterrada viva. Entró en la muerte viva e intacta. Desde niña, según Sófocles nos cuenta en Edipo en Colonna, acompañó a su padre ciego; después vivió con sus hermanos en el palacio real de Tebas, bien poco tiempo, hasta que llegó la fatal querella entre los dos hermanos Eteocles y Polinices. Prometida a su primo Hemón, hijo del tirano que había de condenarla a tan cruel fin, apenas tuvo tiempo[3] de saber que existía, de verse y de ser vista.

---

[1] En M-249, la dedicatoria dice así: «A mi hermana Araceli que ha servido a la Piedad».
[2] En M-249 el título de este Prólogo es el que sigue: «Una figura de la conciencia y de la piedad: Antígona», y Zambrano a pie de página indica: «Prólogo a la obra inédita: "Delirio y muerte de Antígona"», aunque lo cierto es que con ese título Zambrano no publicaría ninguna obra. Al final del Prólogo, Zambrano añade que el texto se publicó en *Orígenes,* La Habana, en 1948, junto al delirio propiamente de Antígona.
[3] Obsérvese de nuevo la importancia del tiempo en las reflexiones zambranianas sobre Antígona, tema con el que se abre este Prólogo,

Símbolo perfecto de la virginidad que ni siquiera ha reparado en sí misma. Misterio de la virginidad en toda la plenitud; y por ello, de la conciencia en estado virginal. La conciencia virgen alumbra y se dirige a lo que no es ella misma, a lo que no es tampoco el sujeto a quien pertenece. Raro momento de perfección humana, pues el hombre sale de su sueño para entrar en la conciencia a través de una falta, de un crimen. Conciencia es despertar del ensueño de la vida; pues vivir debe ser originalmente permanecer hundido en el sueño sin saber alguno acerca de las diferencias entre las cosas; diferencia que se da sobre la primera, aquella abismal entre nosotros y la realidad que nos rodea.

Y una vez que los humanos despiertan de su ensueño a la conciencia, inmediatamente vuelven la luz que ella arroja, sobre sí mismos, caen en la cuenta de sí y lo que nombramos *yo* toma cuerpo y lo que es peor, peso. Y así, nuestro propio ser viene a interferirse en la luz, destello de la luz original que es la conciencia. Y se pierde la conciencia pura, original. La Filosofía ha hecho siempre el máximo esfuerzo para devolvernos a la luz original a través de una larga historia, ahondando la conciencia o bien devolviéndola, reintegrándola a su punto de origen, a lo divino.

Pero, he aquí a una muchacha, Antígona, que no tuvo tiempo de detenerse en sí misma; despertada de su sueño de niña por el horror del crimen paterno, entró en la plenitud de la conciencia. Pero nunca la volvió sobre sí. Por eso el conflicto trágico la encontró virgen, y su virginidad de mujer se adecuaba perfectamente con su conciencia lúcida.

---

como también el trabajo de *El sueño creador*, «El personaje autor: Antígona». No se trata sólo del tiempo. La inmensa mayoría de los temas de *La tumba de Antígona* habían aparecido, aún con variaciones, en los otros textos sobre la heroína trágica: el delirio, la mediación, el sacrificio, la primavera. También los personajes y figuras históricas se repiten, como Perséfone, Juana de Arco o Sócrates. Y los símbolos como el vaso, la tumba, el agua, la sangre, la araña, etc.

Vida y conciencia inocentes, intactas. Y así, hubo de bajar entre los muertos, viva. El terrible castigo le era también adecuado; sólo el fuego que consume podía haberlo suplantado, consumiéndola como a otra doncella perfecta: Juana de Arco. Para la perfecta virginidad del alma y de la conciencia, sólo tienen los hombres preparada una celda donde se consume lentamente o una hoguera, fuego que se lleva para sí lo que en realidad le pertenece.

Antígona, según nos cuenta Sófocles, se ahorcó en su cámara mortuoria. Por mucho que nos atemorice el respeto al Autor de su poética existencia, parece imposible de aceptar tal fin. No; Antígona, la piadosa, nada sabía de sí misma, ni siquiera que podía matarse; esta rápida acción le era extraña y antes de llegar a ella —en el supuesto de que fuera su adecuado final— tenía que entrar en una larga galería de gemidos y ser presa de innumerables delirios; su alma tenía que revelarse y aun rebelarse. Su vida no vivida había de despertar. Ella tuvo que vivir en delirio lo que no vivió en el tiempo que nos está concedido a los mortales. Le fue quitado su tiempo entre los vivos dejándoselo —ironía de la condena— entre las sombras. Su ser de doncella perteneció, desde el instante en que se decidió a prestar al cadáver de su hermano las honras debidas, al reino de la sombra. Pero hay más. Toda doncella perfecta ha de bajar al infierno; pues el infierno que parece estar en el fondo del alma humana, y aun más allá, en el secreto reino de los muertos, las reclama; como si los infiernos, los profundos de la tierra y de las almas, tuvieran necesidad de su pureza y como si la misma pureza tuviera que lograr su libertad sólo después de haber sufrido las consecuencias del crimen que le es extraño.

¿Y cómo podría haberse dado la muerte Antígona, la inocente, la niña arrojada viva a los muertos, sin pasar por el infierno? Sófocles, al hacerla morir violentamente, la sustrae a su destino: la inmortalidad. Pues sólo la pureza que ha atravesado el infierno puede ser inmortal. Perséfone, la hija de Deméter, imagen de la primavera, es raptada por el Dios de las entrañas, por el Dios del fuego, y de allí resurge para alegrar la tierra. ¿Es inadmisible imaginar que Antígona pertenezca a esta estirpe de heroínas primaverales, raptadas por los muertos, por los infiernos, de donde resurgen una y otra vez? Pero Antígona es algo más: es la primavera de la conciencia humana, la pureza de la conciencia y por ello resurgirá una y otra vez de su sepulcro para alumbrar el mundo. Y reaparecerá siempre en forma de muchacha que no ha tenido tiempo de pensar en sí misma, cegada por el amor sin mancha; es decir, por la Piedad. Y es la esencia del misterio de esta perfecta virginidad, que en ella son la misma e idéntica cosa; conciencia y piedad, pues que la conciencia no discierne indebidamente y sólo entiende de lo que es más que justo, de lo justo según la lógica divina.

¿Y cómo podría ella, Antígona —la que no tuvo tiempo de descubrirse, ni de ser descubierta—, ejecutar esa acción, la más violenta de todas, de darse muerte ahorcándose? Hubo de entregarse a su delirio, hubo de dejar que brotara en ella con la misma pureza que su grito contra Creón, el grito de su vida no vivida; el grito de su amor de mujer que, dormido en su pecho, llevaba vida latente; ella no pudo estrangular a su vida latente que clamaba por ser vivida, pues hubiera traicionado su condición piadosa y virginal. Y se hubiera sustraído a su castigo. Como Sócrates, otra víctima de la conciencia y la piedad, hubo de apurar íntegramente su condena; que era expirar enterrada, entregada a la tierra antes de morir, porque ella lo había elegido así.

No sabemos cuánto tiempo permaneció Antígona delirando entre las cuatro paredes de su tumba. Tampoco es necesario. El tiempo del delirio no se cuenta por los minutos de las clepsidras. Y todo sacrificio trae una alteración en el tiempo, alteración que es profundización, apertura de abismos temporales en los que tienen lugar la consunción de aquellos acontecimientos que en las vidas normales llevan decenas de años.

León Bloy, en *La Femme pauvre*, dice de su protagonista que tenía la virtud de acelerar el tiempo, haciendo que aquellos acontecimientos que necesitan toda una vida para desarrollarse lo hicieran en algunos días[4]. Mas esa muchacha protagonista de la mujer pobre (de la mujer desposeída de todo para ser humanamente la esposa del Espíritu Santo) pertenecía a la especie «Antígona». Se la podría reconocer en ese signo: acelerar el tiempo. Y así, es perfectamente coherente que Antígona en su cámara mortuoria recorriera en su delirio toda su posible vida. Pero, no era su vida la cuestión, como nunca lo es en estas doncellas venidas al mundo para desatar un nudo terrible. En su delirio, ocupará un pequeño lugar su posible vida, su vida latente; lo esencial era la reconciliación de la atormentada familia, la pacificación final y el agotamiento del destino de Edipo, de Yocasta y de sus hijos. Ella había venido a eso: a desatar el nudo del incesto de sus padres y por ello, no pudo seguir hacia el porvenir casándose con su novio Hemón, que tampoco debió vivir, pues solamente era el novio de Antígona y nada más. Toda vida individual, propia, le estaba sustraída a la que no tuvo tiempo de pensar en sí misma.

Ella no había venido a «vivir su vida», sino a ofrecerla sellada en su vaso: pues el cuerpo virgen de Antígona es el

---

[4] León Bloy sería muy valorado por diversos escritores católicos contemporáneos como Bernanos, Maritain, o Stanislas Fumet, cuyo libro *Mision de Leon Bloy* citará Zambrano en su «Cuaderno de Antígona» de 1948 (M-404). La impronta de León Bloy en Zambrano es fundamental, y cercana a la de Massignon «el máximo valedor de Bloy» (véase Moreno Sanz, 2003, 682). Muchos son, en efecto, los temas en común entre Bloy y Zambrano: el dolor y la esperanza, la figura del Cristo doliente y la cruz en la que Bloy proyecta el drama humano y, al mismo tiempo, la luz que lo transforma en redención, la idea de que es en el dolor donde se revela Dios, como en la última frase de *La Femme pauvre*, «Il n'y a qu'une tristesse: c'est de n'être pas des saints». En la radicalidad de la postura de Bloy ante el dolor, en su extremismo por padecerlo, estaría Bloy más cerca, no obstante, de una pensadora como Simone Weil que de Zambrano.

vaso que en todos los sacrificios aparece. Sólo el común de los mortales han venido a vivir sus respectivas vidas individuales y por ello hacen proyectos, recortan su propia sombra y la arrojan sobre la luz de la conciencia, sobre la vida originaria. Y los proyectos y planes se entrecruzan y chocan y forman eso que se llama la «realidad», «las cosas como son» y hasta llega a confundirse con las leyes. Pero los elegidos como la niña Antígona no viven, no tienen proyectos, ni planes, no deciden acerca de sí mismos, porque su vida es solamente la esencia encerrada en el vaso que, intacta, va a derramarse para que los demás se alimenten y vivifiquen, y se transformen en claridad y su voz inextinguible. Llegan a confundirse con un elemento y su historia forma parte de la Historia de la formación del mundo, de la Historia que queda del drama por el cual la naturaleza y el hombre van naciendo entre angustias y horrores. No; niña Antígona no vino «a vivir su vida».

Y allá en el infierno de su alma encerrada, en el lugar donde sólo entran los muertos, en la obscuridad sagrada de un sepulcro a salvo de las miradas de los hombres, oculta a la luz, cumplió su destino, para el cual la vida no tenía lugar. Pero tampoco la muerte, porque tales cosas, tales sagrados designios, han de cumplirse en un reino que no es el de la vida ni el de la muerte; el reino, el lugar de los sacrificios, ante los cuales los mortales han de cubrirse la cara para no ver. ¡Todo sacrificio tiene un momento, el del cumplimiento que exige que la vida se detenga y los ojos no miren, que la conciencia se calle y que hasta los mismos cielos se suspendan!

Si Antígona hubiera vivido «su vida» ¿cómo hubiese podido desatar el terrible nudo, verificar la reconciliación? No se trataba de expiar lo que ya Edipo había expiado, sino de agotarlo. Por eso ella fue pasiva; su acción era la de hermanar, la de igualar, la de mediar entre los hermanos y, más allá del círculo familiar, entre la vida y la muerte. Heroína, semidiosa de la conciencia virginal tuvo que apurar el saber de los más hondos secretos de la vida, padecer el peso de las leyes, de la justicia para ofrecernos perennemente la pureza de una conciencia no manchada, no obscurecida por ninguna sombra de «preocupación» o «proyecto» de vida individual. Claridad que ilumina los abismos últimos, llama que nunca se volvió sobre sí sino para consumir el leve cuerpo; por eso ardió lenta sin arrebato. Luz alada que desde las sombras asoma, claridad nacida del abismo como pálido verdor de la primavera, y entre la verde pelusa una flor azulada, una roja, amoratada amapola que los hombres no deben rozar; gritos incontenibles del delirio. Pues sobre la Tierra, la primavera es un delirio de esperanza y en el mundo humano la conciencia, al nacer en su inexorable claridad, es también un delirio de esperanzada justicia.

Y así, Antígona se irá transformando[5]; era como una azulada flor, de ese azul puro, dulce y violento, de la virginidad creadora. Encerrada, enloquecida se destiñe hasta llegar al último fondo de ser sediento e insatisfecho; pasa por el rencor y se convierte en una ortiga gris y áspera, no tiene sino la sed imposible ya de satisfacer. Pero su vida retirada ya de su cuerpo, se concentrará en su espíritu y arde; Antígona no se libra del suplicio del fuego, el propio del espíritu que se alimenta de sí mismo, sumido en la soledad y en el abandono. Entonces increpará a sus Dioses, transformada ya en «zarza ardiendo», símbolo del espíritu creador[6]. Frente a ellos, arde y los increpa y los descubre; des-

---

[5] En M-249 se añade, «en su sepulcro».
[6] Obsérvese aquí la sensibilidad de Zambrano hacia el simbolismo cromático. Aquí asistimos a la metamorfosis desde el azul —el color de los románticos alemanes, el color celeste como señalaría Kandinsky, el color de Delfos para Zambrano— al gris —el color de lo indiferenciado, del centro logrado a partes iguales de negro y blanco, el color de la ceniza y su resurrección— y, por último, a la luz del fuego, símbolo ya de lo sagrado. Destaca asimismo de este fragmento, en relación a otras partes del texto, la integración de lo griego y lo cristiano, una constante en el pensamiento de Zambrano. Jesús Moreno ha llamado la atención sobre

cubre más que su falacia, su terrible limitación; la de ser formas. Los Dioses griegos tenían toda la belleza y la limitación de ser una forma; su belleza es falacia, o más su superficialidad frente a la hondura del destino y del sufrimiento que los mortales habían de apurar solos sin su socorro, ni su comprensión. Pues ellos, formas gloriosas, no trascendían. Eran lo contrario del hombre, criatura trascendente, no encerrada aunque aprisionada en su forma. Los Dioses están fijos en sus formas y de ellas no pueden salir; los Dioses griegos son por esencia lo menos capaz de trascender.

Y así, todos los personajes poéticos o reales como Antígona y Sócrates, que trascendieron, se encontraron solos y ejecutaron una acción en la que no habían pensado: desenmascarar a sus Dioses.

Antígona, conciencia virginal sacrificada, llega a ser espíritu en su soledad separada de los muertos y de los vivos. Pues ¿qué otra es la situación de los que se ha llamado espíritu, sino andar desprendida de los Dioses, sin sede y más allá de la vida? Todo aquel que se deja tomar por el espíritu se desprende y desgaja, y entra en la más completa soledad. Antígona, por su atrevimiento, traspuso los límites de las leyes, y de los mandatos de los Dioses, de la Justicia y de la Piedad manifestada. Y vino a caer bajo el reino del Dios desconocido. Fue su víctima y su servidora.

Trascendió a sus Dioses y murió en el abandono de no haber conocido al Dios, al que realmente servía. Es la esencia última de su tragedia. Y por ello fundará una especie; la de las santas niñas o adolescentes, las que han atravesado el

---

la vía órfico-católica de Zambrano, coincidente con la que también siguió Lezama Lima. «Es curiosa —escribe Moreno Sanz— la simbiosis que hacen tanto Lezama como, comentándole, Zambrano entre símbolos griegos —Orfeo, Ariadna, Perséfone— y el final de la consunción recreadora, en vía de resurrección, de la Zarza ardiente judeo-cristiana e islámica» (Moreno Sanz, 2008, II: 255).

mundo con la espada intacta de una piedad sin conmiseración. Se precipitan lúcidas, sin pensar en su suerte; aceleran el tiempo; deslumbran, analfabetas, con la justeza de sus contestaciones, pues siempre son sometidas al suplicio de un interrogatorio, en el que sin proponérselo toman el papel de jueces. Antígona constituye una especie cuyas formas y figuras serán recognoscibles siempre por este don: la simplicidad, pues en ella piedad y justicia, conciencia e inocencia son idénticas. Los hombres tendrán siempre una celda o una hoguera preparadas para ellas y más bien ambas cosas, pues cárcel y hoguera van juntas.

Y nunca saldrán a plena luz; aun mandando ejércitos como Juana, algo las mantendrá aisladas, secretas. Y después lloran porque son la primavera aprisionada, la pureza raptada, limitada en su acción, mas no en su vida.

Y entre todas, Antígona gime, la enterrada vida. No podemos dejar de oírla entre las rendijas de su tumba. Sigue delirando, esperanzada justicia sin venganza, claridad inexorable, conciencia virgen, siempre en vela. No podemos dejar de oírla, porque la tumba de Antígona es nuestra propia conciencia obscurecida. Antígona está enterrada viva en nosotros, en cada uno de nosotros.

Delirio primero

Nacida para el Amor me ha devorado la Piedad, y qué hacer con estas entrañas que gimen y siento por primera vez, cuando ya no es tiempo. ¿Por qué tú no las despertaste, y como todos los hombres —ahora lo veo— esperan que la muchacha muera para poseer solamente su cuerpo sin vida? ¿Por qué tenéis tanto miedo de despertar a la que sólo es larva, a la que está encerrada en sí misma, dormida en el capullo como el gusano de seda? ¿Acaso tembláis ante sus futuras alas? No estáis hechos para poseer a una mariposa y seguirla. Pero yo era, soy ahora, la mariposa que no quiere arrancarse de su mortaja y partir hacia el aire, hacia la libertad; pues no puede afrontar la libertad quien no ha gozado del amor, quien no ha sentido su cuerpo crecer y redondearse, como esas pocas mujeres que los escultores de Atenas han moldeado, de vientre combado no vencido, de curvas leves, de cuerpo glorioso en la plenitud del amor... Mis alas, que ya las siento, qué débiles son, pálidas, marchitas ya antes de nacer, cómo palpitan al nacer de la palidez de mi cuerpo como él, sin brillo, ni gloria. Y tú, como un insecto rubio me aguardabas a la caída de la tarde; el sol a punto de ser tragado por la tierra; me aguardabas para encenderme en una luz rubia, dorada que yo tomaba por su reflejo. ¿Por qué eras tan rubio? ¿Por qué te envolvías en tu halo, sin llegar a mí? Siempre pasaste por las cosas sin mancharlas; lo recuerdo bien: te veo rozar apenas el vaso sagrado en los sacrificios, derramar la sangre del carnero desgarrando su piel, sujetándole por los cuernos en el rito de virilidad, cumplido a pesar de ti mismo; sentía sobre mi piel tus dedos cuando cortabas la rosa para ofrecérmela y nunca te atreviste a cortar el ramo de la adelfa porque en su dulzura había un veneno espeso y en su cáliz, un secreto que nunca te atreviste —rubia abeja macho— a desflorar. Porque es la abeja obrera y afanosa la que entra en el cáliz de la flor para arrancarle su dulzura, como por oficio. Y tú, que tenías la pasión, como el compañero de la reina rubia te retiraste siempre de toda dulzura secreta y preferías verme tan sólo, contemplar desde afuera el temblor de mi pecho, cuando te acercabas a mí, envuelto en tu luz dorada. ¿Acaso querías ser visto, pálido reflejo de un rey, pálido príncipe de niebla dorada, húmedo siempre y helado, llama sin fuego, reflejo, reflejo siempre? Nunca supe el color de tus ojos; no me atrevía a mirarlos; temía ser descifrada por ellos y bajaba los míos siempre cuando juntos caminábamos en la tarde entre los olivos y veía la tierra roja, roja y amoratada, y en silencio recogiendo la respiración, la mariposa de mi aliento, esperaba, ofreciendo mi nuca, el único secreto que una doncella puede ofrecer... Sólo una vez sentí en su centro tu mirada como un cuchillo fino, como un cuchillito de oro deslizándose por el canal de mi espalda, recuerdo que me adelanté en dos pasos y la curva de mi nuca se hizo blanca, y cobró tanta forma; sí, yo la vi, como la de esas mujeres de las estatuas. Mi sangre descendió y fui también una flor y un cordero como esos que os entregan coronados de rosas, y una guirnalda comenzó a acariciar mi cuello resbalando como una serpiente de agua sobre mi pecho; me incliné sobre el suelo y arranqué unas flores azules, de ese color tan dulce y violento, y al levantarme ya tus ojos habían cesado de hundirse en el secreto de mi nuca. Y me parecía que no tenía cuerpo, que me hundía en un frío sin nombre y me encogí, ¡qué pálida, cenicienta, fea, sí, fea, debí de estar en ese instante, porque tuviste miedo —«¿te has puesto enferma?»— y hubiera huido si mis pies no se hubiesen hundido en la tierra![7]... Pero espera, tengo ya el cabello blanco casi. ¿Cuánto tiempo llevo aquí encerrada conmigo misma? Ni los muertos me reciben, quise bajar con ellos, para no sentir ese frío... por eso ¿qué dirán de mí, de Antígona la piadosa, la buena hermana, cuando sólo fui a la tumba para poder abrazar el cadáver de mi hermano —ahora lo sé—, el cuerpo de mi hermano muerto para vengarme de ti, pálido rey de mis sueños, de ti, mi novio hermano, de ti mi marido único, mi rey a quien iba destinada para gozar a tu lado de mi realeza, de mi realidad de mujer redonda, henchida como una nave cuando corre en plena mar empujada, acariciada por la violencia del viento? ¿De qué me quejo? Tú, tú eras y no otro, tú mi hermano también, como yo manchado por la sombra del incesto, como yo atormentado... como yo. ¿Tenías que haber sido

---

[7] Recordemos en *La tumba de Antígona* los pies blandos de Edipo que nunca le sostuvieron, y la propia figura del exiliado, sin tierra sobre la que pisar. Aquí es la tierra la que parece «tragarse» a Antígona. En todos los casos, es la dificultad o imposibilidad de habitar, erguido, el espacio.

otro, hijo de otra estirpe, de otro pájaro ancestral? ¿Cómo son los hombres, los novios, los amantes que se acercan a las demás mujeres?, esos que las ciñen violentamente y las hacen salir de su lecho de madera húmeda[8]; esos que las hacen danzar. Violentos hasta derramar su sangre como la del cordero de la fiesta, y mueren, sí, ellas, para saltar luego cuando ya son otras. Porque el sacrificio nos mata a nosotras, las víctimas, y nos hace otras.

Y yo, víctima no consumida, flor sin fruto, quise venir entre los muertos para que ellos se nutrieran de mí, cuerpo sagrado, no tocado. Sólo el cuchillito en la nuca... ¿acaso no llegué a ellos virgen del todo?, ¿por qué sigo sola, víctima no aceptada, no consumida, enterrada viva, con los cabellos grises ya?, ¿por qué la muerte, a quien me entregué, no ha acudido? Mis vestidos se han desgarrado, el tiempo, ¿cuánto hace que estoy aquí, ni en la vida, ni en la muerte?, ¿cuánto, cuánto tiempo? El tiempo y solo el tiempo ha deshecho mi traje de desposada, de novia de la muerte, de esposa prometida a los muertos. El tiempo ha colgado de telas de araña esta sepultura, esta cámara nupcial; ya se enredan a mis brazos, ya se adhieren a mis cabellos, ¿son ellos los grises o es el tiempo, sólo el tiempo y la tela hecha por la araña, mi única compañera tan pálida y exangüe como yo? Mi sangre es ya de pálido azul, primero fue como aquellas flores que arranqué al borde del camino entre los olivos la tarde en que tú rozaste con el cuchillito de oro mi nuca sin hundirlo, cuando tuve tanto frío, y ahora gimo aquí sola. Ni los muertos me reciben, porque un hombre, ningún hombre levanta su brazo para defenderme...

Hombre, varón, hermano-novio desconocido, ¿por qué no apareciste? Padre... ¡único hombre a quien conocí! Pero

---

[8] En «Delirio 1.º» de «Cuadernos de Antígona» (M-264), será el corazón el que estará húmedo, lo que Zambrano expresa a través de una potente imagen: «¿Será la muerte este peso vacío, esta húmeda sombra que me llena? [...] Húmedo ya mi corazón se desliza hecho serpiente».

tú, ciego, te apoyaste sobre mi hombro; fui tu caña, te serví de guía y apoyo, canté para ti alumbrando tu noche, fui tu alondra. ¿Acaso tu destino terrible llegó hasta mí? Y, ¿me has llamado a través del cadáver de mi hermano? Padre, hermano, ¿dónde estáis? ¿Por qué no venís a rescatar a Antígona, a la que exigisteis siempre la Piedad sin darle la protección de que todas las mujeres gozan? Soy vuestra víctima. Sola, sola está aquí vuestra caña, vuestra alondra, pobre paloma perdida. ¿Qué hacéis?

El personaje autor: Antígona

Existe, pues, una simbiosis entre el autor y el protagonista de la tragedia a través del tiempo: el autor ofrece el tiempo sucesivo donde la historia puede desarrollarse; esa historia que se origina de la pérdida de un instante, error, simple vacilación, de la abstención en suma de no haber hecho el juego preciso, a imagen y semejanza de la caída o culpa originaria, a partir de la cual la humana historia comienza. La historia surge de un error inicial. Pero el que la halla es un don del tiempo que permite el apurar el error y su rescate. «El tiempo es la paciencia de Dios», decía Emmanuel Mounier[9]. El autor trágico ofrece al monstruoso personaje, embrión envuelto en su sueño, el tiempo de su increíble historia. Y queda por ello incorporado a lo humano, pues que ya ha nacido.

El autor no puede, pues, descubrir la historia —tiempo y fábula— desde el plano del tiempo histórico. Ha tenido que ver todo ello el monstruo en su laberinto de sueño, el em-

---

[9] La metafísica de Zambrano está cerca de la de Emmanuel Mounier —filósofo cristiano (1905-1950), fundador del personalismo y la revista *Esprit*— en lo que respecta a la idea del ser que padece su propia trascendencia. En el trabajo «Más sobre "La ciudad de Dios"», recogido en *Hacia un saber sobre el alma*, Zambrano había citado ya esta frase de Mounier para aludir con ella al necesario tiempo que reclama la verdadera utopía, que para Zambrano es la nacida en el seno del cristianismo, frente a la utopía moderna de la revolución, que es impaciente y quiere, a juicio de Zambrano, el Reino de Dios sin dilación (Zambrano, 2001, 155).

brión nonato y su adecuada fábula desde un instante de lucidez, en el cual padece por el personaje y ve impasiblemente como autor, en una impasible compasión. Él sufre el tiempo, pues que el tiempo se padece ante todo, con la impasibilidad imprescindible para no interferirse en él y crear así unidamente luz y tiempo. Los dos elementos esenciales y en apariencia irreductibles, en este universo que nos alberga.

Y en esta simbiosis entre personaje y autor sucede que el personaje, según el acercamiento de su inicial sueño a la libertad, participe de la condición del autor y venga a ser autor de sí mismo o coautor. Es la diferencia que separa, como a dos especies típicas de personajes dentro de la tragedia, a Edipo y a Antígona. Cada uno de ellos rige una especie y podría darle nombre. El origen de que sea así se encuentra en ese movimiento trascendente que hemos señalado, como el sueño necesitado de creación. Y sueño necesitado de creación quiere decir que el personaje necesitase recrearse o ser recreado.

Edipo no llegó a nacer. Antígona tampoco, mas de diferente manera. Pues que Antígona cumplió la acción verdadera. Pero era una muchacha que tenía su propia vida, y por cumplir la acción que su ser reclamaba, por ofrecerse más que aceptar la finalidad que se le tendía no llegó a florecer como mujer. Y no sólo la vida sino las nupcias le fueron sustraídas. Era la encrucijada que se le presentó. O declinaba su ser, su ser trascendente, o declinaba el cumplimiento de su feminidad, en las vísperas. Para Edipo la cuestión era la de ser, ser hombre, pues que de ser rey obligación no tenía, a no ser que este afán de coronarse, esta superhombría, se considere como fatalidad inherente de la humana historia. Y entonces, Edipo sería el personaje que asume la tragedia de tener que ser rey, con todo lo que ello simboliza sin haber nacido del todo como hombre; de tener que ser sabio sumido en la ceguera; haber de descubrir lo que las cosas son, sin saber quién es él mismo.

Lo que el destino propuso a Antígona fue cumplir una acción muy simple, rescatar el cadáver de su hermano, muerto en una guerra civil, para rendirle las honras fúnebres. Mas para realizarla, tenía no sólo que cruzar un dintel, sino pasar por encima de una ley de la ciudad, es decir, del recinto de los vivos. Como una lanzadera de telar, fue lanzada para entretejer vida y muerte. La movía el amor, no la *orexis*, que la hubiera hundido en uno de esos sueños que poseen toda la vida. Un sueño de la *libido* le hubiera desatado el apetito de la muerte a través de la imagen de su hermano; se hubiera convertido en una viva muerta, y sobre la tierra de los vivos, incapaz de vivir, se hubiera quedado fija, como amortajada. Fue un sueño de amor el suyo, es decir: de conocimiento, de lucidez que ve su condenación inevitable, su propia muerte y la acepta, pues que está situada en el punto del tiempo en que vida y muerte se conjugan. En un instante de pura trascendencia en que el ser absorbe en sí vida y muerte, transmutando la una a la otra. Fue la tejedora que en un instante une los hilos de la vida y de la muerte, los de la culpa y los de la desconocida justicia, lo que sólo el amor puede hacer. Fue ésta su acción, el resto son las razones que su antagonista le obliga a dar; razones de amor que incluyen a la piedad.

Nació así en una forma pura, recreándose a sí misma en el sacrificio. Y salva a toda su estirpe de la remota culpa ancestral que venía arrastrándose como una pesadilla del ser. Y se desenreda así el enrevesado hilo de su anómalo nacimiento, simbolizado sin duda por el cordón con que se ahogó Yocasta.

Podría Antígona ser representada llevando un hilo entre las manos; como una araña hilandera lo ha extraído de sus propias entrañas que han dejado así de ser laberínticas. Se ha recreado en una acción, la más trascendente de todas, un inevitable sacrificio cumplido con la lucidez en que se unen sueño y vigilia.

Ya que el sacrificio no ha de ser elegido; cuando lo es la víctima queda destituida de la inocencia propia de la condición de víctima.

Su sacrificio, pues, desató el nudo del error o de la culpa de su padre Edipo, inocente-culpable que fue padre, pero no autor. Y dejó así el ser autor al hijo, al mediador. En Antígona se cumple humanamente la pasión del hijo.

En esta clase de sacrificio propio del mediador hay que atravesar un espacio desierto, una tierra de nadie, campo de batalla abandonado donde nadie osa poner el pie; hay que transgredir una ley para que aparezca la nueva ley de la amplia justicia.

Se revela en Antígona su naturaleza femenina en el modo como cumplió esa su pasión; en su figura de doncella que va con el cántaro de agua, símbolo de la virginidad, de un agua contenida que se derramará entera, sin que se haya vertido antes ni una sola gota. Y así Antígona es la imagen en la plenitud de su significado de esa figura tan remota, de la doncella que va y viene con el cántaro a la fuente; fuente en verdad ella misma, pues que de ella se derrama la vida sin dispersarse, en forma trascendente. La vida que da no a un ser humano determina sino a la conciencia de todo hombre. Vida no contaminada que vivifica, libera, salva.

Arrastra un símbolo lejano y por tanto un sueño: sueño sacrificial. La doncella que va y viene a la fuente, ciertos pueblos aún lo saben, no se casa. Pero no se pierde. Es la virgen sacrificada que todas las culturas un día u otro necesitan. Un día u otro, cuando los hilos de la historia se han enredado, o cuando el cauce amenaza quedarse seco, o en el dintel de la unidad a lograr. La virgen sacrificada en toda histórica construcción. Tal Juana de Arco.

Mas para llegar a cumplir el sentido total que la simbólica figura contiene, Antígona tuvo que llegar a la palabra[10]. Tuvo que hablar, hacerse conciencia, pensamiento. Y por

---

[10] Obsérvese el peso de la palabra en relación al personaje de Antígona. Será en *La tumba de Antígona* donde Zambrano dote a la heroína trágica de su verdadera dimensión lingüística.

eso la inocencia de su perfecta virginidad no le bastaba. Tuvo que ser conciencia pura y no sólo inocente. Tuvo que saber. Llegar a ese saber que no se busca, que se abre como el claro espacio que se ofrece más allá de ciertos sueños de umbral, símbolo de la libertad. Lo que no quita que al traspasar el umbral se vaya la vida. Pues esto no puede ser cambiado por la conciencia pura del autor, por la palabra. La palabra libera porque revela la verdad de esa situación, su única salida real. Mas no puede evitar el pago porque ello sería cambiar la situación.

La palabra del autor le ha sido dada a la protagonista dentro de los límites de su situación, sin romper el círculo mágico de su sueño. Trascender no es romper sino extraer del conflicto una verdad válida universalmente, necesaria para ser revelada a la conciencia.

El poeta aquí, como el personaje, ha cumplido por entero su acción trascendente: ha vertido su conciencia intacta —tiempo, luz— en modo que diríamos transubjetivo. Se ha convertido, así como Antígona se convirtió en vida más allá de la muerte. Brota así la vida de la conciencia, lo que se ha llamado a veces «espíritu», la «conciencia viviente».

Sófocles podría haber dicho «Yo soy Antígona», que no es lo mismo que «Antígona soy yo». Antígona y él han cumplido la misma acción en planos diferentes.

Y así Antígona hace ver, al par que la acción del protagonista de tragedia, la transfiguración que sufre. Su acción ha sido la del sacrificio, y al nacer, al renacer en él, se transforma en algo así como elemento. Un elemento de la naturaleza, y al par un suceso de la verdadera historia humana, una encarnación de un elemento o de un acontecer natural en la existencia, que ensancha el horizonte de la historia y hace que en ella se cumpla una acción del ser de la naturaleza. Mediadora también entre la naturaleza y la historia, como si algo divino de la naturaleza debiera de encarnar en la humana historia.

Antígona es una heroína primaveral de la especie Perséfone, como ella, raptada, devorada viva por la tierra. Y no mueren, no pueden morir. Antígona está enterrada viva como la conciencia inocente y al par pura en cada hombre.

Antígona hace ver, así, la acción pura del protagonista de la tragedia, que no consiste propiamente en la acción que cumple, que viene a ser una consecuencia y al par una condición. Condición y consecuencia que, según la medida del tiempo sucesivo, está separada como un antes y un después.

Mas la tragedia es un suceso del ser. Y el tiempo sucesivo no puede medirlo, dar cuenta de él; que este suceso no se extiende en el tiempo. La historia o fábula trágica se engendra por la fatalidad, en la que entra la de darse en un cierto tiempo histórico que la condena y de la que viene a ser como uno de sus infiernos; el infierno de un aspecto de la libertad que no puede encontrar su manifestación en ese momento de la historia.

La vía, la salida de estos proféticos infiernos, se produce, o bien apurando el conflicto en el padecer ya despierto, como en Edipo, o bien por la acción pura, como en Antígona.

Y la pasión transcurre en el tiempo sucesivo, en ese último capítulo de la historia que viene a ser su recapitulación. Ya nada nuevo puede sucederle a su protagonista que ha quedado en trance de deshistoriarse, de desprenderse de su historia anulándola. Lo que, ciertamente, no podrá realizar él solo, como es el caso de Edipo. Ya que para deshacer o anular la historia de verdad no es bastante el padecerla individualmente. Ello es la gracia, en cierto modo, que al protagonista se le concede en razón de su relativa inocencia; esa razón que a todo ser nacido le asiste para que se le conceda seguir naciendo, al menos en la forma indispensable, antes de morir. Y el individuo de la especie Edipo no puede hacer ninguna otra cosa, pues que ello consume toda la vida.

Antígona, sí; ella realiza la acción resolutoria del conflicto, abre la vía de la libertad, es libertad. Su ser consume la vida. Toda la vida. Toda la vida, en esa acción que por eso se llama «sacrificio». Sacrificio es la consunción de la vida en una acción del ser; la vida arrojada en pasto a la trascendencia; la vida y el ser recibido, su sueño. Pues que ninguno de veras sacrificado soñó con serlo o al menos con serlo de ese modo. La hoguera sorprendió a Juana de Arco tanto como a Antígona al entrar viva en la sepultura. Es el sueño de otro, de los otros, la pesadilla de la ley quien las condena. Ellas no soñaron, despertaron nada más. Se desojaron y se deshojaron en la total vigilia a la que la histórica duermevela no perdona, pues quiere, necesita convencerse de que es ella, la entera vigilia.

Una acción del ser, pues, que la entera vigilia permite tanto como es humanamente posible. Acción verdadera en la que el protagonista se transforma. Ha sido llevada a un lugar que no puede, aunque quisiera, abandonar. Lo que no es el resultado, en verdad, de una decisión de la que es posible volverse atrás.

En Antígona, su acción es sólo en apariencia voluntaria. Es sólo la forma que su verdadera acción, nacida más allá de la voluntad, ha tomado. Su voluntad no podría cambiarla. Es su ser el que ha despertado, convirtiéndola en otra para los demás, en una extraña para todos. Paradójicamente, su acción de hermana la dejó sin hermanos. Sola y única, sin semejantes. «¿No veis que ya soy otra?», decía Santa Catalina de Siena[11].

---

[11] Son numerosas las místicas, santas o religiosas que aparecen en los textos de Zambrano, devota siempre de una espiritualidad piadosa. Catalina de Siena (Siena, 1347-Roma, 1380) fue una conocida mística del santoral católico, célebre por sus visiones y sus actividades a favor de los más desfavorecidos, autora de *Diálogo de la Divina Providencia*. En un trabajo de 1985, «Metamorfosis», Zambrano volvía a recordar de nuevo la pregunta de la santa, en el contexto de una reflexión sobre los «viajes del ser», es decir, las conversiones o metamorfosis sufridas por el hombre después de la «iluminación» (Zambrano, 1995).

Y esta acción, argumento proporcionado por las circunstancias, quizás haya quedado olvidado por ellos, los consumidos, los transformados por el sacrificio. Y por tanto, olvidando también el personaje que en la historia ha entrado en forma indeleble.

Tal vez lleguen a olvidarlo todo, toda su historia quienes la han engendrado en modo tan puro, pues que no se propusieron para nada el hacerla ni de ello tuvieron conocimiento alguno. Pues que curiosamente, las personas y aun los «momentos históricos» más engendradores de historia parecen haber vivido, sucedido más allá del tiempo histórico; en un instante en el cual ni aun la visión de la historia se presenta.

Del rememorar su acción no van a traer conocimiento alguno los personajes de este tipo. No tienen por qué ni para qué pensar. Pensar en cambio se les hace ineludible a los protagonistas de la especie de Edipo, pues que el pensar es necesario y posible en una situación que participa de la inocencia y de la culpa; de la ignorancia y del saber. Se crea una especie de dualidad en este tipo de protagonista, perfecta víctima de sacrificio como Antígona, muy de manifiesto en ella. De una parte una intangible unidad, cumplida trascendencia. Y de otra aparece abandonada, dejada a sí misma la criatura que no llegó a vivir enteramente su vida, a quien esa trascendencia no ampara; la muchacha que llora sus nupcias perdidas, su no vivido amor y su brusca muerte. A esta criatura no le es posible, ni necesario, pensar. Pensar fue sólo cosa de un momento inevitable para que la acción pura, la pura trascendencia, se materializara no sólo en hechos, sino en palabras. Porque la palabra, más que los hechos, marca la altura de la heroína; la acción pudo haber sido realizada, como todas, en sueños; la palabra garantiza que su acción se dio en el despertar. Y así la criatura, desamparada, delira en el filo de la vida y de la muerte. Delirio de la vida que brota entre la muerte. La vida aparece siempre delirando; como si ella misma fuese el delirio de un corazón inicial.

Mas esta dualidad no se escinde; sus dos elementos quedan inseparablemente unidos, aun después de la muerte de la heroína. Y así, la conciencia pura que de la lograda trascendencia se desprende, es una conciencia viviente; aparecerá delirando tantas veces como inagotablemente se presente, nazca, en alguien. Es una conciencia en estado naciente.

La conciencia que se origina de la consunción de la tragedia no se descubre en un acto de pensamiento. Es una conciencia nacida, como nacido es todo lo que del sacrificio viene.

Y, así, la luz de esta conciencia no sólo descubre; sitúa todos los personajes que rodean el drama conocido, y, en su continuación, inacabado todavía. Ella, la que fue juzgada, juzga sin emitir juicio alguno. Es un centro viviente y, a diferencia de la conciencia tan sólo moral, no necesita discernir, ni valorar. Desde este centro y a su luz, cada personaje o persona se muestra en su lugar propio, en la dimensión temporal que le corresponde. Creón, cualquier Creón, ocupará siempre el presente, un presente fugitivo como uno de esos sueños que se desbordan desde un pasado, antes de ir a morir. Un pasado que no acepta pasar ni desvanecerse en el futuro. Los mismos dioses aparecen situados, limitados en un plano del tiempo, de un tiempo remoto del que no han podido descender para hacerse presentes. Pues que en el preciso instante en que un dios hubiese debido comparecer, estuvo ella sola, «nadie parecía». Es la ley, según parece. Y la misma ley se manifiesta así, como un presente que llama a comparecer, a presentarse del todo. Basta, bastaría con eso para que la ley no tuviese necesidad de ser establecida e impuesta. Mas la ley verdadera sólo ha nacido en la historia humana. Y su presencia tendrá que ser actualidad una y otra vez, como el despertar.

El despertar, cada despertar, es un sacrificio a la luz, del que nace, ante todo, un tiempo; un presente en que la realidad entra en orden.

El fruto de la tragedia no es un conocimiento, tal como el conocimiento es entendido, un saber adquirido. Se aparece más bien como el medio que se necesita para crear, para que el hombre siga naciendo. Y así todos los protagonistas de tragedia, cuando han apurado en una y otra forma su pasión, se asimilan a un cierto elemento o suceso natural y humano unidamente. Orestes, al viento y los remordimientos. Edipo, al fuego que llora, el llanto del fuego. En Antígona hay el llanto de la virginidad que fecunda sin haber sido fecundada. La virginidad que se asimila al alba; una metáfora y una categoría de ser que sólo pasando a través de su no-ser se da. Mediadora entre la naturaleza y la historia, hace que en la historia se cumpla una acción del ser de la naturaleza, como si algo de lo divino de la naturaleza debiera de encarnar en la humana historia.

Antígona es una heroína primaveral raptada, como Perséfone, por la tierra y devorada también por los infiernos del alma humana donde la conciencia desciende cada vez más hondo, en su despertar.

La conciencia del autor ha cumplido, en realidad, este viaje descendiendo hasta los infiernos de la historia, del alma humana donde el personaje y su conflicto gemía aprisionado, privado del tiempo y de luz, pues que no puede darse luz sin dar tiempo.

Antígona o de la guerra civil[12]

28 DE ABRIL DE 1958

A[ntígona] es la tragedia de la guerra civil, de la fraternidad. No ha sido mirada así, y lo he descubierto esta mañana. La Creación fraternal. La muerte enterrada viva, la inmolación, el sacrificio por el hermano enemigo. Pues él había muerto combatiendo contra su ciudad, donde Antígona iba a ser reina. Porque el hermano enemigo siguiera siendo hermano, siguiera perteneciendo [...] en la muerte al honor de la familia, porque no quedara segregado, separado [...] Porque él no fuera, no se convirtiera en el «otro», en el «otro» para siempre. Y *tuvo* que morir porque sólo por su muerte hermanaba las dos muertes contrarias, hacía de ellas *una* muerte. Y al enterrarse viva —virgen, sin vida vivida— hermanaba muerte y vida. Es la tragedia de la fraternidad muerte-vida; de la muerte que unifica la vida enemiga; de la vida que sólo se resuelve en la muerte. Por ello:

---

[12] Este texto pertenece a uno de los cuadernos (M-386) del Café Greco que Zambrano escribió durante su estancia en Roma de 1953 a 1964, la ciudad en que cifraría su esperanza en la superación del nihilismo occidental. El Café Greco fue uno de los espacios más frecuentados por Zambrano y su hermana Araceli a lo largo de esos años en la capital italiana. El texto que se presenta hace explícito desde la primera línea el tema de la fraternidad, núcleo medular de *La tumba de Antígona* y de todas sus reflexiones sobre el personaje trágico.

del conocimiento. Pues que el conocimiento precede, resulta de la hermandad de la muerte, de la vida, los dos hermanos enemigos —rivales— de su unificación, de su armonización en una vida que no cesa, que ya no es vida, vida de alguien, concreta vida de un alguien determinado, vida propia, de un sujeto, sino vida simplemente desprendida ya de su soporte personal y animal. Pues quizá el triunfo de la vida se logre por *desprendimiento*. En su irse desprendiendo de determinaciones, particularidades, individualidades, *personas,* y así ganar a la muerte, hermanándose con ella. Pues quizás la muerte sea enemiga de lo concreto, de la vida de un alguien determinado, de la concreción de la vida; mas no de la Vida misma, y al hacerla así la vida gana el plano de la muerte y la coloniza.

4 DE MAYO

El hermanar vida y muerte es desnacer sin suicidarse.

Es deshacer, hundirse en lo antes de haber nacido, de haberse constituido como un ser que está aquí, en este espacio-tiempo superficial de la duración sucesiva. Es ir a recoger lo que se ha abandonado, ahijarse de nuevo, por tanto, renacer. Quien se suicida es por no saber volver atrás —antes de *su* vida—, a la muerte —vida inicial para renacer de ella—, y completar el nacimiento desde aquellos lugares que hubieron de abandonarse apresuradamente, porque la vida propia, esta del «aquí y del ahora» no aguarda. No aguarda. Pero después deja caer al que sólo a ella se ha fiado, al que ha puesto toda su esperanza en ella, *fijándose* en ella, quedándose fijo, inmovilizado, como si ya fuese enteramente, como si hubiera logrado su ser por entero. Y entonces *lo anterior* en forma de muerte no le sostiene ya. Pues vivir, vivir de verdad, ir naciendo, es sostenerse en la muerte, alimentarse de ella, flotar y aún respirar dentro de ella. Pues que la Muerte no es «lo otro» de la Vida, ni enemiga, por tanto. Es lo anterior, el lecho maternal, donde hay que regresar un día, ya nacido cuanto es posible aquí —en el espacio-tiempo sucesivo—. Ella es el lugar, el medio, donde toda centella que se reposa, toda luz para vivir tiene que ir a respirar, a encarnarse, a concretarse, pues si no queda suelta, sin encarnar. Para ser, hay que encarnarse, concretarse. Y eso sólo se logra en un medio donde se respira. En un medio que resiste y sostiene, que se opone con su resistencia y lanza, acaba lanzando fuera de sí. Y es un error no volver a donde se ha sido lanzado.

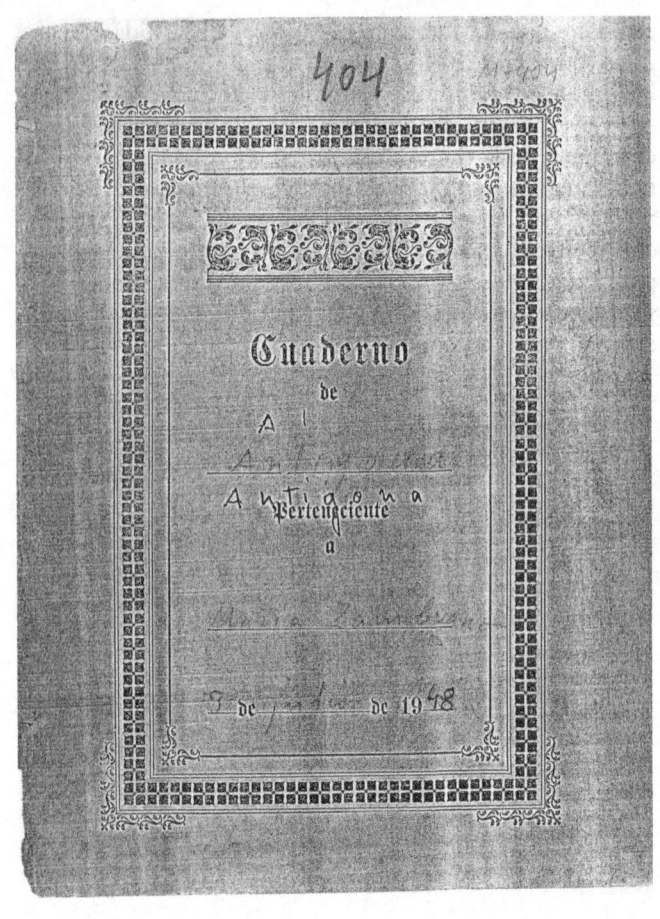

Cubierta del «Cuaderno de Antígona», con la fecha 3 de julio de 1948. Es un cuaderno manuscrito que contiene información variada sobre el personaje de Antígona. Se reproduce íntegramente en esta edición.

Cuaderno de Antígona (M-404)[13]

3 DE JULIO

Tras de la lectura del libro de Fumet *Misión de L. Bloy*[14], por primera vez avidez, sed de Dios, presentimiento muy

---

[13] Texto escrito a mano, perteneciente a un cuaderno en cuya portada aparece la siguiente referencia temporal: 3 de julio de 1948. Se trata de un cuaderno de notas, a modo de diario, que finaliza, como indica uno de los fragmentos, el 9 de octubre. Las caras no parecen escritas siempre de manera sucesiva, lo que me ha llevado a reordenarlas aquí para que pueda accederse con claridad a su contenido. Como es frecuente en los textos de Zambrano, la caligrafía resulta en muchos momentos de difícil comprensión. Cuando ha sido imposible leer alguna palabra, he preferido marcar esa parte del texto con corchetes vacíos antes que arriesgar interpretaciones. En alguna ocasión, el sentido se deduce por el contexto, entonces sí he anotado la palabra que he considerado correcta, siempre indicándolo en nota a pie de página. Algunos fragmentos de este texto se encuentran escritos a máquina en M-264, gracias a lo que he podido contrastar la lectura. Por otra parte, en los márgenes del manuscrito ha escrito Zambrano a veces breves frases complementarias referidas al texto principal que, en la mayoría de casos, no he reproducido aquí, pues apenas pueden leerse debido al deterioro del papel, y no he querido tampoco arriesgar la interpretación. Me he permitido desarrollar algunas de las abreviaturas que emplea aquí Zambrano como «A» («Antígona») o «q» («que»).

Tengo que agradecer a Rosa Rius y a Lola Nieto el tiempo que dedicaron con toda generosidad a leer este manuscrito para ayudarme a desentrañar su complicada caligrafía.

[14] Se trata de *Misión de León Bloy* de Stanislas Fumet, probablemente en la edición de Buenos Aires, Desclée De Brouwer de 1946. Es de una de las más importantes obras sobre el autor francés.

ligero de su sabor y una como limpieza y comprender y sentir que debo obedecer.

Después veo lo que debo de hacer con Antígona. Y es extraño porque la veo por primera vez en detalle —argumento: aparición de la nodriza— precisamente después de haber leído la gran angustia de Bloy con respecto al Arte y saber que tiene razón. Pero sí: porque el Arte hace entreabrir la Puerta del Paraíso —ya dije, escribí, hace Tiempo—.

Delirio 1.º Venganza. Insatisfacción. Rencor.
Delirio 2.º Remordimiento de haber preferido los muertos a la vida de mujer. El pasado al porvenir.

Horror al descubrir la sombra del incesto paterno. «¿Seré yo, hija de Edipo, como él incestuosa? He preferido el hermano al prometido. Mi destino,... estoy aquí enterrada viva cumpliendo mi destino, el residuo del destino de Edipo [...]. Y por eso la más desgraciada de las doncellas, Virgen, víctima como Edipo de mi pura impureza, ahora sacrificada a mi santo delito[15].

Quiero una agonía pura sin mezcla de consuelo —St. Teresita de Lisieux[16].

Antígona (la que trasciende a sus dioses)

2.º delirio. Tras del 1.º [...] Sabe que su novio se mata para seguirla y enemistarla. Delirio por el trastrueque de la separación entre la vida y la muerte, espada entre el Amor. «Yo vivo sepultada; tú muerto sin sepultar, como mi hermano y más mi hermano por esto».

---

[15] En el margen izquierdo, Zambrano anota, refiriéndose a este Delirio 2.º: «No está del todo bien».
[16] Teresita del Niño Jesús o Teresita de Lisieux, célebre carmelita descalza, francesa, de la segunda mitad del XIX, canonizada en 1925.

3.º Imprecación[17] terrible a los dioses. Toda la cuestión de Dioses griegos y su falacia. Los descubre uno a uno (hay que averiguar su Dios, Dioses) y los desenmascara piadosamente.

Porque las dos obedecíamos. Y venías siempre conmigo, ahora ya seremos una sola —Ismene, Antígona, alma que comienza a poder irse; tú seas mi cuerpo, yo tus alas—.

Cuando vas errante y ciego de la mano, hundiéndote, la terrible expiación, tú que todos los demás fuiste, menos tu propio destino, que todo te fue claro y fácil menos tu propio ser, tú de quien heredé la inocencia y la obstinada torpeza, la ciega confianza en unos Dioses, Tú, ya tranquilo y solo. ¡Padre!

4.º Un vacío, una paz que como toda paz es como un presentimiento de larga, intocable vida —agonías futuras— y entonces se hunde en su pasado, se desvive hasta desnacer[18]. Revelación[19] con la hermana y la madre. Se resuelve el nudo de Edipo. ¿Cómo?

5.º Ya en el borde del desnacer aparece su Nodriza y le profetiza.

Epitafio

Niña Antígona: para ti no habrá nunca reposo. Condenada a esa forma de inmortalidad que visita a los mortales, a ser una de esas figuras de la gloria que ronda la vida, pero no entrando en ella. Serás despertada siempre de tu sueño en el tronco de madera, sacada de tu capullo, de tu mortaja... Y entrarás porque trascendiste a tus Dioses bajo el rei-

---

[17] «Imprecación» es la palabra probable del texto.
[18] «Desvive» y «desnacer» aparecen subrayadas en el original.
[19] «Revelación» es la palabra probable del texto.

no del Dios desconocido para ti y al que sin saberlo renaciste. Y volverás mandada por él y sabia, diplomática y sutil serás Catalina de Siena. Y enardecida saldrás a libertar a su pueblo y no queriendo ya la celda, tomarás el caballo y la armadura, y serás Juana, la que muere incendiada ante los ojos de los hombres[20]. Y tememos te soltaras sin querer salir de tu escondrijo en los bosques, sin querer hablar ni ser conocida, pero una seña, la tuya de siempre, se hace visible para ti [...] Y cada vez más desteñida y extraña volverá a aparecer y siempre será una celda sepultura que te dirija viva a una hoguera que te devore desnudándote. Volverás siempre, mientras haya hombres sobre la tierra, tú, eterna primavera del mundo, doncella sagrada primavera del mundo.

Virgen sacrificada, encerrada, perseguida enloquecida por tu propia pureza, tú, Niña Antígona.

La nodriza

Tú no sabes niña mía que debajo de todo lo que los hombres edifican, Palacios, Leyes, Ciudades, hay una muchacha enterrada viva que sostiene con su aliento el frágil edificio. Que debajo de eso que llaman saber, conciencia, hay una virgen en vela que gime y delata, que denuncia y recuerda y que ella misma es la que endulza y enjuaga, la que lava y consuela, que es siempre la misma Justicia Piedad.

Metáfora

Delirio 1.º, Flor azul
Delirio 2.º, amargo, amarilla, retama, ortiga

---

[20] En el margen superior, ha escrito Zambrano: «desnudada por las llamas».

Delirio 3.º, zarza ardiendo, llama, envuelta en llamas, llameante frente a los Dioses, que son puras formas[21]. Denuncia las metamorfosis de los Dioses.
Delirio 4.º

Tendrá que irse insinuando la calma a través de instantes que advengan después de interpelar a su personaje.

Delirio 3.º ¡Ay! mi Dios no existe —para concluir— Mi Dios no existe todavía[22].

12 JULIO

Es preciso que Antígona increpe y se revuelva, descubra el destino que le llega por ser hija de Edipo antes de su escena con Atenea, o que no la haya.
En la escena con Atenea[23] descubrirá que es desconocido el Dios a quien ha servido.
Después llega la revelación.

22 JULIO

Himno al Dios desconocido. La diferencia del Dios de los muertos y de los Dioses de la luz. ¿Dónde estás? Solo aquí en el silencio y en la sombra te me has hecho sentir con tu vacío. Eres un gran vacío. Eres el vacío donde claman irreverentes mis Dioses, los que me han enseñado a amar, los que me han abandonado.

---

[21] «Puras formas» aparece subrayado en el original.
[22] «Existe todavía», subrayado en el original.
[23] «Descubra» y «antes», de la frase anterior, y «Atenea», subrayados en el original.

22 JULIO (madre)

Hombres, ¿de qué os sirve vuestra sabiduría si no habéis hecho descender al Dios desconocido? Pero él vendrá, bajará algún día.

22 JULIO

Delirio 3.º
Frente a Atenea (la Atenea doliente de la tela): Tú, sí, la de las razones, ¿me escuchas siquiera?[24].
Nunca has hablado, hija de Zeus, ¿por qué te llaman sabiduría?
Tú, Aurora, hija del Padre, Virgen a quien nadie llega, nacida de la cabeza, tú, ¿qué has hecho de mí?, ¿por qué, Virgen como tú, no me salvaste de la cólera, de la torpeza de esos varones que dicen mandar, y si mandan ¿no es acaso en tu nombre?
Pero ya entiendo: estás ahí ante mí, has comprendido sin despegar los labios, prisionera de tu casco, de tu escudo, de tu lanza, encerrada, más que yo, sellada, tan Virgen eres que sólo eres silencio.
Ya entiendo, sí. No tuviste madre, fría luz nacida del Padre cuando todavía no se muestra, blanca, aurora luz, flotante entre el cielo y el mar, te he visto tantas veces. Creí siempre que me protegerías, que estarías siempre sobre mis

---

[24] En los borradores conservados de *La tumba de Antígona,* Atenea aparece como personaje en el índice de la obra. Luego desaparecerá del texto editado. Como figura cercana a la razón, puede relacionarse con esa imagen espectral del mundo que tiene Zambrano desde los años cuarenta, en buena medida derivada, como en otros pensadores contemporáneos, de los abusos, a su juicio, del racionalismo.

ojos y mi frente. Y no llegas a la tierra porque no tuviste madre, corazón.

¿Qué sabes, dime, contéstame, qué sabes tú del sufrimiento, de la pasión, de la vergüenza?, ¿y cómo puedes saber nada, ojos de lechuza escudriñadora, si no sabes de eso?

Hija del Padre, sin madre, ¡qué engaño sufren los mortales al adorarte! Nada podrás, porque no fuiste arrullada, mecida, amamantada[25], nada podrás hacer por[26] nosotros, los de la tierra, fría luz, Aurora que se esconde sin descender nunca, serás siempre vengadora, atroz, acogedora de crímenes sin nombre, justiciera, marimacho, amparadora de la horrible justicia que devuelve el crimen con el crimen.

Sí ya entiendo: te admiran los hombres que hacen las leyes, los que fabrican las razones, te dejas engañar bobalicona por todos los Creones que vengan. Y no me contestas, ¿cómo? Virgen impotente. Torre de frío cristal, los hombres pasan sobre ti siempre, y tú, sin enterarte, escondida aurora que no luce, que se retira y esconde no bajo el Sol no más envía sus primeros rayos.

¿Dónde estás tú Virgen, la que no se esconde, Virgen potente, torre, rosa abierta, luz, señora? Hija del Padre. Virgen y madre. Sólo si fueras madre sin dejar de ser virgen me valdrías. ¡Qué hermosura! Entonces tendrías las estrellas como corona en lugar del casco de la guerrera, y el cielo todo será tu vestido y pasarías ligera, reina y señora, con algo obscuro, con el alma de todos los Creones bajo tus pies.

¿No me entiendes?, ¿qué haces ahí callada, eso que llaman pensar?

---

[25] La palabra «amamantada» es la que parece leerse en este texto. Sin embargo, en M-264, donde aparece este mismo fragmento dactilografiado, Zambrano ha escrito «acurrucada».

[26] La partícula «por» no está en el texto, pero puede sobrentenderse.

No me atormentes, vete del lugar del sufrimiento, apártate de la que gime, hija de un padre y de una madre, de un horror que tú no supiste tampoco evitar.

Madre que todo lo soportabas, que todo lo sufriste hasta el horror de saber que tu hijo había retornado a ti. Madre dos veces, de quien heredé ser víctima pero tú no te quejaste, muda te hundiste en las tinieblas de donde fuiste y serás la flor. Tierra que soporta toda impureza y la hace florecer. ¡Yo soy tu flor, tu claridad, tu luz, soy, sí, tu hija![27].

¡Oh! mortales, guardaos de la Diosa Razón amparadora de crímenes. Porque crecerás solitaria y hermética, crecerás sin salir de ti misma, antes retirándote odiosamente solitaria.

Pobre niña obligada a sostener en nombre de tu Padre tu casco, tu escudo y tu lanza, tú que no has danzado ni una sola vez, que no has sentido el calor del pecho materno difundirse en tu sangre. Pobre niña obligada a saber, vete, nada puedes. Escondida en la luz de tu Padre, tímida, Aurora, ¡algún día serás rescatada! No, no te odio ya, hermana apenas nacida, nacerás cuando de ti nazca un rey, un Dios.

23 JULIO

Estás seria como las niñas obligadas a pensar, ¿acaso las muchachas habremos de hacerlo todo?

Hermana apenas nacida, ahora ya te conozco, niña agobiada por el peso de las razones, razón niña, aurora que no tiene tiempo de iluminar las obscuras cavernas de

---

[27] Los dos siguientes fragmentos, hasta que empieza el del 23 de julio, son autónomos y aparecen en caras discontinuas del cuaderno. No puede saberse en qué orden los escribió Zambrano, ni tampoco el día exacto de su escritura.

la tierra, los infernales conflictos de los hombres, hermana, déjame ya.

24 JULIO

No sabrá Antígona que su novio se ha suicidado por ir a buscarla, a no ser que sepa que ni en la muerte.
Esto ha de quedar claro y debe de ser mejor al final, debe de figurar entre las profecías de la nodriza.

27[28] JULIO

Delirio 1.º Ni un hombre me defendió. Por eso estoy aquí sola enterrada en vida y ni los muertos me quieren.

28

Obscura sombra del sueño, todavía no cedes y este cuerpo más firme aún que las piedras que lo sepultan. Prisionera de mi sueño.

2 DE AGOSTO

Y ahora obscura vida mía, triste mañana, ya estás consumida, ahora te veo.
¿Acaso para verse, hay que haberse ya consumido? Vivir es ir a tientas, palpando ese obscuro ser que se agita y gime en nosotros. Nadie me habló nunca de aquello que gemía dentro de mí, nadie me dijo que yo vivía encerrada y ha hecho falta.

---

[28] Parece leerse 27, pero es difícil asegurarlo.

10 SETIEMBRE [*SIC*]

Ha de oír voces en su delirio. Voces equivalentes a las del coro, pero 1.º odiosas, insultantes.
Y esto cambia todo.
La forma es articulada así. Porque el delirio es así: diálogo.
Las voces le van dando la serie de los suplicios que ha de pasar; el infierno.

9 DE OCTUBRE

Delirio del Paraíso.

Es con este dolor, con este llanto.
Sombra del Paraíso.

El hombre

Estaba allí en lenta agonía rodeado de moscas, respirando el olor de su propia sangre, estaba allí medio muerto y esperando todavía que alguien lo rescatase. Pasaron dos hombres y acortaron el paso: «Por qué yo», dijo el justiciero y se alejó rápidamente. «¿Por qué yo no?» dijo el piadoso —cuando ya lo había cargado sobre sus hombros—.

«¿Por qué yo?» Dice la Justicia.
«¿Por qué no yo?» Dice la Piedad[29].

---

[29] Estas dos últimas interrogaciones aparecen en la cara que correspondería al número 8 del cuaderno; configuran todo el contenido de dicha cara. La sitúo, no obstante, en esta parte posterior del texto debido a la evidente similitud con el fragmento escrito debajo del epígrafe «Hombre».

10 setiembre

Ha de oír voces en su delirio
Voces equivalentes a las del
coro, pero 1º odiosas,
insultantes.
Y esto cambia todo

La forma es articulada
así. Porque el delirio
es así; diálogo.

Las voces le van dando
la serie de los nudos(?) que
ha de pasar; el [tachado]

Hoja manuscrita perteneciente al «Cuaderno de Antígona» (M-404).

El huésped

Llegó un día tan silenciosamente que apenas fue advertida su presencia. Permaneció en la casa algún tiempo; sólo habló unas pocas palabras que nadie pudo recordar; tampoco el color de sus ojos ni el de sus cabellos, ni como iba vestido, ni cuál dijo que era su Patria.

En un instante partió sin que nadie intentara detenerlo; no había ningún motivo para querer retener a ese extranjero cuyo cuerpo apenas ocupa espacio y cuya voz apenas rompía el silencio. Pero no más hubo traspuesto el horizonte se dijeron todos: «Se ha ido», y toda la casa se quedó vacía para siempre.

El Ruiseñor

El «Sin zonte»
Estaba cansado de ser tan pequeño y luego miraba hacia arriba y padecía mucho por no poder volar tan alto como aquellos pájaros grandes y obscuros cuyas alas bastaban para ocultarle el sol; no se explicaba aquella injusticia. Un día al caer la tarde se quedó dormido y sintió que su menudo cuerpo crecía y sus alas enormes ya tomaban posesión del espacio. Ahora todo era suyo y ya nada tendría que temer como antes cuando apenas hacía balancearse la rama más fina de la palma. Colmado de gozo fue a cantar para dar gracias por el prodigio; pero sintió que su garganta se había endurecido. Ya nunca pudo cantar.

Cuadernos de Antígona (M-264)[30]

Delirio 1.º

Para morir con este obscuro peso en las entrañas; morir así. Pensé que iba a deslizarme por las raíces de los árboles, como esas hormigas que veía desaparecer bajo la tierra, como la misma sombra cuando se hunde y espesa hasta penetrarlo todo. La luz nos maldijo a nosotros, Padre Edipo, y nos rechazó de su reino y yo lo sabía, y nunca lo dije. Y por eso, sí, hermano que no acudes a encontrarme, por eso quise deslizarme como una culebra, hija de la sombra y la humedad. Siempre anduve vagando por los rincones del palacio y esperaba ansiosamente que el sol se retirase para salir de mis escondrijos. Tenía muchos, pues los iba descubriendo.

Amaba estar donde nadie podía venir a buscarme y apretada contra el muro, oía el palpitar de mi corazón, que latía

---

[30] Se trata de un conjunto de textos de diversa temática escritos a máquina que configuran el dossier M-264. No hay fechas que indiquen cuándo fueron escritos, pero muchos fragmentos referidos a Antígona son idénticos a los aparecidos en el cuaderno M-404, en cuya portada sí aparece la fecha de escritura, 1948. Otros fragmentos recuerdan asimismo al publicado «Delirio de Antígona» de la misma fecha, por lo que puede aventurarse que estos textos están también escritos en ese año. Reproduzco aquí los fragmentos que tienen como protagonista a la figura de Antígona.

en la sombra, y yo sentía que allí, oculto, residía mi ser, allí, en la tiniebla y no en mi rostro... Nunca me senté ante el espejo, estéril y pálido como una luna cercana que me devolvía mi imagen, cuando yo sólo quería hundirme en la sombra para esperar... Y luego más tarde, cuando vagaba contigo, Padre mío, ya me olvidé de buscar rincones para esconderme porque tenía que ver por ti y afrontar por ti la luz, y ese esfuerzo de ver y hasta de ser vista... Pero ¿acaso alguien me vio?

Tú, mi pálido prometido, mi amor casi callado... fui contigo a buscar la flor de oro a la caída de la tarde, la prometida patria que me hacía olvidarme de mi padre, sólo entonces te veía a ti, quería ir contigo, haber partido para siempre, allí donde la luz, ya por fin amada, reina... Y después siempre volvíamos... ¿Por qué me hacías volver sin darte cuenta, como si fuera el hecho más normal?... Yo te esperaba cada tarde, acechaba el ruido de tus pasos y simulaba no haber notado tu presencia para que me despertaras, como toda doncella espera... Pero yo siempre velé, no recuerdo haber dormido, sí, algo en mí, dormido, esperaba que tú lo despertaras y entonces habríamos partido para siempre juntos, hacia la luz de oro... Y de pronto mi hermano, otra vez la horrible vergüenza, otra vez yo, Antígona, la hija de Edipo, otra vez la serpiente, la húmeda hija de la tierra y de la sombra, otra vez la nacida en la tiniebla, y vine aquí y ahora, ahora toda la sombra está en mí, me habita y me posee. La tiniebla, peor que la noche, todos los males han entrado en mis entrañas, enfrían ya mi corazón y se deslizan por mi sangre... soy la presa de la serpiente.

¿Será la muerte este peso vacío, esta húmeda sombra que me llena? Ya no sé dónde acaba mi cuerpo, ni si lo tengo ya, no recuerdo por qué estoy aquí y si podré alguna vez estar en alguna parte... ¿Por qué no me toca tu mano, tu mano con un solo dedo, tu aliento rozando mi cara, mi pelo...? Una sombra de caricia podría salvarme... Pero estoy aquí sin contacto, todo lo que me toca se desliza como huyendo, todo huye de mí, mi mismo aliento, el sonido de mi corazón que tanto me sostenía y calentaba, ahora huye y le siento lejos. Húmedo ya mi corazón se desliza hecho serpiente.

Pero, ¿qué es lo que todavía me sostiene?... estos ojos aún despiertos. Ver, sí, condenada a ver, aun en la tiniebla, a ver mi propia[31] muerte, a verme cuando ya la sombra me ha tragado, a ser sólo unos ojos desasidos que miran, una mirada sin cuerpo, sin dueño, una mirada fija para siempre.

Porque no fui defendida, protegida, vengada. No; fui yo, hube de ser yo la que velaba al padre, la que rescató al hermano. ...Fui y seré ya para siempre este desvelo, soledad abandonada de todos, pura visión insomne, por vosotros, que nunca visteis, que nunca me visteis... Siempre estaré así; mi cuerpo huye; mi corazón también me ha abandonado. Sólo soy unos ojos en la tiniebla.

Delirio 2.º[32]

Hija de Edipo, sí... no he sido otra cosa, no lo seré ya. ¿Es que acaso llegaré a morirme o será la muerte este gemir a solas? Nunca en vida quise pensar en ello, en el misterio de mi padre. Nunca se me ocurrió preguntar, pues sentía obscuramente que era yo la respuesta y por eso me precipité con tanta furia y secreta felicidad a responder a Creón. Estaba esperándolo, esperando dentro de mi sueño que me llegase el instante de responder de dar a luz la respuesta que se encerraba en mí misma, sin que yo la supiera. Sí, la hija de Edipo quería hablar pues sólo en mí se hallaba el secreto de mi padre, sólo yo podía explicarlo, sin que yo supiera en qué consistía esa explicación.

---

[31] Hasta esta palabra, «propia», el párrafo se presenta de modo excepcional escrito a mano. Luego se retoma la escritura a máquina.
[32] Igualo la numeración con el anterior delirio. Aquí Zambrano ha empleado el número romano.

Y ahora... no hay razones, qué huecas, pálidas son las razones de los hombres, y hasta algunas de las que yo misma me vi obligada a proferir ante ese hombre, Creón, en quien yo veía al mundo, a todo el mundo de los hombres vivientes. Ante ellos tenía que explicarme; justificarme; lo sabía yo desde siempre, nací sabiéndolo, pues siempre supe; nada he tenido que aprender. Los hombres saben lo que aprenden y quedan prisioneros de sus saberes, de lo que yo siempre supe sin razonar. Como olvidan... pero no, no se defenderían si realmente olvidaran. Por eso, perseguidos por lo que quieren olvidar, sus caras se pliegan, sus ojos se achican y enrojecen y toman ese color que no se parece a nada y que debe ser lo humano... Pero qué sabía yo de ti, Padre a quien vi sin que tú me vieras. Una hija ¿no necesita ser vista, mirada por su Padre?, ¿no encuentra en esa mirada fija y distinta en cada momento la imagen que la va guiando?, ¿no es la mirada del Padre la primera de las divinidades? La primera medida de nuestro ser; la meta, el misterio y el orden... Pero nunca me sentí mirada por ti, sino cuando muy niña vagaba por los patios del palacio y... ni aun entonces, pues fuiste siempre así, de manera que cuando te arrancaste los ojos pareció que recobrabas tu verdadera figura y fue entonces cuando te vi enteramente tal como eras. Eras así, fuiste así, ciego ofuscado por la sangre, ¡ay! ¿Y cómo saber quién se es, ni qué se quiere, cuando no se ha sentido la mirada del padre? ¿Y por qué fuiste tú, Padre, ciego, por qué el terrible delito, la culpa? Te sacaste los ojos porque nunca te pertenecieron, porque no ve sino el que ha salido de la caverna maternal a afrontar la luz, el juicio. Y tú sin ojos, desde siempre, permaneciste dentro, como yo aquí. Padre, ni tú ni yo hemos de verdad nacido... Y ése era mi saber. Saber que no nacería del todo y para cumplirlo en pureza sin contradicción quise bajar aquí a la tumba. Pero estoy viva y tengo todavía ojos que nada tienen delante... esos muros ¿qué son? ¿Dónde está la luz, el mundo, dónde las cosas visibles? Tú ciego y yo tan lúcida, nada vemos; tú sin ojos y yo con ellos abiertos, secos de tanto mirar, a ti te faltaron los ojos, a mí la luz. Padre ¿ves cómo soy siempre tu hija, tu inútil respuesta?

¿Por qué me engendraste si estabas tú sin nacer todavía en el seno de tu madre? ¿Por qué fuiste hombre allí donde los demás sólo son embriones? ¿De qué eras tú mi Padre, la larva? Estarás acaso nacido ¿dónde?, ¿cómo? Nos hablan de la inmortalidad de los Dioses y de los héroes. ¿Y puede acaso ser inmortal el que no nació del todo, el que caminó a tientas por la tiniebla del seno maternal, el que no supo arrancarse de la madre para estar solo y afrontar el delito de haber nacido?... Y ¿qué otra suerte puede caber al que como tú padeció si no es la inmortalidad? Pero qué fría, helada debe de ser y qué imposible para el que no fue del todo... Qué absurdo... ahora se me ocurre, si pudieras volver a nacer. Sí, nacer ya sin madre, nacer, y no de la caverna, no de la tiniebla, nacer solamente en la luz. Tú solo, de un padre invisible... Pero, madre, ¿qué es la madre? Es ella acaso la culpable, la que te retuvo y te hizo volver y, ¿cómo es posible ser madre? Sí... no veo, no veo nada... Y ¿por qué yo aquí sola, envuelta en estos terribles misterios?

Imprecación a Atenea

Tú, sí, la de las razones ¿me escuchas siquiera?

Nunca has hablado, hija de Zeus, ¿por qué te llaman sabiduría?

Tú, Aurora, hija del Padre, Virgen a la que nadie llega ¿qué has hecho de mí? ¿Por qué no me has salvado de la cólera y de la torpeza de esos varones que dicen mandar? Y si mandan, ¿no es acaso en tu nombre?

Pero, ya entiendo; estás ahí, ante mí; me has comprendido, prisionera entre tu casco y tu escudo, defendida por tu lanza, encerrada, más que yo, sellada, tan Virgen eres que sólo eres silencio... ya entiendo, sí, no tuviste madre. Fría luz nacida de la soledad del Padre, blanca aurora, luz indecisa entre el horizonte y el mar. ¡Te he visto así tantas veces! Creí que me protegerías, que estarías siempre sobre mis ojos, sobre mi frente... pero no pudiste llegar a la Tierra porque no has tenido madre, corazón.

¿Qué sabes tú, dime, del sufrimiento, de la pasión, de la vergüenza? ¿Y cómo podrías saber nada, ojos de lechuza, escudriñadora, si no has bajado aquí, a esta Tierra de los mortales?

Hija sin madre, ¡qué engaño sufren los mortales al adorarte! Nada puedes, porque no fuiste arrullada, mecida, acurrucada, nada podrás hacer por nosotros, los de la Tierra, fría luz, Aurora que se esconde sin descender nunca... Vengadora atroz, acogedora de criminales sin nombre, justiciera (marimacho) amparadora de la horrenda justicia que devuelve el crimen con el crimen... Sí, ya sé, te adorarán los hombres que hacen las leyes, los que fabrican las razones. Y te dejarás engañar, bobalicona, por todos los Creones que vengan. Y te endiosarán todavía más (TRANSICIÓN).

Mortales, guardaos de la diosa razón, amparadora de crímenes. Crecerás solitaria y hermética, sin salir de ti misma, antes retirándote, Diosa odiosamente solitaria. Virgen impotente, odiosa razón, torre de frío cristal. Los hombres te desprecian y tú sin enterarte, creyendo que te adoran. Aurora que se retira sin tocar la obscura Tierra.

¿Dónde estás tú, Virgen, la que no se esconde? Virgen potente, Torre, Rosa abierta, Luz, Señora, Hija del Padre y madre. Sólo si fueses madre sin dejar de ser Virgen, me valdrías. ¡Qué hermosura, entonces!

Entonces tendrías las estrellas por corona en lugar de tu casco, y el cielo todo sería tu vestidura y pasarías ligera, reina y señora de todo, con algo obscuro, el alma de todos los Creones, a tus pies.

¿No me entiendes? ¿Qué haces ahí callada? ¿Eso que llaman pensar?

No me atormentes... vete ya del lugar del sufrimiento, apártate de la que gime, hija de un padre y de una madre, de un horror que tú no supiste tampoco evitar... Déjame ya, pobre Niña obligada a soportar el casco, el escudo y la lanza del Padre..., que no has danzado ni una sola vez, que no has sentido el calor del pecho materno difundirse en tu sangre... Pobre Niña obligada a saber. Vete, escóndete en la luz... Algún día serás rescatada. No te odio ya, Hermana apenas nacida.

Antígona o de la guerra civil

Cuando una relación entre los hombres llega a entrar en la hermandad, en el camino de la hermandad, se ha desatado el nudo que toda relación humana implica o crea. Mas al ser así, viene a resultar que sólo al estar dentro de la hermandad el nudo se desata. ¿Cómo llegar, pues, a ella?

La hermandad aparece sólo como un caso de relación entre los hombres, una más. Su privilegio consiste en ser la relación que puede envolver a todas las demás, aún a su contraria. Y aquello que puede abrazar su contrario es lo más universal y último límite, o más bien la ruptura de todo límite y lo que desde el principio está propuesto: el *a priori*.

A priori aquí es como una patria, como el lugar donde es posible crecer, desarrollarse alcanzando la verdadera forma. En ello, como se trata de vida, hay inevitablemente un consumirse, una consunción.

Pues que se trata del *a priori,* no del conocimiento sólo, no de una función —o del ser— de la conciencia, por el cual la conciencia se constituye. Ya que la conciencia existe aunque no sea una entidad. La conciencia se constituye, se va constituyendo en el hombre. Se gana, se crea.

Pues lo característico de lo propiamente humano es un despliegue, un ganar, un adquirir que se constituye y que en cierto modo se entitifica aunque propiamente no tenga los caracteres del ente. Pues esto es la vida: que el uno y el ser vivifiquen.